클라인학파 정신분석의 전개 1 : 프로이트

프로이트의 임상 – 방법, 자료, 이론

클라인학파 정신분석의 전개 1 : 프로이트

프로이트의 임상 – 방법, 자료, 이론

도널드 멜처 지음
홍준기 옮김

The Kleinian Development - Part 1 :
FREUD'S CLINICAL DEVELOPMENT : METHOD – DATA – THEORY

클라인학파 정신분석의 전개 1 : 프로이트

프로이트의 임상 – 방법, 자료, 이론

The Kleinian Development - Part 1 :
FREUD'S CLINICAL DEVELOPMENT : METHOD – DATA – THEORY

초판 1쇄 2022년 8월 10일

지은이 | 도널드 멜처
옮긴이 | 홍준기

펴낸이 | 김영남
편집 | 공윤조
펴낸곳 | (주)눈출판그룹

출판등록 | 2015년 7월 31일 제399-2015-000017호
주소 | 경기도 남양주시 수동면 외방로 135번길 24
전화 | 1661-4310
팩스 | 031-511-4749
이메일 | nungroup@daum.net
홈페이지 | www.nungroup.co.kr

값 25,000원
ISBN 979-11-88466-22-1(93180)
파본이나 잘못된 책은 바꿔드립니다.

| 차례 |

| 저자 소개 |

도널드 멜처(1923-2004)는 뉴욕에서 출생했고 예일대에서 의학을 공부했다. 아동과 가족 분야를 전공한 정신과 의사로 임상 활동을 한 후 1950년대에 멜라니 클라인과의 분석 작업을 위해 영국으로 이주했고, 몇 년 동안 영국정신분석협회에서 훈련 분석가로 활동했다. 그는 성인과 아동 모두와 작업했으며, 자폐증 아동 치료 분야에서 혁신적이었다. 아동 치료 분야에서 그는 에스더 빅과 마사 해리스와 밀접하게 협력했고, 후에 마사 해리스와 결혼했다. 그는 타비스톡 클리닉에서 아동정신의학과 정신분석의 역사를 가르쳤다. 또한 그는 평생 예술을 사랑했고, 이에 근거해 예술과 미학에 특별한 학문적 관심을 가졌다. 멜처는 유럽, 스칸디나비아, 북미와 남미 등 광범위한 지역에서 정기적으로 가르쳤다. 그의 저작들은 여러 언어로 출간되었으며 정신분석 교육에서 영향력이 계속 증가하고 있다.

그의 첫 저작 『정신분석적 과정』이 1967년 하이네만 출판사에서 출간되었는데, (그의 다른 저작들과 마찬가지로) 기존의 확립된 정신분석학계는 그것을 약간 의심스러운 눈으로 수용했다. 그 이후의 저작들은 멜처가 마사 해리스와 함께 설립한 롤란드 교육재단(현재는 해리스 멜처

재단)에서 클루니 출판사에 의해 출간되었다. 『정신분석적 과정』에 이어 출간된 저작들은 다음과 같다. 『정신의 성적 상태들』(1973), 『자폐증 연구』(1975, 존 브렘너, 셜리 혹스터, 도렌 웨덜, 그리고 이스카 위텐버그의 논문들이 함께 수록되어 있음), 『클라인학파 정신분석의 전개』(1978, 프로이트·클라인·비온에 관한 강연), 『꿈의 삶』(1984), 『미의 인식』(1988, 멕 해리스 윌리엄스 공저), 『전장Claustrum』(1992), 『가족의 교육적 역할 : 정신분석적 모델』(OECD의 위탁으로 마사 해리스 공저. 이 저서는 1976년 프랑스에서 처음 출간되었고 2013년 영어로 개정판이 출간되었다). 그는 국제적인 교육 활동을 수행했고, 이의 결과로 슈퍼비전 세미나의 편집본이 다수 존재한다. 그것들은 다음과 같다. 『베니스의 멜처』(2016), 『상파울루의 멜처』(2017), 『파리의 멜처』(2017). 몇몇 분석가가 교육 활동을 위해 멜처의 저작을 활용한 그밖의 설명은 『멜처론』(2015)에서 찾아볼 수 있다. 멜처의 저작들 중 입문적 성격을 갖는 글은 『멜처 리더』(2012)에서, 그리고 그의 몇몇 글은 해리스 멜처 재단의 웹사이트(www.harris-meltzer-trust.org.uk)에서 찾아볼 수 있다.

| 편집자 서문 |

멜처는 『클라인학파 정신분석의 전개』로 알려진, 프로이트·클라인·비온에 관한 자신의 일련의 강의록이 두 측면을 갖는다고 기술한다. 한 측면은 일종의 '결합된 내적인 정신분석적 대상' — 이 대상의 도움을 받아 그는 개인적으로 작업을 수행할 수 있기를 열망한다 — 에 개인적으로 통합되기 위한 노력이며, 다른 한 측면은 학생들을 위한 안내서이다. 원래 이 일련의 강의는 연구소와 타비스톡 클리닉에서 학생들을 위해 행해졌던 강의로서, 특히 정신분석 임상 노선들의 논리적 발달을 보여주기 위한 목적을 갖고 있다. 이러한 논리적 발달의 추적은 '방법(론)의 전개'를 드러내며, 이를 통해 현상의 새로운 영역을 발견할 수 있도록 독자들을 이끌어간다. 그리고 새로운 현상 영역의 발견은 정신에 관한 새로운 모델을 산출하며, 이러한 새로운 모델을 통해 [기존의] 방법(론)이 수정된다(등등).

프로이트에 관한 강의는, 정신에 관한 그의 이론을 설명하는 것보다는 사고thinking와 임상적 발견이 나선형적으로 교차된다는 점에 더 관심을 갖는다. 멜처는 프로이트의 지식과 이해를 변화시킨 — 이는 비온이 '경험에서 배우기'라고 부르는 것의 충격 하에서 가능했다 — 핵심적 계기를 명확히 드러내는 논문들 — 주로 임상적 논문들 — 에 초점을 맞춘다. 이 논문들은 다음 저작들을 포함한다. 우선 「도라 사례」가 그것이다. (새로운 방법론에 관한) 프로이트의 호기심은 브로이어가 ('정신분석의 발명자'인) 안나 O와의 임상 경험 이후 은퇴한 바로 그곳에서, 그로 하여금 더욱 열정적으로 작업하도록 인도했다. 어린 한스와의 작업은 비록 회고적 관점 하에서였지만 아동기의 중요성을 확립할 수 있도록 해주었다. 쥐인간을 통해서는 내적 갈등에 대한 새로운 증거들이 드러났다. 멜처는 또한 레오나르도 다 빈치에 관한 글을 다룬다. 심리적 전기psychobiography라는 '나쁜 전통'을 확립하기 위해서가 아니라 승화와 나르시시즘이라는 개념을 자전적으로 검토하기 위해서 말이다. 슈레버의 회고록을 통해 프로이트는 내적 세계라는 현실을 개념화하기 시작했다. 「한 아이가 맞다」는 마조히즘에 대한 새로운 이해를 요구했으며, 「늑대인간 사례」는 원초적 장면이라는 중심적 환상과 진정한 양성성bisexuality 개념, 그리고 '완전한 오이디푸스 콤플렉스'를 다룬다.

멜처의 견해에 따르면, 이 모든 연구는 프로이트의 존재하는[기존의] 이론적 전개념preconception 또는 사변들을 손상시킨다. 멜처는 프로이트에게 강박적 이론가, '당의 노선'을 보호하는 정치가, 그리고 예술가-임상가라는 세 가지 정체성을 부여하는데, 이 세 가지 정체성 중에서 프로이트로 하여금 [마침내] '구조적 모델'로써 작업할 수 있도록 추동한 것은 바로 예술가-임상가라는 정체성이다. 이 모델은 실제적 삶에서 그가 직면했던 전인whole personalities에 [상응한다], 그리고 '고통 속에 있는 대상과의 동일화'라는 현실에 상응한다. "프로이트는 에너지 모델과 불-쾌라는 관념을 버리고, 더 순수하게 심리적 이론을 실제로 붙잡게 된다. 이러한 심리적 이론에서 '고통'은 이제 그것[고통]이 실제로 의미하는 것이 되었다." 프로이트가 자신의 정신 이론이 리비도 모델에서 벗어났다는 것 – 이 점은 그의 이론적 작업에서보다는 기술적記述的 언어에서 더 잘 드러난다 – 을 완전히 확인해주지는 않았지만, 에너지론에서 의미와 의미의 조직화로의 그의 이행은 '향후 정신분석이 주목하고 발달해야 할 [새로운] 방향성'을 부여했다고 멜처는 믿는다. 그리고 프로이트는 말년에 비관주의적 견해를 표명했음에도 불구하고 다음 사실을 보여주었다. "완벽한 분석은 존재하지 않는다. 모든 분석은 결국 자기 탐구와 발전을 계속 진행할 수 있도록 도와주는 준비이다. 그것은 삶에서 갈등을 갖지 않도록 사람들을 보호해주는 것이 아니라, 그들로 하여금 그러한 갈등에 대면할 수 있게 해주는 것을 목표로 삼는다. 분석은 과정의 시작이지 끝이 아니다." 정신분석 운동도 마찬가지이다.

멕 해리스 윌리엄스 (편집자)

일러두기 | 본문 중에 [ ]의 내용은 독자의 이해를 돕기 위한 역자의 첨언입니다.

| 서론 |

『클라인학파 정신분석의 전개』에 대한 전체 서론

브로이어와 함께 안나 O 치료를 시작한 것을 정신분석의 시작으로 간주한다면, 1980년이 100주년이라고 할 수 있을 것이다. 이 과학이 서양의 사상과 문화에 상당한 영향을 미쳤다는 것은 거의 의심의 여지가 없다. 그러나 그것은 인정되었고 또한 부인되었다. 정신분석은 인성의 발달과 작용에 관한 더 깊은 원천을 임상적으로 탐구하는 최초의 방법이었다. 그것은 나름의 방법(론)과 발견을 통해, 그것과 연관있는 여러 학문분과에 자양분을 제공했다. 그러나 그것은 그 자체로 하나의 통일된 분과학문이 아니다. 그것은 여러 상이한 방향과 방법론, 현상 연구phemenology, 이론 속에서 발달했다. 말로 표현할 수 없는 치료실의 사건들을 기술할 때 직면하는 어려움이, 다양한 발달 노선 간의 명백한 간극을 더욱 확대시켰다. 상이한 견해들에 대한 진정한 불일치가 아주 잘 최소화될 수 있는 곳에서 정치적 집단화를 발생시키는 방식으로 말이다. 정신분석가들은 이러한 정치적 집단화에 몰두하고, 신흥국가 내부에서 벌어지는 사건과 거의 구분되지 않는 드라마를 자신의 사회 속에서 상연했는데, 이는 정신분석 치료의 효과나 (이의 사소한 변형으로서의) 훈련분석과 관련된 문제 때문이 아니었다. 이 책은 이러한 양극화를 심화하려는 의도로 쓰여진 것이 아니다. 그 반대로, 멜라니 클라인이라는 이름과 연관되어 있는 정신분석 방법론과 이론에서의 특수한 발달 노선을 명확히 설명함으로써 학파들 간의 긴장을 감소시키고, 사람들로 하여금 과학사의 이 특수한 분야에 대해 지적으로 관심을 갖거나 무관심하기를 기대하는 것이 합리적인 것처럼 보인다. 이를 위해서는 프로이트의 작업의 발달을 재검토하는 일이 필요하다. 클라인의 사고의 도약 지점을 명확히 밝히고, 더 나아가 프로이트 및 클라인과 비교했을 때 비온의 도약 지점이 무엇이었는지 명확히 설명할 필요가 있다.

물론 이 모든 것이 학자인양 작업을 하는 것처럼 들릴 수 있다. 그러나 이 일련의 세 강좌[1]는 가장 비학자적인 작업임이 드러날 것이다. 비록 그것들이 이 세 명의 연구자가 남긴 문헌과 밀접하게 연결되어 있지만(한 강좌에서만 나는 자신의 임상 경험을 소개한다), [나의] 접근 방식은 너무 개인적이어서 학문적 견본이 되기에는 적합하지 않다. 이에 대한 설명을 위해서는 이 강좌들을 실행하게 된 역사를 약간 추적할 필요가 있다. 존 밀턴의 격언 – "다른 사람들을 가르침으로써 (…) 자신 스스로가 배울 수 있다" – 을 따르기를 희망하면서, 그러나 문헌 연구를 즐기지 않는 학생으로서 나는 나태한 정신을 채찍질하기 위해 여러 가지 방식으로 노력했다. 정신분석 연구소의 새 교과 과정을 발달시키기 위해

1) 『클라인학파 정신분석의 전개』 1, 2, 3권을 의미함. 2권과 3권은 이미 국내에 번역 출간되었음. –역주

6년간 작업하고 가르친 후(너무 역사적이고 엄격한 과정에 학생들이 불만족했기 때문에 나는 이곳을 떠났다), 나는 하비스톡 클리닉에서, 일차적으로 아동 심리치료사 훈련을 위해 개설된 여러 교실에서 6년간 가르쳤다. 따라서 이 강의들[『클라인학파 정신분석의 전개 1, 2, 3』]은 약 12년간의 연구 결과이며, 가르침에 있어서는 비밀스러운 자아 중심성 속에서 나 자신의 머릿속에 있는 질문, 즉 정신분석가로서 나 자신의 발달 속에 존재하는 연속성과 비연속성의 문제에 대답하는 것을 목표로 삼았다.

누나의 친구 나다나엘 앱터의 영향 하에서 프로이트를 처음 읽었던 열여섯 살 때부터, 로레타 벤더가 (이상하게도) 멜라니 클라인의 저작을 소개해주었던 스물두 살 때까지, 그리고 비온의 인성과 사고가 나를 침입하기 시작했던 마흔 살 때까지 나의 발전은 이 세 명의 비범한 사람과의 전이와 동일화에 의해 지배되었다. 그러나 두 사건, 즉 클라인의 죽음과 비온의 캘리포니아 이주는 나로 하여금 이 세 명의 인물이 내 정신 속에서, 그리고 어떤 방식으로든 또한 나의 작업 속에서 서로 행복한 관계를 맺고 있지 않았음을 알게 해주는 데 도움을 주었다.

물론, 이것이 내가 어떤 방식으로든 그들의 개인적 또는 직업적 관계 – 프로이트와 클라인의 관계, 또는 클라인과 비온의 관계 – 에 관심을 갖고 있었다는 것을 의미하지는 않는다. 이것은 명백히 나 자신의 분석과 관련된, 여러 차원에 존재하는 나의 오이디푸스적 갈등 등과 관련된, 내게는 순수하게 개인적인 그리고 내적인 것이었다. 그러나 유아적 차원들이 내 강의의 중심점은 아니다. 그것들이 꿈을 분석함에 있어 중심점일 수 있다고 할지라도 말이다. 연구와 강의(그리고 이제 이것의 출판)는, 결합된 정신분석적 대상을 발전시키는 데 성공했는가 또는 실패했는가, 그리고 '이 결합된 대상의 후원 하에서' 내가 언젠가 창조적이고 용기 있게 작업할 수 있는가라는 관점에서, 나의 정신분석적 발전에서의 연속성과 비연속성을 발견하고 정의하려는 의도로 행해졌다.

따라서 연속적으로 행해지는 세 강좌는 이 세 인물의 작업들을 매우 개인적으로 통합시킨 것이다. 나의 프로이트, 나의 클라인, 나의 비온은 다른 사람들의 프로이트, 클라인, 비온과 정확히 일치하지 않을 수 있다. 그들이 내 동료들의 정신 속에 있는 인물들과 전혀 일치하지 않는다면 괴로울 것이다. 그럼에도 불구하고 이 약간 장황한 항의, 즉 앞으로 내가 권위 – 나의 권위나 그들의 권위 – 의 부재를 강조하는 것은 요점이 없지는 않다. 나의 강의들은 개인적이며, 따라서 나 자신의 특이한 강의들일 뿐만 아니라, 또한 비판적이기 때문이다. 그것들은 존경심을 표명하지 않는 비평이다. 이는 또한 나의 각 강연이 개별적으로는 완결되지 않는다는 것, 그리고 진지한 연구를 위한 부속물로서의 가치만을 갖는다는 것을 의미한다. 이 강의들이 그런 의도에서 성공을 거둔다면, 그것들은 프로이트, 클라인, 비온의 작업에 대해 알고 있다고 생각하는 사람들을 프로이트, 클라인, 비온의 텍스트로 되돌아가도록 추동하는 놀라움으로 다가올 것이다. 처음 공부를 시작하는 학생들에게 이 강의들은 동료나 안내자의 역할을 할 것이다. 그것들은 독서 세미나 조직을 돕고, 사람들로 하여금 참고문헌으로 되돌아가는 길을 발견할 수 있도록 도움을 줄 것이다. 특히 그것들은 정신분석의 한 발달 노선에 대한 하나의 가능한 수직적 견해를 제공하기 위해 마련되었다. 중첩되는 언어 사용에 의해 생겨난 개념적 혼동을 교정하는 방식으로 말이다.

나의 노래가 주는 부담은, 언어가 교정되었을 때에야 비로소 이 세 명의 대가의 작업에서 전개되는 것이 무엇인지 볼 수 있다는 것이다. 현상에 관한 새로운 영역을 발견하도록 이끌고, 정신에 관한 새로운 모델을 산출하는 방법론의 전개 말이다. 그리고 이러한 새로운 모델은 방법론 등을 또한 수정해줄 것이다. 정신에 관한 명시적인(또는 멜라니 클라인의 경우처럼 암묵적인) 모델들을 나는 신경생리학적, 신화적(또는 신학적), 그리고 철학적이라고 불렀다. 뿌리·줄기·가지로서 그것들은 서로 배척하지 않으며, 치료실의 꽃과 열매와 연관성을 갖고 있다는 것이 나의 주제이자 나의 주장이고, 아마도 나의 신념일 것이다.

『클라인학파 정신분석의 전개 1 : 프로이트』에 대한 서론

이 강의는 1972년과 1973년 런던의 타비스톡 클리닉의 아동 심리치료 과정의 학생들과 청중들에게 행한 강의이다. 학생들은 주로 과정의 1년 차인 임상 예비과정 소속이었고, 따라서 강의는 첫해와 그다음 해 동안의 프로이트의 저작 독해 세미나를 통해 프로이트의 작업에 친숙해지기 위한 배경적 역할을 했다. 강의의 목표는 방법론·자료·임상적 정식화에 관한 프로이트의 저작과 관련해 확고한 기반을 제공함으로써 멜라니 클라인의 작업에 대한 체계적 연구를 학생들이 준비할 수 있도록 하는 것이었다. 이 때문에 프로이트의 정신 이론에 관한 체계적 연구를 어느 정도 희생할 수밖에 없었다. 그러므로 강의는 프로이트의 임상 논문에, 그리고 클라인의 작업을 통해 발달되었다고 볼 수 있는 그의 사상의 측면에 주로 강조점을 두었다. 또한 비판적 방식으로 연구하는 것, 그리고 프로이트의 작업을 요약하기보다는 그것의 질서, 의미, 유의미성을 탐구하는 것이 강의의 의도였다.

이러한 이유로 학생들처럼 독자들도 이 책에서 논의되는 프로이트의 논문과 저작들, 특히 다음의 필독 도서 목록에 대한 기억을 적어도 환기시킬 필요가 있다.

1장 *Studies on Hysteria. SE* II, 1-18, 21-47.
2장 *Studies on Hysteria. SE* II, 135-182.
Further remarks on the neuropsychoses of defence, *SE* III, 159-187.
A specimen dream. *The Interpretation of Dreams, SE* IV, 106-121.
3장 Fragment of an analysis of a case of hysteria. *SE* VII, 64-94.
4장 *Three Essays on Sexuality, SE* VII, 173-206.
5장 Analysis of a phobia in a five-year-old boy. *SE* X, 22-100.
6장 Notes upon a case of obsessional neurosis. *SE* X, 158-195.
Character and anal erotism. *SE* IX, 167-176.
7장 Leonardo da Vinci and a memory of his childhood. *SE* XI, 12-58.
8장 Psychoanalytic notes on an autobiographical account of a case of paranoia. *SE* XII, 59-82.
Two principles of mental functioning. *SE* XII, 213-226.
9장 The disposition to obsessional neurosis, *SE* XII, 311-317.
On narcissism. *SE* XIV, 361.
Mourning and Melancholia. SE XIV, 237-259.
10장 From the history of an infantile neurosis. *SE* XVII, 61-123.

11장 A child is being beaten: a contribution to the study of the origins of sexual perversions. *SE* XVII, 175-204.

12장 Group psychology and the analysis of the ego. *SE* XVIII, 105-133.

13장 The ego and the id. *SE* XIX, 3-68.

The economic problem of masochism. *SE* XIX, 157-172.

14장 Inhibitions, symptoms and anxiety. *SE* XX, 77-118.

| 1장 |

왜 역사인가

정신분석적 치료를 배우는 데 관심 있는 사람들이라면 프로이트를 열심히 연구해야 한다는 조언은 언뜻 보기에 개인 숭배의 냄새가 나고, 성경책에 나올 법한 이야기이며, 다른 아무것도 공부할 가치가 없음을 암시하는 듯하다. 이 조언이 그러한 방식들로 사용되어 학생들과 정신분석 모두에 해를 끼쳤다는 것은 분명하다. 하지만 이렇게 조언하는 데는 다른 근거, 즉 과학의 본질적 속성과 관련 있는 설득력 있는 근거가 존재한다. 이러한 조언은 정신분석의 역사에서 진정으로 합리적이다.

정신분석의 역사는 논리적 필연성의 실thread을 따라 형성된다. 프로이트의 초기 저작으로부터 취한 이미지를 빌려 말하면, 정신분석의 역사에서 밝혀진 것들 또는 발견들은, 화환이 철사로 감겨 있듯이 논리적으로 필연적인 명제들의 사슬을 형성한다. 그러나 이러한 사실이 우리가 정신분석의 발견을 특수한 작업자의 개인적 역사로서

배워야 한다는 것을 정당화하지는 않는다고 반론을 제기할 수 있다. 심지어 그가 '정신분석의 아버지', 정신분석의 발달에서 가장 위대한 인물, 가장 중요한 권위자 등으로 불리는 것이 합당하다고 할지라도 말이다. 지금까지 그랬듯이 라부아지에는 화학의 아버지라고 사람들은 말할 것이다. 그러나 우리는 그의 내밀한 개인적 생활은 말할 것도 없고, 라부아지에의 생애, 심지어 그의 실험실 생활에 관한 이야기로부터 출발해 화학을 가르치지 않는다. 화학의 역사는 사람의 역사가 아니라는 것은 사실이다. 화학의 논리적 필연성은 변화하는 조건 하에서 입자들이 서로 맺고 있는 관계 속에 놓여 있다. 그러나 당신이 화학자들을 훈련시키기 위한 교과 과정을 본다면, 당신은 그것이 필연적으로 화학의 역사적 발달에 상응하는 순서를 고수한다는 것을 알게 될 것이다.

더 나아가, 역사에 아주 관심이 많은 예술가라고 할지라도 위대한 선배들의 내밀한 삶을 연구하지는 않으며, 단지 그들의 작품과 방법론을 연구한다고 사람들은 반론을 제기할 수 있다. 간단히 말하면 학자들과 주제넘은 사람들만 위대한 인물들의 개인적 전기를 찾아다닌다는 것이다. 여기에서 나의 관심사는 학술적 설명을 제시하는 것이 아니며, 주제넘게 참견하는 사람이 되는 것도 아니다. 나는 프로이트의 개인적인 내밀한 삶이 아닌, 그의 작업들에 관심이 있다. 나는 앞으로 14개의 장을 통해 하나의 – 유일한 것이 아닌 – 역사적인 프로이트를 구성하고자 한다. 그것은 특히 도널드 멜처라는 한 저자의 상상력 속에 존재하는 프로이트이다. 물론 이러한 작업은 가장 무익한 작업인 것처럼 여겨질 것이다. 도널드 멜처는 개인적으로 프로이트를 전혀 알지 못하기 때문이다. 멜처로 하여금 그가 알고 있는 클라인에 대해, 또는 멜처 자신에 대해 소개하라고 하는 것이 더 낫지 않을까? 그러나 후자의 일은 전혀 도움이 되지 않을 것이다. 어떤 경우든 그는 정신분석 역사에서 중요한 인물이 아니기 때문이다. '그렇다면 왜 클라인이 아닌가?' 이에 대해서는 완벽히 확실한 이유가 있다. 클라인에 관한 문서들이 상대적으로 적기 때문이다. 예를 들면 13세기 장원莊園의 생활에 대해 글을 쓰고 싶다면 당신은 무엇을 할 것인지 생각해보라. 어떤 장원이 가장 규모가 크고, 가장 권력이 있으며, 가장 성공적이고, 가장 아름다운지 당신이 반드시 결정할 필요는 없을 것이다. 우선 당신은 어떤 장원에 대한 기록이 가장 완벽하게 보존되어 있는지를 확인하고, 이에 따라 장원을 선택할 것이다. 그 장원이 가장 크고 부유하다고 판명된다면, 이는 아주 우연한 일은 아닐 것이다. 이와 유사하게, 프로이트의 과학적 발달에 대한 기록이 [엄청나게 많이] 존재하는 것은 그가 어떤 방식으로든 뛰어난 사람이었기 때문이 아니라 강박적인 저자였기 때문이다. 생각해보라. 그는 약 400페이지짜리 책을 23권, 즉 40여 년 동안 약 9,000페이지를 썼다. 매년 200페이지가 넘는 책을 한 권씩 쓴 셈이다. 10페이지짜리 논문을 매년 20개씩 썼다! 더욱이 그는 플리스에게 보낸 편지들,『심리학 초안』, 아브라함에게 보낸 편지들, 그리고 아마도 출간되지 않은 많은 논문, 사례 보고 등을 썼다. 이 모든 것은 쿠르트 아이슬러Kurt Eissler라는 질투심 많은 용jealous dragon의 문서보관소에 보존되어 있었다. 아니, 프로이트를 공부하는 가장 설득력 있는 이유는 그가 자신의 사유와, 전례가 없는 경험에 관한 기록을 우리에게 남겼기 때문이다.

그렇다면 우리는 어떤 사람의 생애와 작업을 연구한다는 것을 잊고, 재료와 자료, 방법과 사상에 집중할 수 있지 않겠는가? 그것이 뉴턴이라고 가정해보자. 수학, 광학 등에서 행한 그의 작업의 발전을 연구할 때 우리는 상당히 광적인 그의 신학적 방황에 집중하지 않을 것이다. 그의 성생활에 집중하지 않는 것처럼 말이다. 실제로 우리는 뉴턴의 그러한 측면을 무시할 수 있을 것이다. 그의 신학 저작들은 수학과 물리학에서의 그의 작업과는 상당히 동떨어져 있기 때문이다. 그러나 13세기 장원의 목록에서도 그렇듯이 프로이트에서도 사실과 공상, 진리와 왜곡, 새로운 경험과 편견(preconceptions, 전개념화), 계시와 독설 등이 뒤섞여 있다. 우리는 3권, 5권, 8권을 연구하면서 4권, 6권, 7권을 신경 쓰지 않겠다고 말할 수 없다. 그럼에도 불구하고 나름의 방식으로 집중해 노력할 수 있고, 그것은 가치가 있다. 임상적 관점에서 명확한 내용을 담고 있는 저작들을 매우 면밀하게 검토할 수 있다는 것이다. 우리가 공부할 내용은 사례, 꿈 해석, 정신분석 테크닉에 관한 논문 등이다. 그리고 중요한 이론적 저작들에 대해서는 그것들이 임상에 빛을 던져주는 한에서만 검토할 것이다. 더 조심스럽기는 하지만, 우리가 사용할 수 있는 선택 도구가 또 하나 있다. 우리는 자신[프로이트]의 자료들에 대한 프로이트의 사고 속에 존재하는 전개념(화)들을 확인하는 전형으로 1895년의 『심리학 초안』을 사용할 수 있다.

그것을 잘 이해할 수 있기 위해서는 몇몇 설명과 역사적 상황에 대한 이해가 필요하다. '자서전', 그리고 존스의 전기, 플리스에게 보낸 편지들, 『심리학 초안』과 그밖의 다른 문서들을 통해 되돌아보면, 우리는 젊은 프로이트와 위대한 프로이트(즉, 혁명가로서의 프로이트)가 일치하지 않는다는 사실에 놀라게 된다. 물론 오늘날에는 정신분석 혁명에 대해 이야기하는 것을 진부하게 생각하는 경향이 있다. 따라서 1890년대의 투쟁하는 프로이트는 1848년의 바리케이드처럼 우리에게 비현실적인 것으로 느껴진다. 그러나 그는 반항적-파괴적인 성격의 혁명가가 아니라 방법(론)적-건설적인 혁명가였으며, 그의 초기의 과학적 경력은 그가 미래에 어떤 사람이 될지 아무런 단서도 주지 않았다. 그는 당시 전성시대를 맞았던 의학을 연구하기 위해, 여러 가지 이유 – 모험, 매력, 지위, 경제적 가능성 – 로 모여들었던 수많은 젊은이 중 한 명이었던 것처럼 보인다. 한 젊은 유대인에게 이러한 매력들은 모두 강력한 것이었다. 그리고 코카인 실험, 조직학, 신경병리학, 임상 신경학 등 그의 관심사는 얼마나 넓었던가. 정신과 의사가 되려는 것은 가장 나중에 생긴 관심사였다. 많은 편지는 그에게 마치 벼락부자와 기회주의자들처럼 조급함이 있었음을 암시한다. 그는 장래가 촉망되는 동시대인과 연합하고, 실험실과 병동을 지배했던 (동양의 전제군주 같은) 위대한 독재자들의 비위를 맞추고자 했으며, 번역자로서 일했고, 일상적인 강의의 부담도 졌다. 운동 뉴런의 긴장으로 시작해 아동의 마비를 거쳐 히스테리의 신체적 운동에 이르기까지 아드리안의 실을 직조하는 것은, 물론 매혹적인 일이었으며, 어떤 의미에서는 『심리학 초안』이 그러한 '직조물'이었다. 그러나 실제로 그것은 사실이 아니다. 만약 그랬다면 정신의 성장과 발달에 대한 아주 다른 개념 – 정신분석이 제공하는 것과는 아주 다른 개념 – 이 필요했을 것이기 때문이다.

정신을 (적절한 환경이 주어진다면) 아름다움과 완전성 속에서 피어나는 꽃과 같은 것으로 간주하는 [정신분석이 제공하는 개념과는] 아주 다른 개념 말이다. 그렇다면 갈등과 결정, 오류의 현실화, 후회, 회복 등의 개념은 사라져버렸을 것이다.

프로이트의 위대함은 꽃처럼 피어나지 않았고, 그 위대함의 환경은 우호적이지 않았다. 증후군들syndroms에 대한 기술記述과 확정의 임상적 방법론, 그리고 기질적predisposing이고 특수한, [발병에] 기여하는 병인론적 요인들에 대한 탐구가 혼란, 엉터리 의술, 유해한 개입 등의 웅덩이로부터 의학을 건져내고 있었다. 특히 세균학 분야에서의 치료적·예방적 성취를 통해, 위대한 이름들이 역사에서 자신의 자리를 잡기 시작했다.

100년의 나이도 채 되지 않은 이 황금 전통 속에서, 정신의학은 [질병] 분류를 통해 역사에서 형태를 갖추게 되었고, 이는 일반적으로 크래펠린Kraepelin이라는 이름과 연결된다. 이는 때가 되면 병의 원인들이 발견될 것이며, 치료와 예방술이 진화할 것이라는 것을 함축했다. 모든 점에서 낙관적인 시대였다! 대형 정신병원들은 기술적記述的 과학의 실험실이었고, 실험실에 접근할 수 있는 권리는 높이 평가되었다. 오늘날 물리학자들이 사이클로트론이나 초대형 컴퓨터에 접근할 권리를 높이 평가하듯이 말이다. 임상적 재료의 이러한 거대한 저장고에 접근하지 않고서는 아무것도 할 수 없는 것처럼 보였다. 우리는 부르주아 세계가 어떤 것이었으며, 프로이트 뒤에 놓여 있던 유대적 그리고 상업적 전통이 어떤 것이었는지 또한 기억해야 한다. 목표는 전체 세계의 작은 영역에서 전문가와 권위자로서의 이름을 얻고, 점차적으로 보상, 영역, 지배력 등을 확장하는 것이었다. 프로이트가 탄생한 지 한 세기가 지난 오늘날, 사회적 의식과 책임성은 명백히 진보했다. 하지만 의학도와 젊은 과학자의 경향은 달라졌을까?

(우리가 평범한 기술적·규범적 개념을 사용해야 한다면) 프로이트는 자신의 시대의 아이였고, '정상적인' 그리고 '잘 적응된' 사람이었고, 코카인 연구, 신경정신병리학, 아동의 마비, 실어증, 그리고 끝으로 히스테리로써 부르주아의 세계에서 자신의 표식을 남기고자 노력했다. 그의 성격의 의존적인 측면들은 지지와 격려를 요구했다. 마이네르트와 브로이어로 시작해 플리스에 이르러 아주 빈약해진 목록[프로이트가 교류했던 사람들의 목록]은 그후 10년 동안 융이 배신할 때 – 이때 프로이트는 약 55세였다 – 까지 멈추지 않는다. [당시의 지배적인] 방법론과 사회적 질서는 프로이트로 하여금 정신분석적 방법론의 발달에 대항하는 견고한 집단에 직면하도록 했다. 당시에는 여전히 연구해야 할 '정신'이 존재하지 않았다. 오늘날에도 심층 심리학 – 그리고 이것의 최초 방법론으로서의 정신분석 – 을 잘 확립된 과학적 탐구영역으로 간주하는 것은 오류일 것이다. 프로이트가 사망한 시기보다 오늘날이, '정신은 뇌다'라는 개념이 '현상으로서의 정신'이라는 개념에 대항해 더욱 지배력을 행사하고 있다고 말할 수 있을 것이다. 프로이트가 젊었을 때, '현상'은 여전히 신학자, 형이상학자, 우주론자 등의 영역이었다. 실천적인 부르주아들은 그러한 사유에 등을 돌렸고 [그러한 사유가 침입하지 못하도록] 자신들의 실험실 문을 닫았다. 이러한 맥락에서, 『히스테리 연구』가 받았던 가장 최고의 서평이 「영혼의 수술」이라는 제목으로 문학사 교수가

쓴 서평이었다는 것은 매우 역설적이다. 우리는 이것이 프로이트에게 기쁜 자극보다는 불안을 불러일으키지 않았을까 질문해볼 수 있을 것이다.

역사가가 예언가가 되어야 한다는 것은 놀라운 일이 아니다. 정신분석은, 과거가 현재의 기반임을 인정하는 것이 '미래'라는 개념을 이성에 복종하도록 만드는 유일한 수단이라고 우리에게 가르치기 때문이다. 연속성에 대한 이러한 복종이 결여되어 있다면, '미래'라는 개념은 의미를 상실하고 단지 '소망' 또는 '의도'와 동의어가 된다. 마찬가지로 정신분석을 공부하는 모든 학생은 자신의 개체발생 속에서 우리 시대의 이러한 특수한 과학적 측면의 역사를 횡단해야 한다. 우리는 모두 가치, 방법론, 열망 등으로부터 점차적으로 해방될 필요가 있는 환경에서 (정신분석적 방법론을 통해 무언가를 발견하고 그것들을 배우고 이용하기 위해) 교육받았다. 어떤 의미에서 또한 우리는, 프로이트의 말을 빌리면 '영속적인 명성, 부의 확실성, 완전한 독립성 등에 대한 확신'을 버릴 필요가 있다. 유아의 성적 환상이 환자와 연구자의 기억과 혼동된다는 것이 드러나 '유혹이론'이 무너졌을 때, 즉 히스테리의 '특수한 병인론'[2], [신경증 발병에] 기여하는 원인에 관한 이론이 무너졌을 때 프로이트가 그렇게 했던 것처럼 말이다.

성에 대한 사회적·개인적 태도의 영역에서도 우리는 자만심을 버려야 한다. 한 세기 동안 많은 변화가 일어났다. 그 변화 중 적지 않은 부분이 서양 문화에 대한 프로이트의 충격에 기인했다는 것

2) 유혹, 또는 외상적이고 실제적인 성적 사건. —역주

은 옳은 말이다. 그러나 빅토리아 시대의 이중적 잣대의 위선은 퇴폐주의의 위선으로 변화했다. 성적 갈등의 영역에서 증상이라는 형성물을 선호했던 분위기는 이제 도착증이 성격으로 굳어지는 것을 선호한다. 프로이트가 '도덕주의자'라는 의심에 직면해야 했던 것처럼, 오늘날 심리적 현실의 존재를 믿는 사람은 '도덕주의자'의 훨씬 더 선한 척하는 비난에 내적·외적으로 직면해야 한다. 그[프로이트]가 정신신경증 환자들의 성생활을 탐구할 필요성에 대해 동료들에게 전율하면서 이야기했지만, 이러한 전율을 관대하게 미소지으며 바라보는 것은 우리에게 아무런 도움이 되지 않는다. 그가 직면했던, '동화fairy-tale'라는 차가운 명칭[낙인]은 오늘날에도 변하지 않았다. 외상적 경험이라는 과거의 현실에 대한 탐구가 아니라 정신의 직접적인 현실에 대한 탐구를 '동화'라고 낙인찍는다는 것만이 달라졌을 뿐이다.

프로이트가 자신의 [정신분석적] 증거를 공공의 가치보다 더 중시했던 오만함에 대해 무거운 대가를 지불해야 했다는 것은 의심의 여지가 없다. 크라프트-에빙이나 다른 학자들처럼 프로이트가 발병의 원인이 되는 요인 그 자체가 아닌, 질병의 증상들으로서의 병리적 행동을 다루었다면, 즉 성인의 도착적 행동과 아동의 자위행위에 대해서만 탐구를 국한시켰다면, 그는 성에 대해 자신이 원하는 만큼 자유롭게 글을 쓸 수 있었을 것이다. 그러나 성인들의 성적 욕구와, 그것의 만족의 **결여**의 의미에 대해 주장함으로써, 그리고 아동기의 성적 **능력**이라는 현실에 대해 주장함으로써 그는 당시의 관습을 공격했고, 이를 통해 당대의 '과학적'이고 '진보적'인 정신에 반대했다. 플리스와의 서신 교환은 우리에게 많은 것을 알려준다. 『심리학 초안』(1895)에서 정점에 달한 의기양양함으로부터, 곧 이어서 발생한 '유혹' 이론의 붕괴라는 참사(1897), 자기분석(이의 가장 독창적인 결과는 『꿈의 해석』이었다), 그리고 플리스와의 양가적 관계의 종언에 이르기까지 말이다. 플리스와의 관계의 열매는 '서신들' 그 자체였다. 모든 부모가 자녀에 대해 근친상간적 공격을 한다는 것이 통계적으로 개연성 있는 사실처럼 보이기 시작했을 때, '유혹'이론을 지지하는 (점점 많아지는) 임상적 증거들이 프로이트 자신의 과거와 현재의 관계에 침투하기 시작했다. 아버지의 죽음이라는 재난, 그리고 점점 명확해지는 불안과 더불어, [유혹이론과] 불일치[하는 경험들]이 체계적으로 자기분석를 하도록 만든 강력한 요인들이었음이 분명하다. 불안이 프로이트로 하여금 [정신분석적] 방법을 자기 자신에게 적용하도록 만들었지만(이것이 그의 위대성을 향한 첫걸음이다), 그것은 적대감을 낳을 뿐이라는 것을 예상할 수 있었다(이는 그의 사회적 불안의 원천이다). '유혹'이론이 '동화'에 지나지 않는다고 냉정하게 거절할 수 있게 된 후, 그는 무의식의 보편성의 인정을 향한 위대한 발걸음을 내디뎠다. 『꿈의 해석』(1900), 『일상생활의 정신병리학』(1901), 『유머와, 그것의 무의식과의 관계』, 『성욕에 관한 세 논문』(1905)이 그것이다. 이것들은 선언서 같은 저작이다! 그리고 그 대가는 소외, 비난, 경멸, 가난 등의 위험이었다.

그러나 물론, 모든 병적인 미치광이들은 자신의 직관의 타당성을 주장하는 것에 대한 대가를 지불한다. 그러한 직관 중 어떤 것은 실제로 옳다는 것이 판명된다고 할지라도 말이다. 다른 창조적인 천재들과 마찬가지로 프로이트도 [정신분석적] 방법(론)에 헌신한 대가를 치렀다. 그 방법론을 통해 발견한 것들이 오류임이 어쩔 수 없이 드러났으니 말이다! 예를 들면, 프로이트가 히스테리에 대해 이야기한 모든 것이 이제는 '오류'로 간주될 수 있다. 19세기 말 샤르코가 파리에서 논의한 의미에서의, 또는 베른하임이 취리히에서, 또는 브로이어가 빈에서 논의한 의미에서의 '히스테리' 같은 것은 존재하지 않기 때문이다. 프로이트의 빈 동료들이 그의 작업에 관심을 거의 갖지 않았던 것은 부분적으로는 히스테리 그 자체에 대한 냉담함의 표현이었다. 그들은 히스테리를 진지하게 '질병'으로 인정할 수 없었고, 꾀병의 어떤 정교한 형태로 간주했다. 최면 실험이 최면의 임상적 현상학을 생산하기 전까지 말이다. 또는 조금 더 정확히 말하면, 최면이 암시의 정교한 형태가 아니라는 것이 증명되기 전까지 말이다(실제로 최면은 정교한 암시 형태가 아니다). 이와 유사하게 다음과 같은 주장이 설득력 있을 수 있다. 정신병리학이라는 관념 전체가 '오류'이고, 따라서 '체액' 이론이 정신병리학의 현대 교과 과정에서 제외되었듯이, 우리는 정신병리학[전체]을 교과 과정에서 제외해야 한다는 주장 말이다. 정신분석학은 '질병'과 '치료cure'라는 개념을 버리고 소위 '심층 심리학'의 장field이 되지 않았는가? 그리하여 여기에서 다시 한번 상황의 변화는, 프로이트가 직면했던 문화 내에 존재하는 문제와 동일한 문제들에 오늘날의 학생들이 직면하도록 한다. 물론 위아래가 바뀌었다고 당신은 말할 수 있을 것이다. 프로이트가 제시하는 증거는 '병에 걸린' 정신에 대한 연구로부터 수집되었고, 따라서 '정상성'과 관계없다는 이유로 제도권establishment에 의해 법정에서 추방당했다.

이와 유사하게, 오늘날 심리적 현실에 관해 정신분석이 밝혀낸 자명한 사실, 즉 [i] 외적 경험에 대한 내적 경험의 우위, 그리고 [ii] '건강' 및 좋은 것과 관련 있는 가치들의 관계는, 좋은 것은 존재하지 않는다[3]는 이유로 무시된다. 모든 것은 상대적이고 의미론적이고 측정할 수 없으며, 따라서 비실제적이라는 이유에서 말이다. 단순한 외적 기술description을 넘어서는 방법(론)이 발견될 수만 있다면 정신병리학의 연구가 정신에 대한 입구가 된다는 것을 프로이트는 서서히 파악했다(그리고 우리는 훨씬 더 서서히 그것을 파악할 수 있다는 점을 인정해야 한다). 아마도 이러한 깨달음은 의사나 병리학자들보다는 신경학자들이 더 잘 획득할 수 있을 것이다. 의사나 병리학자들이 가장 주목하는 상황은 이질적인 화학물질, 대상, 박테리아, 원생동물 등이 닫힌 체계를 침입하는 것과 같은 상황이다. 개인의 발생은, 성적 기관의 크기가 증가하고 성숙한다는 것을 제외한다면 출생하기 오래전에 완성되는 듯했다. 심지어 신경 발생도 출생 직후에 완성에 도달하는 것처럼 여겨졌다. 그러나 신경학자들의 조사 방법론과 준수학적인 국소화적 진단near-mathematical localizing diagnosis의 방법론만이 임상 영역에서 다음 사실을 잘 보여줄 수 있었다. 정상적인 기능 작동의 중단이 비정상적 기능과 발병의 특수한 원인에 관한 문제를 해명할 수 있다는 사실 말이다. 더 나아가, 아동기에 대한 신경병리학적 연구는 장애의 임상적 현상이 환자의 나이에 따라 얼마나 다를 수 있는지 보여주었

3) 오늘날에는 좋은 것과 나쁜 것을 이분법적으로 나누는 것에 반대하는 견해가 지배적이라는 것임. -역주

다. 장애가 새로운 기능의 발달을 방해하는지, 또는 이미 확립된 기능들을 파괴함으로써 더 원시적인 기능들이 재등장하도록 만드는지 말이다.

신경학적 국소화localization 이론의 이러한 원칙들, 그리고 이 원칙들의 발달 과정에 주목함으로써 프로이트는 점차적으로 커다란 인상을 받았고, 이를 통해 자신의 정신으로부터 『심리학 초안』의 신경생리학적 선입관을 제거할 수 있게 되었다. 이렇듯 구체적인 것을 버리고 성에 대한 개방적인 정신적 태도와 비도덕주의적 접근 방식을 취함으로써 그는 공동체와 단절했고, 추방자가 되었고, 정신을 발달적 현상에 관한 이론으로 제시했다. [이제 프로이트에 따르면] 정신의 단위는 뉴런이 아니라 사고thoughts이며, 정신의 에너지는 대상을 찾는 목표를 가진 충동자극이다. 그리고 정신의 탈구dislocations는 불안을 생산하며, 정신적 외상은 기술적記述的으로 파악될 수 있는 것이 아니라 정신의 순간적 상태와 관련해서만 파악될 수 있다.

정신병리학의 발달적 개념이 그 당시에 그랬던 것처럼 오늘날에도 강력한 저항에 부딪히고 있다는 사실을 인식하기 위해서는 다시 한번 현재의 공동체로 되돌아가야 한다. [현대에 들어와] 상황이 다시 급변했다. 우리가 정신-육체 문제라는 거짓된 이원론에 직면하고 있듯이 우리는 또한 자연 대 양육이라는 거짓된 이원론에 직면하고 있다. 그러한 문제, 거짓된 문제의 달콤함에 휩쓸리는 것을 피하기는 어렵다. 사람들은 부모나 아이, 공동체, 시대, 운명, 태양의 흑점, 또는 신을 비난한다(마치 정신분석이 그러한 비난의 근거를 마련해주었다는 듯이). 1897년 '유혹'이론의 오류를 인식함으로써 프로이트는 발달에서의 갈등, 저항, 그리고 전이를 인식하는 것으로 도약했다. 갈등 – 그리고 저항 – 은 70년 전의 빈에서 그랬듯이 오늘날에도, 그리고 우리들 속에 존재한다. 단지 저항의 형태가 바뀌었을 뿐이다.

프로이트가 자신의 시대의 사고방식에 의해 어떻게 제약받았고, 그것으로부터 어떻게 해방되기 위해 분투했는지를 인식하는 가장 좋은 방법은, 그가 자신의 저작에서 활용했던 표상·모델·유비를 연구하는 것이다. 나는 이것들을 연대기적으로 제시할 것이다. 어떤 방향으로 프로이트의 이론이 전개되었는지 보여주기 위해서 말이다.

1. 『히스테리 연구』: 1893~95

(히스테리) 증상이 이미 한 번 발생했던 지점은 증상이 후에 다시 한번 발생하게 될 약한 지점을 형성한다. 한 번 분열된 심리군 psychical group은 결정체crystal를 '촉발하는' 역할을 한다. 이러한 결정체로부터, 그렇지 않았더라면 발생하지 않았을 결정화 작용crystallization이 가장 손쉽게 시작되는 것이다.(*SE* II, p. 264)

2. 「방어 정신신경병Neuropsychoses of Defence」: 1894

정신적 기능들 속에서 우리는 모든 양적 속성을 보유하고 있는 [어떤 것], 그리고 증가·감소·전치·방출 가능한 [어떤 것], 그리고 기억 위에 퍼져 있는 어떤 것 – 일정량의 정동 또는 자극의 총합 – 을 식별해야 한다(우리가 그것을 측정할 수 있는 수단을 갖고 있지 않을지라도). 전하電荷가 몸의 표면 위에 퍼져 있듯이, 기억 위에 퍼져 있는 관념들의 흔적 말이다.(*SE* III, p. 60)

3. 「히스테리의 병인론」: 1896

히스테리의 경우에도 증상으로부터 증상의 원인들에 대한 지식으로 침투할 가능성이 마찬가지로 존재합니다. 그러나 이러한 목적을 위해 나는 작업의 다른 영역에서 실제적으로 이루어진 발전으로부터 취한 유비적 설명을 여러분에게 제시하고, 이를 통해 우리가 활용하는 방법(론)과, 병력 연구라는 오랜 방법(론) 사이의 관계를 설명하고자 합니다.

여행 중에 있는 연구자가 거의 알려져 있지 않은 곳에 도달했다고 가정해봅시다. 그곳에는 벽의 잔해, 기둥의 파편, 지워져서 읽을 수 없는 문자가 쓰여진 석판의 파편이 흩어져 있는 폐허 지역이 있고, 그것이 연구자의 관심을 자극했습니다. 그 연구자는 여기저기 놓여 있는 것들을 본 후에, 근처에 살고 있는 원주민들에게, 전통이 저 기념물들의 잔해의 역사와 의미에 대해 무엇을 알려주는지 질문하고, 그들이 알려준 것을 메모하고 계속 여행하는 것에 만족할 수 있습니다. 그러나 그는 또한 다른 방식으로 행동할 수 있습니다. 그는 도끼와 삽을 가져와서, 원주민들에게 그 도구들을 가지고 일을 하도록 요청하고, 그들과 함께 폐허 지역을 조사하고, 눈에 보이는 잔해들 속에 파묻힌 것을 찾아낼 수 있습니다. 그들의 작업이 성공을 거둔다면, 발견물들이 스스로 자신을 설명합니다.…(*SE* III, p. 192)

낙관주의적이다!

이것이 전前-자기분석기로부터 취한 것으로서, 증상 형성, 심리적 에너지, 그리고 방법론에 관한 세 개의 예이다. 다음과 비교해보라.

4. 『히스테리 사례 분석 단편[도라 사례]』(1905[5])

a) 상반되는 사고들은 항상 서로 밀접하게 연결되어 있으며 종종 쌍을 이룬다. 하나의 사고는 **극히 강렬하게 의식적인** 반면에 그것의 대응물은 억압되고 무의식적인 것이 되는 방식으로 말이다. 두 개의 사고 간의 이러한 관계는 억압 과정의 결과이다. 억압은 억압되어야 하는 사고와 반대되는 사고의 과도한 강화에 의해 종종 달성되기 때문이다. 이러한 과정을 나는 **반작용적**reactive 강화라고 부르며, 의식 속에서 극단적 강도intensity로 무장되어 있기 때문에 (편견처럼) [쉽게] 제거될 수 없는 사고를 나는 반작용적 사고라고 부른다. 따라서 두 사고는 무정위 전류계astatic galvanometer의 두 바늘과 매우 흡사하게 서로에 대해 작용한다. 반작용적 사고는 어떤 여분의 강도를 수단으로 불쾌한 사고를 억압 하에 둔다. 그러나 그러한 이유로 그것 자체는 '둔화되며', 사고의 의식적 노력이 무용하다는 증거가 된다.(*SE* VII, p. 55)

b) 꿈이 필요로 했던 **원동력**을 소망이 제공해야 했다. 꿈의 원동력으로 작용할 소망을 붙잡는 것이 근심worry의 역할이다.

5) 집필은 1901년임. —원주

그 지위는 비유적으로 설명될 수 있다. 낮의 사고는 꿈에서 기업가의 역할을 한다고 할 수 있다. 그러나 사람들이 말하듯이 기업가는 아이디어와 그것을 실행할 주도권을 갖고 있지만 자본 없이는 아무것도 할 수 없다. 그는 비용을 감당할 수 있는 **자본가**를 필요로 한다. 그리고 꿈을 위해 심리적 비용을 제공할 수 있는 **자본가**는 전날의 사고가 어떤 것이었든 언제나, 그리고 논쟁의 여지 없이 무의식에서 유래하는 소망이다.(p. 87)

c) 전이란 무엇인가? 그것은 분석이 진행되는 동안 자극되고 의식화된 충동자극과 환상의 새로운 판본 또는 팩스이다. 그러나 전이는 그것의 특징을 이루는 다음과 같은 특이성을 갖고 있다. 즉, 전이는 어떤 초기의 인물을 의사라는 인물로 대체한다는 것이다. 달리 말하면, 과거에 속하는 것이 아니라 현재 순간에 의사라는 인물에게 적용되는 일련의 심리적 경험들 전체가 재검토된다. 이러한 전이 중 몇몇은 그것들이 [과거의] 모델의 대체라는 점을 제외한다면 그 모델의 내용과 어떤 점에서도 다르지 않다. 동일한 비유로 말하면, 그것들은 단지 새로운 인쇄 또는 재판에 지나지 않는다. 다른 것들[다른 전이들]은 더 창의적으로 구성된다. 그것들의 내용은 적절한 영향 – 나의 용어로는 **승화** – 에 종속되었다. 그리고 그것들은 의사라는 인물 또는 상황 속에 있는 어떤 실제적인 특성을 영리하게 활용해 그것들을 그 특성에 부착시킴으로써 심지어 의식화될 수 있다. 그렇다면 이것들은 더 이상 새로운 판본이 아니라 수정본일 것이다.(p. 116)

이제 우리는 더 멀리 나아갈 필요가 없다. 변화가 일어난 것이 명백하다고 나는 확신한다. 더 초기의 모델들의 문자적·기계적 속성은 더 나중의 저작들 속에서 상상력 풍부한, 거의 시적인, 그리고 생기 넘치는 이미지와 모델들에 양보했다. 예를 들면 『히스테리 연구』의 상당히 극적인 '고고학적' 모델을 생각해보자. 프로이트가 거기에서 기술한 것은 고대 문화의 환경, 그것의 가옥, 신전, 시장, 도구, 서비스 조직, 기술technology 등의 재구성이다. 이것들은 '자기 설명적'이다. 그러나 사람들의 삶은 문자 기록 속에 존재하지 않고, 그 속에서 단지 발견될 수 있을 뿐이다. 여러분은 아서 에반스가 최근에 – 1898년경 – 크노소스와 미케네를 발굴하여 엄청난 보물과 선문자 B를 발견했음을 기억할 것이다. 그러나 그에게 이 문자를 해독할 수 있는 로제타석(rosetta stone, 결정적 열쇠)을 제공할 수 있는 사람은 없었다. 마이클 벤트리스가 놀랄만한 창조적 방식으로 암호해독법 기술과 어원학을 통합해 당시 사람들의 삶을 밝혀낼 수 있기까지는 60년이 필요했다(존 채드윅, 『선문자 B의 해독』, 1958 참조). 프로이트는 꿈이 무의식의 로제타석이며 자신이 꿈의 번역자라는 생각을 갖고 있었던 것 같다. 우리는 어떻게 그가 어려움을 과소평가했는지 더 명확하게 알 수 있다. 아마도 꿈은 무의식의 선문자 B일 것이다!

1장에서 나는 기본적인 정신분석적 방법의 발전보다 앞선 시기인, 심리치료자로서의 프로이트의 작업 시기에 대해 논의하고 있다. 여러분은 프로이트가 임상신경학 분야의 신경학자이자 연구자였음을 기억할 것이다. 예를 들면 실어증 연구와 아동의 마비증상, 신경해부학, 그리고 특히 특수한 도은염색 기술silver staining techniques을 통해 탐구했던 중추신경로central pathway 분야에서 말이다. 그는 손쉽게 심리학자가 된 것이 아니며, 1910년이 되어서야 자신에게 그 명칭을 부여할 수 있었다. 파리에서의 샤르코, 낭시에서의 리보, 그리고 취리히에서의 베른하임의 작업에 대한 관심은 일차적으로는 정신의 이해가 아니라 뇌의 이해를 향한 것이었다. 분열된 의식, 기억상실, 최면, 암시와 꿈 현상이 그의 관심을 끌었다. 그러나 그것들은 삶에 대한, 사람들의 감정적·지적 경험의 변화가 아니라, 뇌의 복잡한 작동과 기능장애에 대한 증거로서 그의 관심 대상이었다. 뇌 손상, 유전 성향, 퇴행적 질병의 가능성(그리고 물론 중추신경계 매독이라는 보편적인 의심)이 그의 정신의 주변부에 항상 매달려 있었다. 그의 일생의 작업, 즉 브로이어와의 공저 『히스테리 연구』(1895)(그리고 이의 출간)에 대한 그의 최초의 접근은 증상의 경감을 추구한, 순수하게 의학적인 것이었다. 어떤 의미에서 그것은 그가 큰 애정을 가졌던 신경생리학과 동일한 – 그의 코카인 실험이 신경생리학에 대해 가졌던 관계와 동일한 – 관계에 있었다. 그것은 입지를 다지기 위한 시도였고, 우리가 살펴보겠지만 거의 그를 난파시켰다. 우리가 『꿈의 해석』에 나오는 유명한 이르마의 주사Irma's injection 꿈을 약간 상세히 연구해보면, 어떻게 '판단력을 흐리게 하는 야심'이 프로이트를 따라다녔는지, 그리고 어떻게 그가 근본적인 학문분과를 발전시킬 수 있도록 해준 방법(론)을 구성함으로써 그러한 야심에 대항해 싸웠는지 더 분명해질 것이다. 그 시기에 그는 더 이상 젊은이가 아니었다. 그는 결혼하여 아이들이 있었고, 거의 40세였다. 그는 대학병원에서 일하고 연구하고, 샤르코의 작업을 번역하고 강의를 행하는 등, 오스트리아의 의학 제도권에서 확고히 자리잡기 위해 여러 가지로 노력했다. 그러나 물론 유대인에게 기회는 상대적으로 빈약했다. 아주 기회적이라는 말로 들리겠지만, 그가 아주 야심적인 사람이었다는 것은 거의 의심의 여지가 없다. 코카인과 관련된 불행한 사건이 그를 무겁게 짓눌렀고, 코카인의 합법적 사용을 선도하는 데 실패한 일은 그를 쓰리게 했다.

따라서 『히스테리 연구』 중 프로이트가 저술한 부분들은 브로이어의 겸손한 음조와 날카롭게 대조되는 논조를 갖고 있다. [히스테리] 현상들에 대해 두려움을 느꼈던 [브로이어], 자신의 환자인 안나 O에게 어느 정도 매혹된 [브로이어], 그리고 그에 대한 안나 O의 성애적 애착의 충격과 더불어 종결된 [의사-환자] 관계, 그리고 아내의 강렬한 질투심 때문에 거의 비극으로 종결되는 [의사-환자] 관계가 세상에 알려지기를 근본적으로 원치 않았던 브로이어의 논조 말이다. 브로이어는 공동으로 저술한 「예비적 논문」(1893)의 출판을 아주 꺼렸으며, 이로 인한 의견 불일치의 저류가 관계를 망가뜨렸음이 분명히 드러난다. 물론 프로이트는 상대적으로 젊고, 자리를 잡지 못했으며, 그러한 의미에서 브로이어의 명성에 편승했고, 아마도 그가 스스로 인식했던 것보다 더 많이 이 연장자에게 의존했을 것이다. 『히스테리 연구』의 출간 이후 관계가 냉각되었을 때, 이는 플리스와의 친밀성에 의해 대체된 듯하다. 그러나 여기에서 프로이트는 이 다른 사람에 대한 자신의 의존성, 그리고 어떤 의미에서 그에 대한 자신의 양가감정과 착취, 불성실성, 독단성을 인식했다. 『히스테리 연구』에서 우리는 프로이트라는 꽤 평범한 인물, 그리고 브로이어라는 상당히 인상적인 인물을 만난다. 10년 후, 「도라 사례 단편」에서 우리는 위대한 인물을 만나게 될 것이다. 그러나 어떻게 이러한 변화가 생겨났으며, 이러한 변형에 동반된 또는 그것을 가능케 했던 과학적 경험과 성과들은 무엇이었는가? 프로이트가 브로이어와 함께한 ―그리고 환자들과 함께한―『히스테리 연구』에서 자신을 드러냈을 때부터 살펴보도록 하자.

| 2장 |

방법(론)과 자료의 나선적 결합(『히스테리 연구』)

1장에서 나는 창조적인 과학자는 직관적인 괴짜와 비교할 때 그의 모든 결론에서 '오류'일 수밖에 없는 운명을 갖고 있다고 말했다. 프로이트는 이를 아주 잘 알고 있었고, 이러한 이유로 그는 자신의 현재 생각들을 출판하기를 주저하지 않았으며, 나중에 다시 연구하기 위해 그것들을 버리지도 않았다. 우리가 이론적 관점에서 정신분석의 역사를 측정하고자 한다면, 우리는 소용돌이치는 관념, 모델, 이미지의 혼란 속에 빠지게 될 것이다. 따라서 우리는 예를 들면 「자아와 이드」가 아니라 『정신분석 입문 강의』에서 프로이트가 말한 것을 자의적으로 파악함으로써만, 또는 (더 나쁜 것이지만) 우리 자신의 프로이트 독해를 유일하게 정확한 프로이트 독해로, 즉 정통적인 독해로 설정함으로써만 이 혼란에서 벗어날 수 있을 것이다.

그러나 과학은(그리고 그 점에서는 예술도) 이론의 진전에 의해서가 아니라 방법(론)과 테크닉의 진전에 의해 발달한다. 농담으로, 정신분석의 발명자는 '대화 치료', '굴뚝 청소'라는 표현을 사용한 안나 O였다고 우리는 말할 수 있다. 그리고 1910년 클라크 대학교에서 행한 강연에서 프로이트가 정신분석의 기원을 브로이어에게 돌렸을 때 그는 정직했다고 나는 생각한다.

프로이트의 저작들이 아주 유려하고 명쾌하다는 점에 비추어볼 때 이 유명한 사례에 대한 프로이트의 서술은 아주 좋지 않았다고 말할 수 있지만, 그럼에도 우리는 그가 투여한 시간, 그의 관심, 배려, 창의성, 인내, 그리고 겸손함에 놀라지 않을 수 없다. 이러한 태도로 그는 임상 작업과 자료를 수집했던 것이다. 아마도 이것이, 왜 브로이어가 젊은 프로이트의 존경을 받았고 그가 정신분석의 역사에서 브로이어에게 정당한 위치를 부여했는지를 이해하기 위해 우리가 얻을 수 있는 가장 좋은 증거일 것이다. 당시의 치료 방법은 마비를 위해서는 진정시키기·온수 목욕·유도전류 자극을, 수축을 위해서는 마사지를 사용했다. 따라서 오늘날의 치료 방법과는 전적으로 달랐음을 기억하라. 이는 환자의 정신에 대해 주의를 기울이는 것과는 전적으로 다른 것이었다. 사람들은 최면술사가 히스테리 현상을 정신적인 것으로 다루었다고 말할지도 모른다. 그러나 이는 결함 있는 장치를 침범하는 '외상'이라는 의미에서일 뿐이었지, 결코 민감한 인격에 영향을 미치는 경험으로서의 외상을 다룬 것이 아니었다. 브로이어는 안나 O의 성격과 지성에 대한 경탄, 하나의 인격으로서의 그녀에 대한 존중, 자신의 치료적 의도 등으로 과학적 호기심을 갖게 되었던 것 같다. 그리고 그것들은 그녀의 성적 전이가 불러일으킨 불안에 직면한 그를 너무 취약하게 만들었던 것처럼 보인다. 그러나 그것은 '신경장애자neuropathic'와 '퇴화자'에 대한 당대의 경멸과 크게 대조되었다. 이 연장자와 비교할 때 우리는 『히스테리 연구』에서 젊은 프로이트가 더 열심이었고, 더 야심이 있었으며, 그의 치료 동기가 더 자아중심적이었음을 발견한다. [『히스테리 연구』에 수록된 사례 중에서] 알프스 마을의 젊은 여성인 카타리나에 관한 감동적인 사례 단편만이, 후에 『도라 사례』 또는 『어린 한스 사례』와 관련해 관찰될 수 있는 따뜻함과 온화한 배려의 깊이를 드러낸다. 안나 O가 브로이어를 두렵게 했듯이 도라가 프로이트에게 상처를 입혔다는 점에서, 그러한 온화함에 취약성vulnerablility이 동반되었다는 것은 흥미롭지 않은가? 그러나 브로이어가 고통 때문에 더 깊은 연구를 포기해야 했다면, 이 위대한 인물은 난점을 파악했고, 처음으로 정신분석 방법(론)에서 전이가 갖는 중대한 의미를 이해했다.

이제, 안나 O가 정신분석적 방법의 창시자였다는 '농담'으로 잠시 돌아가자. 개인적으로 나는 우리의 과학의 역사는 환자와 분석가의 협력적 탐구의 역사라는 점을 아주 진지하게 받아들이며, 방법의 본질은 '환자'가 항상 '연구자'이며 자기분석이 분석 과정의 열쇠라고 말하는 데 조금도 주저하지 않을 것이다. '환자들' 중 가장 위대한 사람은 프로이트가 자신의 자기분석에서 분석했던 동료임이 분명할 것이다. 이러한 관점에서 볼 때 우리는 우리의 문헌 전체를 다양한 저자에 의한 자기 계시self-revelation로 읽을 수 있을 것이다. 아마도 이것이 분석적 저술 속에 존재하는 커다란 어려움, 그것이 야기하는 불안, 그것이 요구하는 용기를 설명해주는 몇몇 단서가 되지 않을까? 안나 O 사례를 읽는 것은 이 젊은 여성의 창조성에 대한 풍부한 증거를 제공해준다. 그리고 브로이어가 "그것은 나를 완전히 놀라게 했다. 그리고 이러한 방법으로(즉, '대화치료'를 통해) 모든 사례에서 증상들이 제거되고 난 후에야 나는 치료 테크닉(즉, 카타르시스 방법)을 발전시켰다"고 말했을 때, 그는 확실히 진리를 말하고 있다.

그렇다면 안나 O의 방법은 무엇이었는가? 첫째, 그것은 '자기 최면'의 상태들로 구성되어 있다. 이 자기 최면의 상태 속에서 그녀는 그날의 모든 환각 경험과 불안 환상 경험에 대해 '말했다'. 둘째, 그녀는 회상의 시기를 거쳤다. 이 시기 동안 그녀는 이전에 발생한 내적 사건들에 대해 말했다(1880-81). 셋째, 아버지가 사망한 후 그녀는 시골로 이사하는 의례anniversary를 그만두겠다고 선언함으로써 [치료] 과정에 1년의 시기를 설정했다(10년 후에 젊은 마틸데 H의 질병[히스테리]이, 그녀가 자신의 약혼을 파기하는 의례를 행하자 저절로 멈추는 일이 일어났을 때, 프로이트는 애도 과정과 [히스테리]의 연관성을 인식했으며, 자신의 최면 치료의 효과가 의심스럽다는 것을 인식했다)(*SE* II, p. 163). 넷째, 안나 O는 연상을 통해 현재의 증상들을 그것들의 최초의 등장 시점으로 추적했다. 다섯째, 그녀는 증상과 꿈, 특히 뱀 꿈 간의 연관성을 발견했다. 끝으로, 그녀는 '의지'의 문제와 관련해 '무의식'의 현실과, 그것[무의식의 현실]과 자신 속에서의 분열과의 관계에 관한 문제를 탐구했다. 이는 브로이어로 하여금(아마도 안나 O 자신보다는 더 많이) 그녀의 '버릇없음'이라는 병리적 상태들이 그녀의 통제 너머에 있음을 확신할 수 있도록 해주었다. 그것이 외적 표출을 통제하려는 '의지'가 결여되었음을 의미할 뿐일지라도 말이다.

안나 O의 행동이 너무나 인상적이기 때문에 오늘날 우리들은 히스테리라는 진단에 의문을 던지면서, 그녀의 병을 애도 작업의 부재와 관련된 신경증적 우울 반응 – 그것의 예후는 아마도 좋을 것이며 자가 치료될 것이다 – 중 하나로 간주하는 경향이 있다. 애도 과정은 본질적으로 자기 분석적 과정이 아니겠는가? 프로이트는 자신의 사례들의 원인과 관련해, 임종을 맞이하는 사람들에 대한 간호가 [히스테리 발병에서] 행하는 역할에 대해 논의하면서 이와 비슷하게 말했다(p. 162). 브로이어가 안나 O의 병(또는 적어도 그것의 몇몇 측면)을 치료했고, 1882년 6월에 치료는 중단되었으며, 「예비적 논문」의 발표 2년 후인 1895년에 『히스테리 연구』가 출간되었음을 기억하라. 방법(론)이 '배양incubation'되었던 13년의 시간과 그 이후 10년을 비교해보라. 정신분석의 위대한 획기적 작업인 『꿈의 해석』, 『일상생활의 정신병리학』, 『유머와, 그것의 무의식과의 관계』, 「히스테리 사례[도라 사례] 분석 단편」, 그리고 『성욕에 관한 세 논문』이 출간된 10년 말이다. '외상' 이론이 붕괴되고 프로이트의 자기분석이 시작된 1897년이라는 중대한 연도를 기억하라. 안나 O와 브로이어에 의해 시작된 발전을 이해하기 위해 우선 사례들 자체, 즉 에미 폰 N 사례(1889), 루시 R 사례(1892), 그리고 도라 사례(1900)에서 어떻게 상황이 전개되는지 검토해보자. 이것들은 물론 치료 연도이지 출간 연도가 아니다.

에미 폰 N을 치료한 의사는 우리에게 낯설고 아주 비호감적인 인물이다. 프로이트가 말하듯이 그는 완전히 베른하임의 암시 방법의 영향 하에 있었고, 또한 자신의 환자를 아주 좋아하지 않았던 것 같다. 우리는 이것이 놀라운 일이 아니라고 생각할 수 있다. 오늘날 그녀를 히스테리 환자로 간주할 수 있는지는 분명하지 않기 때문이다. 오히려 그녀는 히스테리 증상과 더불어 망상적 경향, 건강염려증,

육체적 망상증 등을 동반한 심각한 강박적 성격을 갖고 있었다. 치료는 짧은 두 시기 동안 행해졌다. 7주, 그리고 아마도 9주 동안 치료를 받았는데, 그 사이에 1년의 간격이 있다. 치료가 끝나고 1년 후에 후속follow up 진단을 받았고, 3년 후에 재발했다고 프로이트는 말했다. [사례]기술description의 어조는 [치료]방법 만큼이나 단정적이어서 불쾌감을 유발하고, 얕고, 오만하다. 그리고 자료는 상당히 따분하다. 치료 방법은 다음과 같다. 온수욕과 냉수욕, '몸 전체를 마사지하기', 그리고 매일 저녁의 최면. 프로이트는 최면을 행하는 동안에 그녀의 두려움과 증상에 대한 묘사를 연대기적으로 이끌어냈다(이는 안나 O의 경우처럼 역순서로 보고되었다). 그녀의 증상들이 사라진 것은 소위 '암시'에 의해 인도된 것이었을 것이다. 프로이트는 그녀에게 '악의 없는 거짓말'로 충고한 것처럼 보이며, 최면 동안 그리고 최면 후에 속임수trick를 사용했고, (알칼리성 물을 마시라는) 최후의 통첩으로 그녀에게 군림했다. 자신의 회상을 더 경청하도록 만들고자 했던 그녀의 시도를 프로이트는 내키지 않았지만 따라야 했는데, 이는 안나 O의 유사한 요구에 대한 브로이어의 친절한 반응과는 대조되는 것이었다. 그러나 한 각주에서 프로이트가 이 시기에 체계적으로 자신의 꿈을 분석하고 있음을 보는 일은 매우 흥미롭다. 의식적으로 자기분석을 목표로 한 것은 아니라고 할지라도 말이다. 그것은 『꿈의 해석』을 위한 작업의 한 부분으로 이루어진 것으로, 낮의 잔재, 잘못된 연결, 연상 강박 등을 연구하기 위한 것이었다. 그러나 1924년에 쓴 프로이트의 슬픈 각주는, 우리 자신의 가련한 노력을 위해 '동정의 미소'를 남겨둘 것을 우리에게 일깨운다.

루시 R에 대한 단기간(겨우 9주)의 치료에서 우리는 다른 방법을 사용하는 다른 사람을 발견한다. 그는 자신이 최면술에 무관심하다는 것을 알게 되었고, 이제는 자신의 손으로 [환자의] 이마에 압력을 가함으로써 연상을 '강요하는' 방법에 의존한다. 최면 상황의 속임수 없이도 해나갈 수 있다는 것에 명백히 기뻐하면서 그는 환자들과 함께 더 많이 생각하고 말하고 느낄 수 있었다. 예를 들면 그가 의식의 분열과 망각에 관해 논의하면서 어떻게 환자의 정신 속에서 일어나는 과정에 대한 이해를 자신의 정신 속에서의 유사한 사건과 관련시키는지 주목해보라(p. 117). 그의 직관은 살아 있으며, 그의 접근 방법은 그가 루시에게 그녀가 고용인[집주인]과 사랑에 빠졌다고 말할 때처럼 대담하며 동시에 부드럽다. 이 사례는 이제 '사례가 결코 아니다'. 차라리 그것은 몰래 사랑에 빠진 [미혼 여성], 죽은 여주인의 아이들과 남편에게 애착을 가진 미혼 여성의 가벼운 우울증의 시기에 동반되는 일시적 히스테리 증상이다. 그러나 환자의 정신이 근본적으로 건강하다는 사실은 또한 프로이트로 하여금 억압된 것에 접근하는 것이 불가능하다는 사실을 과소평가하도록 이끌었다. 왜냐하면 이 사례에 대해 논의하면서 그는 '외상적' 사건에 관한 무의식의 문제를 당연한 것으로 간주하기 때문이다. 이는 방법(론)의 발달과 관련해 극히 중요하다. 여전히 그는 증상의 해소를 목표로 삼고 있으며, 따라서 이론적 정식화의 시금석인 치료의 성공에 묶여 있었다. 엠마 폰 N과 루시 R, 그리고 카타리나는 프로이트를 (안나 O가 브로이어에게 행사한 것과 동일한 창조적 냉혹함으로) 꿈이나 초기 아동기로 되돌아가게 하지 않았다. 『히스테리 연구』에서 프로이트가 말한 것은 너무나 진실이다. 임상 재료는 인간관계, 느낌, 희망, 환상 등에 관한 '단편소설'처럼 읽힌다. 그리고 이에 대한 논의는 생리학 실험처럼 읽힌다. 프로이트 속에서 임상가와 이론가가 분열되어 있음이 명백하다. 왜냐하면 그는 1895년의 『심리학 초안』에서 표현된 희망(즉, 그리스 문자를 이용해 표기함으로써 심리학을 양화量化 가능한 신경생리학적 항목으로 환원시키려는 희망)에 저항하는 투쟁을 아직 시작하지 않았기 때문이다.

프로이트가 '최초로 완전히 길게 행한 분석'이라는 표현을 사용했지만, 이러한 분석사례 보고도 또한 단편소설처럼 읽힌다. 그러나 테크닉에서의 중요한 진전들이 이미 엘리자베트 폰 R 사례와 관련해 등장했고, 새로운 재료들이 프로이트의 정신에 침입하고 있었다. 그는 다시 한번 최면을 대신해 압력 테크닉을 일반적으로 사용했고, 꼼꼼하게 재료들을 '한층 한층 발굴'하는 작업 – 이는 소위 기억의 '인과적 연쇄'(연상이나 주목이 아니라)를 추적해 최초의 외상으로 거슬러 올라간 후, 이것을 발산시킨다는 것을 의미한다 – 을 수행했다. 그녀[엘리자베트 폰 R]가 사망한 언니의 남편에 대한 동경심을 은밀하게 갖고 있다는 사실에 프로이트가 직면했을 때, 그는 이 매력적이고 '건방진', 그리고 '자신만만한' 24세의 젊은 여성이 여자 가정교사, 즉 글래스고 출신의 루시 R보다 훨씬 덜 고분고분하다는 것을 발견했다. 그러나 그는 이 폭풍 – 그는 이 폭풍을 처음으로 '저항'이라고 지칭했다 – 에 굳건하게 직면했고, 고통받는 이 젊은 여성을 두 가지 방식으로 '위로했다'. 그녀는 자신의 느낌에 대해 책임질 필요가 없으며, 그녀의 병은 그녀가 좋은 성격을 갖고 있다는 증거라고 말이다. 흥미로운 빅토리아식의 위로지만, 그것은 이 '최초로 완전히 길게 행한 분석'의 어떤 중요한 측면을 부각시킨다. 즉, 프로이트가 이 여성과 깊게 동일화했다고, 그리고 증상을 완화하는 것을 넘어 더 멀리 나아갔다고 우리는 생각할 수 있다. 그는 어머니와 논쟁하는 방식으로 엘리자베트와 형부의 결혼에 대해 적극적으로 개입하고자 했다. 아마도 환자는 이 때문에 프로이트를 결코 용서하지 못했을 것이다. 프로이트는 치료 종결 이후에 환자가 자신을 보러 오지 않은 것에 대해, "그것이 이러한 종류의 치료에서 발생하는 인간 관계의 특징"이라고 슬픈 듯이 말한다. 이는 '전이' 개념과 역전이의 고통을 암시하는 전조이다.

우리는 이러한 현상들을, 유아기 성욕과 근친상간적 욕망이라는 모든 문제를 프로이트가 회피하고 있다는 사실과 연결시켜야 한다. 이는 카타리나와 로살리 H에 관한 임상 재료를 왜곡하고 있다는 것에서 잘 드러난다(그는 이 재료에서 아버지와의 성적 갈등을 '삼촌'과의 갈등으로 변경시켰다). 환자들을 따라가기보다는(브로이어가 안나 O에게 그랬던 것처럼), 프로이트는 그들을 탐구함으로써 보유retention, 다중적 외상, 상징화 등에 관한 자신의 이론을 위한 확증을 발견할 수 있었을 뿐이다. 그리고 또한 그는 연상을 따라 초기의 아동기로 추적하고자 하는 환자의 의향을 저지했다.

우리는 안나 O가 『히스테리 연구』의 영웅이라는 점을 인정해야 할 것이다. 프로이트의 미래의 위대함은 심리치료에 관한 그의 논의 속에서 드러나고 있을 뿐이다. 이러한 논의 속에서 우리는 [새로운] 경험이 프로이트를 침범하고 있으며, 그로 하여금 자신의 선입관을 재고찰하도록 이끌었음을 본다. 다음의 요소들이 두드러진다. 첫째, 환자 속에 있는 정신적 고통 – 중요한 기억에 접근해갈 때 이러한 정신적 고통은 탐구에 대한 저항으로 표출된다 – 에 대한 감수성의 증가. 둘째, 전이에 기인한 저항. 바로 여기에서 그 개념[전이]이 처음으로 방법(론)의 본질적 요소로 확립된다.

『히스테리 연구』의 출간 5년 후에 [진행된] 도라 사례를 살펴볼 때 우리는 프로이트 속에서 일어난 변화에 놀라게 된다. 중간 기간[『히스테리 연구』의 출간과 도라의 치료 사이의 기간]에 출간된 저작들 속에서 우리는 그의 방법론에 변화가 일어났다는 증거를 거의 발견할 수 없다. 플리스에게 보낸 편지들을 통해서만 우리는 우리가 더 관심을 갖고 있는 이론가 – 임상가가 아니라 – 의 진화의 드라마를 볼 수 있다. 1894년부터 97년까지 쓰여진 여러 논문에서 발견되는 증거로부터, 우리는 우리가 이미 논의한 바 있는 방법(론)들이 그를 성욕의 역할 – 금욕, 만족의 결핍, 부정infidelity, 자위, 도착 – 의 중요성에 대한 발견으로 이끌고 있다는 것을 알 수 있다. 그는 환자들이 아동기에 성인들에 의해 수동적으로 외상적인 성적 경험을 했음을 기억하고 있다는 것을 통해 성(욕sexuality)의 중요성을 발견할 수 있었다. 이러한 수동적인 성적 경험 이후에, 강박증 환자의 경우[향후 강박증 환자가 될 아동의 경우] 다른 아동들에 대한 능동적 경험[성적 공격]이 뒤따른다. 1897년경 '유혹'이론은 붕괴되었고, 자기분석(프로이트는 이를 통해 오이디푸스 콤플렉스와 유아 성욕의 보편성을 발견한다)이 시작되었다. 그러나 물론, 우리는 그의 임상적 방법(론)과 자료를 발견할 수 없다. 망각과 은폐 기억screen memories에 관한 논문들, 그리고 이 시기의 저작인 『꿈의 해석』, 『유머와, 그것의 무의식과의 관계』, 『일상생활의 정신병리학』에서 어렴풋하게 엿볼 수 있는 것을 제외한다면 말이다.

다음 장에서 우리는 도라와 임상 작업을 행하는 위대한 프로이트에 대해 살펴볼 것이며, 어떻게 새로운 방법들이 새로운 자료들을 산출해 히스테리의 정신병리학을 풍부하게 해주는지 다시 한번 고찰할 것이다. 지금까지의 논의를 요약해보자. 2장에서 나는 자료들이 어떻게 변화했는지 부각시키고, 그러한 변화하는 자료들이 어떻게 정신병리학의 개념을 구성하는지 보여주기 위해, 여러 기여자 - 안나 O, 브로이어, 프로이트 - 에 의해 제시된 방법(론)의 발달을 추적했다. 이론들은 현상(학) 자체보다 덜 중요하기 때문에 나는 이론들에 대해서는 암시적으로 언급했을 뿐이다. 우리는 정신에 관한 정신분석적 이론의 발전을 다루려는 것이 아니라, 정신병리학에 대한 프로이트의 견해를 주로 다루고 있기 때문이다.

| 3장 |

방법(론)의 구체화, 그리고 꿈 분석(『도라 사례』)

위대한 프로이트와 정신분석적 혁명은 히스테리의 '유혹'이론, 즉 '특수한 병인론special aetiology'의 붕괴 이후, 1897년 자기분석의 개시와 더불어 진정으로 시작되었다. 우리는 『꿈의 해석』(1900), 『유머와, 그것의 무의식과의 관계』, 『일상생활의 정신병리학』 같은 저작들이, 정신의 작용에 대한 프로이트의 관심이 뇌에 대한 신경생리학적 관심으로부터 분리되기 시작했던 시기, 즉 '카타르시스 방법'의 시기에 속한다고 안전하게 가정할 수 있다. 그는 새로운 사고들로써 작업하고 있었다. 의식의 분열, 정동의 보유retention, 수용될 수 없는 관념에 기인한 정신적 고통, 심리적 외상 등이 그것인데, 그는 이러한 새로운 사고를 정신과 의사들이 활용할 수 있는 옛 자료들에 본질적으로 적용했다. 격리된 상태에서 그는 자신이 발견한 것들을 사람들이 경청하고 그것들에 대해 과학적 관심을 갖기를 여전히 희망했다. 그가 경청을 간청하는, 또한 예상된 비난에 대해 자신을 방어하는 『도라 사례』

의 서론에서조차 그는 자료를 수집하는 데 어려움을 겪을 정신과 의사들도 자료를 확보할 수 있을 것이라는 의견을 피력한다. 또한 그는 『꿈의 해석』이라는 요리책의 지침을 따라가는 사람이라면 누구나 꿈을 분석할 수 있을 것이라고 제안하는데, 이는 순진하고 흥미로운 일이다. 그리고 실제로 우리는, 자신의 꿈을 분석하는 사람은 모두 이 새로운 과학을 실천할 수 있을 것이라고 1910년쯤에 그가 말했다는 것을 알고 있다.

우리는 1900년에 행해진 도라 분석에서 드러난 임상 작업이 프로이트의 대가적인 테크닉의 발전을 보여준다고 결론지을 수 있다. 프로이트 자신은 이를 인정하지 않았지만 말이다. 어떻게 이러한 테크닉의 발전이 『히스테리 연구』 이후 이 짧은 5년 동안에, 또는 '유혹'이론의 붕괴 이후 3년이라는 짧은 기간에 생겨났는가? 우리는 이에 대해 거의 상상하기 어렵다. 우리는 프로이트의 천재성이 최초로 홍수처럼 범람했으며, 1900년과 1905년 사이의 분출은 엄청난 것이었다는 사실을 기정사실로 받아들일 수 있을 뿐이다. 더욱 믿기 어려운 것은, 여러분이 후에 보게 되겠지만 이 엄청난 사상의 범람이 1920-26년에도, 즉 「쾌락원칙을 넘어서」로부터 「억제, 증상, 그리고 불안」에 이르기까지 반복되었다는 사실이다. 전자는 45세 무렵의 최초의 개화이고, 후자는 65세 무렵의 만개이다.

그러나 자신이 『히스테리 연구』의 연속이라기보다는 주로 『꿈의 해석』의 '보론'(*SE* VII, p. 114)으로 간주했던 『도라 사례』를 통해 비로소 프로이트는 다음의 진리, 즉 자신이 정신병리학을 통해 정신의 깊이를 관통하는 방법을 발명했다는 진리, 그리고 그것의 자료는 그 방법(론)을 충실하게 따를 수 있는 사람들만 획득할 수 있다는 진리를 깨달은 것처럼 보인다. 여러분은 「후기」에서 프로이트가 다음과 같이 썼음을 기억할 것이다. "나는 이 논문에서 테크닉에 관해서는 전혀 논의하지 않았다. 테크닉을 따르는 것은 결코 당연한 것이 아니다. 테크닉의 방법을 통해서만이 귀중한 무의식적 사고의 순수한 금속을 환자의 연상의 원재료로부터 추출할 수 있다. 테크닉을 따르는 것은 독자들에게 나의 절차의 정확성을 테스트할 기회가 주어지지 않는다는 불이익을 낳는다." 테크닉에 관한 1910-14년의 논문들이 출간될 때까지 그는 테크닉에 대해 기술하지 않았다. 그러나 『도라 사례』로부터 우리는 그것을 도출할 수 있다. 『도라 사례』에서 프로이트가 최초로 전이의 방법론적 중요성을 깨달았기 때문에 이 저작은 정신분석적 방법(론)의 발달에서 이정표가 되었다. 이러한 사실을 염두에 두고 우리가 거기에서 특히 전이 해석의 증거를 찾으려 한다면 그것은 헛된 일이다. 전이를 분석하지 못한 것이 3개월 후에 치료가 조기 중단한 원인이 되었다고 프로이트가 인정하는 곳인 「후기」에서만, 우리는 전이와 관련해 그가 말하고 싶어 했던 것이 무엇이었는지 그 예를 발견할 수 있다(p. 118).

이렇듯 전이의 방법론적 중요성의 관점에서 볼 때 『도라 사례』는 부정적인 이정표이다. 그러나 다른 측면들에서 우리는 기술적技術的 진전이 일어나고 있음을 볼 수 있다. 놀라운 이 사례에서 제시된 임상적 자료들은 「서론」이 주장하듯이 그가 연상을 '강요하는' '압박' 방법을 버리고 자유연상 방법으로 나아갔음을 보여준다. 또는 치료를 인도하지 않고 환자를 따라가는 것에 만족하고 있다는 것을 보여준다. 따라서 단지 외상적 사건만이 아니라 초기 아동기에서의 **발달**을 필연적으로 참조한다는 사실이 부각된다. 프로이트가 도라의 발달을 추적할 때 염두에 두었던 인간은 그가 루시 R 또는 엘리자베트 폰 R의 사랑 생활을 탐구할 때 염두에 두었던 낭만주의와는 아주 다르다. 그는 도라의 정상적인, 그리고 도착적인 성적 관심사를 추적하면서 도덕적으로 판단하지 않고 냉정함을 유지할 수 있었는데, 이는 그가 예를 들면 엘리자베트와의 동일화를 인정하지 않기 위해 취했던 태도인 차가운 초연함과는 아주 다른 것이었다. 『도라 사례』를 읽음으로써 우리는 『성욕에 관한 세 논문』이 신경증 치료에서의 임상 경험으로부터 도출되었으며, 그것[『성욕에 관한 세 논문』]을 그가 재료들에 부과한 편견(선입관)의 산물로 간주할 수 없다고 믿을 수 있다. 어떻게 그가 엄지손가락 빨기, 그리고 귀 잡아당기기라는 습관과 연결시키면서 18세의 도라로부터 펠라치오에 관해 그녀가 알고 있는 것에 대한 정보를 이끌어내는지 살펴보라. 그리고 14세 때 K씨가 키스한 이후 그녀는 흉부에 압박감을 느꼈는데, 프로이트는 어떻게 이러한 증상이 K씨의 발기한 남근으로부터 오는 압박감의 전치였다고 가정하는지, 그리고 어떻게 그녀의 무성증無聲症을 그녀가 음식을 잘 먹지 않는 사람이었다는 사실과 연결시키는지, 그리고 어떻게 K씨에 대한 그녀의 이성애적, 그리고 동성애적 관계의 측면들을 젖꼭지에서 남근 —이는 아동기의 구순적 욕망 대상이다— 으로의 손쉬운 이동과 연결시키는지를 살펴보라.

사고thought의 재능, 그리고 [자료들을] 연결시키는 그의 재능 속에서 우리는 그가 『히스테리 연구』의 심리치료사와는 다른 사람이라는 명백한 증거를 본다. 또한, 그가 도라의 성에 대한 지식의 증거를 찾기 위해 얼마나 애썼는지 말하면서, 그가 그렇게 한 것은 순진한 소녀를 더럽힌다는 비난을 피하기 위해서가 아니라 자신의 자료들의 신빙성이 손상되는 것을 피하기 위해서라고 대담하게 선언했다는 사실에 주목하라. 실제로 우리는 세기의 전환기에 있는 이 고독한 남자의 용기에 조금 놀라지 않을 수 없다. 방법(론)이 그를 사로잡았고, 그는 흥분으로 가득 차서 –아니, 무분별하게– 밀고 나갔다. 그가 지식 추구에 전율을 느꼈다는 것만이 이러한 상황을 설명할 수 있다. 야심적 특징들, 그리고 갑자기 성공하고 싶은 사람들이 갖고 있는 조바심이 사라졌다. 그리고 이와 더불어 이론적 타당성을 치료적으로 검증하려는 시도도 떨쳐버렸다. 예를 들면 그는 도라의 신경증적 기침을 제거하는 데 성공했다고 선언하기를 주저했다. 실패한 치료 사례의 '단편'을 출간할 정도로 그는 대담했다. 인간 존재에 대한 자료들의 내적 타당성이 시금석이 되었음이 분명했다. 이에 상응해, 프로이트의 사고는 최종 원인들을 버렸으며, 증상들을 이해하기 위한 원칙으로서 '중층결정overdetermination'[이론]을 받아들였음을 본다. 심지어 '신경증은 도착증의 음화the negative' 같은 정식formuala도 기계적인 방식이 아니라, 신경증을 환자의 성생활 그 자체로서 고찰하기 위한 목적으로 제시되었다. 우리는 조금 후에, 즉 저 수년 동안 발생한 정신분석 혁명에서의 정신병리학의 전체 개념의 본질 변화에 관해 고찰하게 될 때, 이에 대해 논의할 것이다. 이에 관해 논의하기 전에 우리는, 분석적 방법의 세 가지 핵심, 즉 꿈 분석, 전이 분석, 저항 분석이 이미 형성되었고 '단편'은 이에 대한 방법론적 선언문이라는 것을 알기 위해 두 개의 꿈과, 이 꿈들이 보여주는 꿈 분석 방법에 주목할 필요가 있다.

두 꿈에 대한 분석 작업에서 우리는 그가 대가로서 작업하고 있음을 볼 수 있다. 그로 하여금 생산된 자료들을 정리하고 연결할 수 있도록 해주었던 상상력보다는, 연상을 이끌어낸 그의 솜씨 – 예를 들면 도라가 두 주 동안 노예처럼 (은밀하게) 무언가를 통고했다는 것을 그가 탁월하게 깨달은 것 – 에서 우리는 더욱 대가다움을 볼 수 있다. 이미 그는 애매한 말, 모호한 말, 그리고 재료 속에 존재하는 간극, '상황을 전환시키는 말switch words', 아동기에 대한 암시(예를 들면 '밤에 일어난 사건' = 야뇨증), 언어적 연결, 말장난, 시각적 이미지 – 도라가 숲속의 요정 그림을 언급한 것이 여자의 성기, 또는 음모 사이에 있는 소음순을 상징한다는 것을 그는 탁월하게 깨달았다 – 등을 인식함에 있어 대가적 능력이 있음을 보여준다. 그러나 브로이어와 안나 O의 경우처럼 우리는 도라의 공적을 어느 정도 인정해야 한다. 그녀는 탁월한 환자이자 또 다른 분석가였기 때문이다. 따라서 우리는 프로이트가 당시에 전이를 다루는 테크닉이 충분치 못했기 때문에 도라의 **행동하기**(acting out. 이는 후에 전이에 관한 논문에서 개념화되는 것으로서, 최초의 언급이다) 충동, 즉 프로이트가 아버지에 대한 그녀의 유아적 관계의 '새로운 판본' 또는 '수정된 판본'이라고 불렀던 것을 행동으로 표출하고자 하는 충동을 막지 못했다고 후회하는 것에 동조하고 싶어진다. 프로이트가 과거에는 엘리자베트 폰 R과 동일화했고 또한 그녀를 조금 사랑하게 되었다면, 이제는 자신을 진전시키는 방법(론)과 마침내 사랑에 빠지게 되었다. 우리는 신경생리학자라기보다는 시인을 본다. 모래알을 중심으로 진주가 형성되듯이 어떤 사건을 중심으로 직조된 증상들의 이미지를 정식화하는, 또는 철사를 중심으로 구성된 화환처럼 어떤 사건을 중심으로 스스로를 직조하는 사고들을 정식화하는 시인 말이다.

지금까지의 장들에서 내가 프로이트의 정신병리학적 이론인 히스테리의 본질에 관한 그의 사고의 여러 발달 단계에 대해 거의 이야기하지 않았다는 것을 여러분은 알아차렸을 것이며, 이는 당혹감을 불러일으켰을지도 모른다. 내가 그렇게 하지 않은 이유는 다음과 같다. 첫째, 그것들은 프로이트의 논문들과 스트래치의 훌륭한 주석 속에 멋지게 기술되어 있기 때문이다. 둘째, 나는 그것들을 그 자체로 아주 중요하다고 생각하지 않기 때문이다. 그러나 나는 정신병리학 일반에 관한 프로이트 사고의 발달에 대해 고찰하는 시간을 조금 갖기를 원한다. 특히 프로이트의 사고방식, 전개념화preconceptions, 모델 구성 등과 관련해 1장에서의 논의 방식과는 조금 다른 방식으로 말이다.

프로이트가 브로이어의 도움으로 진입했던 영역은 뇌 손상이라는 기본 가정에 근거해 정상성과 정신병리를 구분했던 개념에 의해 지배되던 영역이었다. 이는 '퇴화', '유전적 오점'이라는 가정, 선천적 또는 후천적 매독이라는 의심, 꾀병 등과 같은 용어를 낳았다. 프로이트는 이미 6년간 브로이어와 작업했음에도 불구하고 『심리학 초안』에서 이와 다르지 않은 견해를 취했다. '뇌'에 관한 이러한 관념들은 이 저작에서 [정신병리의] '특수한 원인'의 장소를 '타고난 소질'의 장소로 귀속시켰다. 히스테리 증상의 형성을 위한 전제조건으로서의 '최면적 상태'라는 브로이어의 개념을 프로이트가 결코 완전히 받아들이지 않았고, 『도라 사례』에서 공개적으로 이를 마침내 버렸지만, 플리스에게 보낸 (도라 사례의 기록과 비슷한 시기의) 편지로부터 그가 '유기체적 요인'이라는 개념을 아직 포기하지 않았음이 분명하다는 것을 우리는 알 수 있다. 그러나 이것들은 그가 양성애의 배후에 놓여 있다고 가정한 생화학적 과정에 부착되어 있다(당시에는 아직 호르몬이 발견되지 않았다는 사실을 기억하라). 그는 1896년 아동기의 외상적 유혹을 히스테리의 '특수한 원인'으로 기술했는데, 이는 이러한 원인이 유기체적인 성적 소질에 부과되어 나중의 삶에서 히스테리로 등장하는 것임을 의미했다. 프로이트가 소질에 관한 신경생리학적 견해 또는 생물학적 견해로부터 결코 완전히 해방되지 않았다고 말하는 것이 아마도 정확할 것이다. 그러나 '심리학자'로 활동함에 있어 그가 뇌 개념을 버리고 정신이라는 개념을 취했다는 것은 분명하다. 네 부분으로 구성되어 있는 '메타심리학metapsychology'이라는 용어는 「무의식」(*SE* XIV)의 출간과 더불어 1915년에야 등장했다. 그러나 지형학·역동학·경제학·발생학의 빛 속에서 정신병리학에 관한 이 초기의 저작들을 검토해보면, 우리는 프로이트의 이론적 견해들이 소용돌이 치는 혼동 가운데 있으면서도 이미 이 네 범주로 정리되고 있음을 볼 수 있다.

나는 임상가와 이론가 사이에서의 분열 — 프로이트는 자신의 임상 보고서가 '단편소설적' 성격을 갖고 있다고 말한 바 있다 — 이 『도라 사례』가 출간될 무렵에 해소되고 있음을 보여주고자 했다. 명백히 그는 도라의 인격, 성격, 기질, 관심사, 환상, 갈망, 갈등 등에 대해 사고하고 있었다. '의식의 분열', '방어', '허용될 수 없는 관념' 같은 이론적 용어를 인간적인 것으로 만드는 방식으로 그녀는 우리에게 등장한다. 의식의 차원에 관한 지형학은 이미 세 저서 『꿈의 해석』, 『유머와, 그것의 무의식과의 관계』, 『일상생활의 정신병리학』에서 보편적인 것으로 제시되었다. 더 나아가 '무의식'이라는 개념이, 거절된 관념과 망각한 경험의 하부 세포로가 아니라 정신적 활동의 영역으로 제시되었다. 프로이트는 자신의 견해를 최면술사와 구분짓기 위해 한편으로는 '잠재의식sub-consciousness'이라는 대안적 용어를 버렸고, '억압된 것'이라는 용어가 너무 협소하다고 보았다. 심지어 20세기의 구조주의적 개념들에 대한 암시가, 브로이어가 안나 O와 함께 깨달았듯이(또는 더 정확히는 그녀가 그에게 언급했듯이) 다중적 인격조직화와 관련해 희미한 모습으로 등장한다. '적어도 세 개의 다른 방식으로 이루어진' 기억의 '층위화stratification', '기억의 서류', 그리고 정신 속에서 구조적 질서를 갖고 있는 다른 관념 등이 이론적 서술 부분들 속에 산재해 있다.

역동적 개념은 다음의 것을 포함한다. [i] '방어', [ii] '상징 형성'과 '육체적 대응'을 통한 정신과 육체의 관계, [iii] 하나의 관계를 사용해 다른 관계를 회피하기, [iv] 관념의 투사, [v] '과거와 현재를 연결시키는' 꿈의 기능, [vi] '의식 속에 경험을 붙잡는' 단어의 기능, 그리고 그밖의 것들. '외상'이라는 개념은 '누적적 경험', 그리고 '중층결정'이라는 개념으로 확대된다. 정신에 관한 경제학은 여전히 양적인 유체정역학적hydrostatic, '에너지론적' 설명 모델을 취하고 있었다. 그러나 동기, 이유, 경향, 충동, 목적, 대상 선택, 신경증의 선택, 진전과 퇴화의 균형을 구분하려는 그의 시도, 그리고 질qualitiy의 문제를 정식화하는 다른 방법들은 더 생리학적이고 신경생리학적인 모델들을 배경으로 몰아내고 있었다. 발생학적 범주는 『성욕에 관한 세 논문』과 『도라 사례』에서 확고하게 뿌리를 내렸다. '완전한 분석'에 대한 기대는 명백히 포기되고 있었다. 그것은 사건의 병리적 연쇄라는 궁극적 원인으로서의 외상이라는 관념에 크게 의존하기 때문이다. '증명'은 '이해'에 길을 내주고 있었으며, 분석의 치료적 힘은 이제 더 이상 환자에 대한 분석가의 개입으로 간주되지 않았다. 그것은 환자가 분석가를 통해 얻게 된 깨달음을 환자가 사용하는 것에 달려 있다. 최초의 정신분석가의 겸손은 『히스테리 연구』의 지배적이고 요구적인 치료자의 모습과는 아주 달랐다.

프로이트의 작업에 대해 이야기하면서 나는 그의 과학자로서의 역할 속에 존재하는 본질적인 분열을 따라갈 필요가 있다는 것을 강조했음을 상기하기 바란다. 이론가와 임상가 사이의 분열이라고 상당히 명확하게 정의될 수 있는 분열 말이다. 여기에서 나는 여러분과 함께 그의 작업 방식이라는 개념을 꿈 해석의 발전에 어떻게 적용할 수 있는지 탐구하기를 원한다. 심리학자로서 작업해온 50년 동안 꿈에 대한 그의 태도는 이론적 관점에서 볼 때 『심리학 초안』에서, 그리고 『꿈의 해석』의 유명한 7장에서 표현된 초기의 전개념화preconceptions에서 결코 진정으로 벗어나지 않은 듯하다. [프로이트에 따르면] 핵심은 다음과 같다. 꿈은 매우 단순한 목표를 가진 상당히 단순한 정신적 작용이라는 것이다. 즉, 그것은 꿈꾸는 사람의 잠을 유지시키는 목표를 갖고 있다. 꿈이 흥미로운 이유는 그것이 정신적 삶에서 갖는 의미 때문이 아니라, 꿈이 정신분석가에게 무심코 드러낼 수 있는 것 때문이다. 본질적으로 사소한 이러한 꿈의 기능은 환각과 유사한 과정에 의해 수행되는 것으로 간주되었다. 그리고 꿈꾸는 사람의 잠을 유지시키는 꿈의 효력은 환각을 통한 소원충족 과정에 기반을 두고 있다.

프로이트는 꿈에 대한 그의 관심이, 그가 브로이어의 카타르시스 테크닉을 여전히 따르고 증상을 그것의 기원으로 소급해 추적하던 시기에 히스테리 환자들과 작업하는 동안에 진정으로 일깨워졌다고 기술한다. 그는 사건이나 사고thoughts 대신에 환자들이 종종 그에게 꿈에 대해 이야기한다는 것을 발견했다. 이로부터 그는 꿈을 마치 다른 사고들과 마찬가지로 사고로 다루는 것이 기술적技術的으로 적합하다고 해석했다. 그러나 이론적으로 그는 꿈이 정신적 과정의 연속적 흐름 속에 놓여 있는 것으로 다루지 않았다. 그대신 그는 꿈을 본질적으로, 환각적 형태로 소망을 충족시키는 정교한 과정에 의해 형성되는 것으로 간주했다. 꿈이 내적 검열의 요구에 대응하거나, 이 검열을 '영리하게' 회피하기 위해 충분히 자신을 위장한다는 조건 하에서 말이다.

따라서 프로이트는 꿈의 명시적 내용을 아주 터무니없는 것nonsense으로 간주했고, 꿈의 숨겨진 내용－또는 꿈 사고dream-thought와 그것의 의미－을 단편적인 방식으로(그가 '그림조각 퍼즐'이라고 불렀던 방법으로) 해석해야 했다. 꿈의 각 부분을 차례로 취하고 그것에 대해 떠오르는 연상들을 말하게 하며, 그러고 난 후 그것들은 어떤 꿈 작업이 발생했는지에 대한 분석가의 인식을 수단으로 번역되어야 한다. 그리고 분석가는 부분들을 모은 후, 말하자면 검열을 회피하기 위해 꿈 작업이 행해지기 전의 형태, 즉 꿈의 '원래적 형태'를 추적할 수 있다. 그런 후에 부분들을 조합함으로써 '꿈 사고'를 산출하고 이 꿈 사고의 의미를 해석한다. 따라서 테크닉에 관한 논문에서 그가 말하듯이 꿈 해석은 두 단계로 나눠진다. 첫 번째는 본질적으로 번역의 단계이고, 두 번째는 해석의 단계이다. 그리고 그는 그것을 리비우스의 글을 독일어로 번역하는 것에 비유한다. 이는 물론 그가 학교에서 받았던 종류의 교육에 대한 논평이며, 번역은 자연스럽게 다음 두 단계로 나눠진다고 가정한다. 첫째, 라틴어 단어를 독일어 단어로 번역하기, 그러고 난 후 명제적 의미를 해석하고 이를 문어체 또는 구어체 독일어로 표현하기. 그러나 오늘날 언어 교육, 심지어 고대어 교육은 이러한 지적인cerebral 방법을 따르지 않는다. 나는 꿈 해석도 마찬가지라고 생각한다.

따라서 프로이트는 본질적으로 꿈이 마치 정신적 작용의 무용한 [가공물], 꿈꾸는 사람의 잠을 유지시켜주는 사소한 기능만을 갖고 있는 가공물이라는 듯이 꿈을 다루었다고 우리는 말할 수 있을 것이다. 그리고 프로이트는 정신분석가가 꿈을 사용하고 그것을 정신적 삶에서 중요한 위치로 승격시킬 수 있다고 생각했던 것도 사실이라고 말할 수 있을 것이다. 이것이 그의 이론적 위치이다. 물론, 그가 자신의 이론을 활용해 꿈으로부터 거두어들인 과학적 자료는 참으로 매우 귀중하다. 그는 자신이 '소망' – 우리는 이것이 욕망을 발생시키는 매우 전능한 수단과 결합된 원초적 충동자극 같은 것을 의미한다고 간주할 수 있다 – 이라고 느꼈던 것으로부터 정신적 메커니즘의 어떤 것들을 해석해냈다. 사람들로 하여금 자신을 속일 수 있도록 해주는 정신적 메커니즘 말이다. 그리고 여러분은 이것이 점차적으로 방어 이론으로 발전했다고 말할 수 있을 것이다. 확실히 그는 정신의 깊은 곳에 숨어 있는 [정동과 정념], 그리고 꿈에서 아주 공공연하게 암시되거나 때때로 보이는 정동과 정념passions 중 어떤 것을 해석했다. 그러나 다른 한편으로 임상에서 활용되는 방법(론), 그리고 이 방법을 임상에 적용함으로써 얻은 성과는 그 이론가의 눈에 보인 것보다 훨씬 더 광대하다.

임상에서 그는 꿈을 실제로 일어난 사건으로 다루었다[다룬 적이 있다]. 예를 들면 유명한 『늑대인간』 사례에서 그는, 이 사람의 삶에서 가장 중요한 사건은 그가 나무에 앉아 있는 늑대들에 관한 이 특별한 꿈을 꾸었던 네 살 때 발생했음을 명시적으로 암시한다. 그리고 아마도 가장 중요한 것은, 프로이트가 자기분석을 수행하기 위해 자신의 꿈을 사용했다는 것이다. 우리가 이에 대해 아는 것은 거의 없지만 말이다. 브로이어와의 관계가 악화된 이후의 시기에, 그리고 그가 1896년에 제시한 히스테리의 '특수한 원인'에 관한 이론이 붕괴된 이후의 시기에 말이다. 이 시기에 그의 아버지가 사망했고, 이와 더불어 명성에 대한 그의 희망이 붕괴되었다. 이로 인해 그는 정신적 건강이 위협받고 있다고 느꼈다. 그리고 다른 사람들이라면 의심의 여지 없이 외부로의 도피를 통해 피난처를 찾으려 했겠지만, 그는 자기분석의 수행을 위해 자신의 방법(론)을 사용함으로써 심리 내부로 향했다. 그의 자기분석은 역사상 가장 성공적인 분석 중 하나이다.

우리는 『꿈의 해석』에서 이 자기분석에 대해 읽을 수 있다. 그는 이 책에서 자신의 요지를 예시하기 위해 자신의 꿈을 많이 활용했기 때문이다. 그러나 가장 분명한 것은, 그리고 가장 우리에게 가르쳐주는 바가 많은 것은 그가 풍부한 연상 재료를 제시하는 유명한 '이르마의 주사 꿈'이다. 이르마는 자신의 치료가 성공적이지 못했다고 그에게 불평하는 환자이다. '이르마의 주사 꿈'은 본질적으로 그가 그녀를 만나는 꿈이다. 프로이트는 자신의 해결책을 그녀가 받아들이지 않았기 때문에 치료의 실패는 그녀의 잘못이라고 [꿈에서] 그녀에게 대답한다. 그리고 이어서 그녀와, 그녀를 진찰했던 프로이트의 친구인 오토 및 레오폴트 간의 다양한 상호작용이 등장한다. 이 꿈이 꿈 해석의 예시로서 제시되며, 앞부분에 서문이 있다는 점이 특별히 흥미롭다. 프로이트는 서문에서 특히 자신이 꿈 해석의 '대중적' 방법들, 즉 영감 또는 해독decoding을 사용하는 방법이라고 부르는 것을 버린다고 말한다. 이 두 대중적 방법으로써 그가 의미하는 것은 연속선상에 있는 두 극단이다. 영감이 한쪽 끝에 있다면 다른 쪽 끝에는 해독이 있다. '영감'은 해석자가 꿈에 대해 아무런 사고를 하지 않아도, 꿈꾸는 사람 또는 꿈의 상황에 대한 아무런 정보가 없이도 꿈의 의미를 '알' 수 있도록 해주는 절차이다. 해독의 방법은 다양한 [대중적인] 꿈 해몽서에서 볼 수 있는, 정해진 상징 번역의 경직된 기계적 체계이다. 그것은 꿈의 의미 해석에 관한 어떤 요소도 포함하고 있지 않다(그리고 마찬가지로 영감의 방법도 꿈의 개인적인 상세한 내용에 대해 전혀 주목하지 않는다). 자신의 방법을 제시함에 있어 프로이트는 자신이 이 두 극단적 방법 사이 어딘가에 놓여 있는 방법을 제안한다는 어떠한 인상도 주지 않는다. 그는 자신이 완전히 다른 방법을 따르고 있다고 주장한다. 그렇지만 만약 [기존의 두 가지 꿈 해석 방법과] 자신의 방법 사이에 어떤 공통점이 있다면, 그는 자신의 방법이 해독 방법에 더 가깝다고 생각하는 듯하다. 그가 말하듯이 그는 자신의 재료를 상세하게 검토하지

'뭉뚱그려' 논의하지 않는다는 전제 하에서 말이다. 그러나 그는 표준적인 꿈 서적의 해독 방법에 의존하는 것이 아니라 환자의 정신에 등장한 꿈의 요소들을, 자유연상을 통해 그것들의 연상적 연결고리 속으로 추적해 들어감으로써 상징들의 개별적 의미를 결정할 수 있다고 그는 주장한다. 따라서 그는 근본적으로 영감의 방법을 회피한다.

이제 나는 임상에서 프로이트가 행한 꿈 해석의 두 사례에 대해 살펴보고자 한다. 하나는 이르마의 주사 꿈이라는 표본적 꿈이고, 두 번째는 『도라 사례』의 첫 꿈인 도라의 '보석 상자'에 관한 꿈이다. 꿈 사례를 살펴보는 이유는 다음 세 가지 [프로이트의] 주장이 타당성을 갖는지 검토하기 위해서다. [i] 그는 그것[과정]의 유일한 기능이 꿈꾸는 사람의 잠을 유지시키는 것인 과정을 검토하고 있다는 주장. [ii] 그는 영감을 활용하기를 피하고 있지만, [iii] 정보의 항목들을 수집하고 이를 통해 과학적으로 타당한 결론을 도출한다는 순수하게 귀납적 방법론에 의존한다는 주장. 나는 프로이트가 그 당시에 과학을 존중하는 것에 매우 관심이 있었다고 믿는다. 그는 정신분석을 하나의 [과학적] 방법으로 확립하고자 노력했다. 나는 귀납적 절차로서의 과학적 절차가 독일에서, 아마도 경험의 연장extension으로서의 선천적apriori 사고에 주로 기반을 두고 있는 이마누엘 칸트의 개념들의 영향 하에서 커다란 힘을 발휘하고 있던 시대에 대해 이야기하고 있다. 칸트의 개념들이 이제 막 의문에 부쳐지기 시작했다. 또는 더 정확히 말하면 칸트의 개념들은, 귀납법은 일종의 자기 이상화라는 견해를 취했던 데이비드 흄과 푸앵카레와 여타 철학자들을 따르는 과학 공동체 속에 심각한 장애를 야기하기 시작했다. 과학자들은 제한된 경험을 일반화하는 귀납적 방법에 의해 자신이 도달했던 결론을 확증해주지 않을 수 있는 다른 현상들에 자신이 직면하기를 얼마나 회피했는지를 부인하고 있었다.[6] 프로이트의 사고에서의 난점 –이 난점은 정신분석 속에 여전히 존재한다– 은, 무생물의 세계를 다룰 때는 과학적이라고 간주될 수 있는 절차들이 생명 있는 물질을 다룰 때는 상당히 망상적일 뿐만 아니라, 이러한 과학적 절차들이 더 나아가 정신적 과정들을 다룰 때 [정신적 현상을 다룰 수 있는 이론적·실제적] 가능성을 넘어선다[정신적 현상을 다룰 수 없다]는 것에 있다.

'표본적 꿈[이르마의 주사 꿈]'에 대한 분석을 검토해보면, 우리는 프로이트가 자신이 약속했던 것을 하고 있다는 것을 발견한다. 그는 충실하게 그 꿈을 하나하나 검토하고 각 부분에 대한 자신의 연상을 제시한다. 이 내용은 10쪽에 달한다. 그 후 우리는 갑자기 다음 언급을 만난다. "나는 이제 꿈 해석을 완성했다." 우리는 그것을 읽을 때 놀라지 않을 수 없다. 그러나 그는 계속해서 말한다. "나는 꿈 해석을 수행하면서 꿈의 내용과, 그것의 배후에 놓여 있는 숨겨진 사고를 비교할 때 반드시 생겨날 수밖에 없었던 사고를 제지하는 데 어

6) 멜처의 이러한 설명은 사실 정확하지 않다. 칸트의 선험철학은 **단순히 경험의 연장이 아니라 경험을 가능케 하는 선험적 조건을 탐구**하는 것을 목표로 삼고 있기 때문이다. 멜처는 흄을 언급하고, 흄에 의해 칸트의 철학이 비판되었다고 말하는데, 사실 더 정확히 말하면 칸트는 영국 경험론 철학의 순수 귀납적 방법을 비판했고, 이를 넘어서기 위해 선험철학을 제시했다. 과학이 순수한 귀납적 방법론에 의해 성립되는 것이 아니라는 것을 강조한 장본인이 다름 아닌 칸트였다는 점을 염두에 두어야 한다. 비온도 흄과 푸앵카레를 중요한 사상가로 원용하지만, 동시에 인간의 발달과 성장에 대한 정신분석적 설명을 위해 칸트 철학의 여러 개념을 활용한다는 것을 염두에 둔다면, 프로이트를 둘러싼 철학적·사상적 상황은 멜처의 '도식적 설명'과는 달리 그리 단순하지 않다는 것을 알 수 있다. –역주

느 정도 어려움을 겪었다. 그리고 그러는 사이에 꿈의 의미가 떠올랐다." 따라서 꿈의 해석은 꿈의 의미를 설명하는 것과는 다르다는 것을 우리는 이해할 수 있다. 그리고 프로이트는 꿈의 의미를 다음과 같이 요약한다.

> 꿈은 전날 저녁의 사건 때문에, 즉 오토가 내게 알려준 소식과 사례에 대한 나의 집필 때문에 내 속에서 시작되었던 어떤 소망들을 충족시킨다. 즉, 꿈의 결론은 이르마의 고통에 책임 있는 사람은 오토이지 내가 아니라는 것이다.

그러고 난 후 그는 이를 확장시킨다. 그리하여 그는 두 쪽에 걸쳐 아주 다른 결론에 도달하는 것처럼 보인다.

> 꿈에 참여했던 사고 무리group of thoughts는 회고적으로, 나로 하여금 이 일시적인 인상을 말로 표현할 수 있도록 해주었다. 마치 그(오토)가 내게 이렇게 말하는 듯했다. "당신은 의학적 의무를 진지하게 받아들이지 않았어요. 당신은 양심적이지 않아요. 당신은 당신이 이해한 것을 실행하지 않아요." 따라서 이 사고 무리는 나의 처분에 맡겨진 것처럼 보인다. 나는 내가 어떻게 매우 양심적이며, 어떻게 내가 나의 지인인, 친구와 환자의 건강을 깊게 배려하는지에 대한 증거를 산출할 수 있었다는 것이다.

프로이트의 이론적 결론에 관해 언급하기 전에, 잠시 우리가 이 꿈을 읽음으로써 배울 수 있는 것이 무엇인지, 그리고 프로이트가 꿈을 위해 생산한 연상 재료들이 얼마나 풍부한지 논의해보자. 우리는, 이미 죽음으로 귀결되는 결과를 낳았던 코카인에 대해 상당히 무모한 실험을 행한 바 있는 야심 있는 젊은이를 우리가 다루고 있다는 것을 알 수 있다. 이제 우리는 다른 무모한 실험을 행하고 있다고 걱정하는, 그리고 친구들이 자신을 비난한다고 걱정하는 야심 있는 젊은이를 다룬다. 이의 배후에서 우리는 그가 여성 환자들에 대한 성적 관심 때문에, 그리고 그의 남성 친구 중 몇몇(특히 가장 중요한 사람으로는 M씨)에 대한 의존과 그들의 조언 때문에 혼란스러워한다는 것을 간파할 수 있다. 우리는 그가 결혼생활과 관련해 안정적이지 못하고 불편해하며, 아내와의 성관계에 불만족하고, 아내의 건강상의 어려움 때문에 죄책감을 느낀다는 많은 암시를 받는다. 또한 우리는 그 자신도 일정 정도 건강염려증적이었으며, 그의 가까이에 있는 죽음들 때문에 여전히 고통받고 있었다는 것을 알게 된다. 그리고 우리는 심리학이라는 안개 자욱한 영역에서 그가 생화학과 해부학에 대해 더 정확한 지식을 얻기를 갈망한다는 매우 명확한 암시를 얻는다. 따라서 우리는 여기에서 인간 프로이트가 풍부한 연상을 통해 우리에게 제공하는 자신의 내적 삶에 대한 광범위한 언급은, 명백한 꿈 내용에서 드러나는 상당히 냉정한 경쟁적인 의학도와는 아주 다른 인상을 제공한다고 말하고자 한다. 이제 나는 우리가 이 꿈이 프로이트의 자기 분석의 꿈이며, 따라서 정신분석을 받는 환자의 꿈에서 발견할 수 있으리라고 우리가 당연히 기대할 수 있는 압축된 전이의 구조를 담고 있지 않다는 것을 깨달아야 한다고 생각한다. 꿈의 내용과 연상은 당시 프로이트의 정신적 삶에서 자유롭게 돌아다니고 있었다. 오토가 한 말에 대해 그가 화가 났다는 아주 명시적인 언급조차도 그에게는 출발점에 지나지 않았으며, 꿈의 진정한 초점이 아니었다. 분석가가 치료실에서 하는 유사한 말이 그날 밤 환자가 꾸는 꿈의 초점이 되는 것과는 달리 말이다.

따라서 나는 꿈에 대한 [프로이트의] 검토는 그가 따르고 있다고 주장하는 방법(론)을 지지하지 않는다고 말하고자 한다. 그가 실제로 따르고 있는 방법(론)은 꿈을, 개인의 무의식적인 정신적 삶을 드러내는 일련의 연상들로 들어가는 입구로 사용하고 있다고 나는 말하고자 한다. 이로부터 귀결되는 것은 수학적 또는 과학적 해결책이라기보다는 (프로이트 자신이 자신의 사례를 그렇게 불렀듯이) 단편소설의 구조이다.

이 꿈에 대한 프로이트의 자기분석적 경험과 더불어 『도라 사례』의 첫 번째 꿈에 대해 살펴보면, 프로이트가 그 꿈에 관심을 가진 것은 환자가 그것을 반복적으로 제시했기 때문이라는 사실을 알게 된다는 점이 흥미롭다. 즉, 그는 그 꿈이 분석에서 발생하는 직접적 사건들을 지칭하는 어떤 것으로서 그 꿈에 관심을 갖게 된 것이 아닌 것처럼 보인다는 것이다. 그는 환자의 증상들의 발생을 재구성하는 데 기여할 수 있는 어떤 것으로서 그 꿈에 관심을 가진 것 같다. 이는 자연스러운 일이다. 비록 당시에 그가 전이의 작용을 발견했지만, 그는 그것을 해가 되는 것 또는 방해물로 간주했을 뿐이며 그것을 분석하기 위해, 심지어 저항을 분석하기 위해서도 어떤 노력도 하지 않았기 때문이다. 『쥐인간 사례』에서 프로이트는 전이와 그것의 전개 자체를 분석했지만, 오늘날의 우리와는 달리 전이를 정신분석의 최초의 방법(론)으로 간주하지 않았다. 꿈은 짧다. 나는 그것을 한 단락 인용하겠다.

> 집에 불이 났어요. 아버지는 내 침대 옆에 서 있었고 나를 깨웠어요. 나는 빨리 옷을 입었어요. 어머니는 멈춰 서서 자신의 보석상자를 구하고 싶어 했지만, 아버지가 말했어요. "나는 나 자신과 두 아이가 당신의 보석상자 때문에 불에 타 죽는 것을 허락할 수 없어요." 우리는 급히 아래층으로 내려갔어요. 내가 바깥으로 나오자마자 잠에서 깼어요.

도라의 치료는 『꿈의 해석』이 출간된 1900년에 행해졌다. 이 사례는 히스테리의 심리치료에 관한 프로이트의 견해를 제시하기 위한 사례라기보다는, 꿈 서적의 부록으로 일차적으로 저술되었다. 그것은 도라의 짧은 치료가 끝난 후 아주 빠른 속도로 쓰여진 것 같으며, 처음에는 『꿈과 히스테리』라는 제목이었다. 그러나 이의 출간은 아주 분명하지 않은 이유로 4년간 지연되었다. 도라와의 작업을 통해 우리는 이 시기에 프로이트가 꿈의 명시적 내용을 연상을 통해 하나씩 아주 신중하게 따라가라고 환자에게 지시하기를 그만두었지만, 그녀가 자유롭게 분석 작업에 임할 수 있는 여지를 허용했음을 우리는 명확히 알 수 있다. 그녀가 생산한 연상과, 프로이트가 그녀로 하여금 이 연상을 탐구하도록 도왔던 방식들은 K 씨, 아버지와 어머니, 보석, 그리고 초기 아동기의 야뇨증과의 관계에 대한 풍부한 흥미로운 재료들을 생산했다. 실제로 프로이트는 순수하게 영감에 근거해 몇몇 상징 번역을 행했다. 그는 보석상자를 질로 번역한다. 그리고 눈물방울 귀고리를 정액으로 번역한다.

이 지점에서 프로이트는 몇몇 이유로, 더는 꿈의 해석과 꿈의 의미에 대해 언급하지 않는다. 그는 이 과정의 두 단계로 분석과 종합을 언급한다. 종합은 6쪽 분량으로 서술한다. 그러나 분석은 25쪽 분량이 필요했다. 충분히 이상한 일이지만, 분석의 여덟 번째 쪽에서 우리는 '이르마의 주사 꿈'에서와 같은 놀라운 언급을 발견한다. "이제, 내게는 꿈 해석이 완성된 것처럼 보인다"

그리고 한 각주에서 그는 말한다. "꿈의 본질에 대해서는 아마도 다음과 같이 말할 수 있을 것이다. '유혹은 너무 강해요. 아버지, 당신이 내 아동기에 그렇게 했듯이 나를 보호해주세요. 그리고 내 침대가 젖지 않도록 해주세요.'" 우리는 이 진부하고 사소한 언급과, 이 꿈을 통해 드러난 삶의 사건들, 기질, 갈망, 불안 (그리고 프로이트와의 관계) 등에 관한 풍부한 정보를 비교해야 한다.

프로이트는 그 꿈이 위험한 상황의 반복을 대리하기 때문에 그것'이 분석의 이 지점에서 되풀이되었다는 것, 그리고 그녀가 성적 흥분과, (그녀가 K 씨와 경험했던 것 같은) 프로이트와의 성적 관계의 위험을 경험하고 있다는 것을 깨달았다. 참으로 프로이트는 자신이 이러한 전이를 다루지 못한 것을 후회했다. 따라서 프로이트가 도라의 첫 번째 꿈을 분석할 때 우리가 꿈을 사용하는 임상가 프로이트의 한 예를 보고 있다고 말하는 것은 타당해 보인다. 이는 꿈의 기능에 대해 이야기하는 이론가 프로이트와 불일치한다. 그가 꿈을 환자의 정신의 사적이고 역사적인 감정적 심층으로 들어가는 통로로 활용하고 있다는 것, 그리고 이러한 재료들로부터 전이에서의 무의식적 상황의 직접성을 해석하고 있다는 것은 아주 분명해 보인다. 이론 속에서 그가 하고 있는 일은 도라의 히스테리 증상들을 호숫가에서의 키스로 소급시키고, 그러한 히스테리 증상 형성의 근저에 놓여 있는 정신적 메커니즘, 즉 부인, 역전, 소망, 대항 소망counter-wish 등의 본질을 정의하는 것이다.

프로이트의 작업의 발전 과정을 추적하면서 우리는 이제 1904년, 즉 유명한 『성욕에 관한 세 논문』과 『어린 한스 사례』 직전에 도달했다. 우리는 『히스테리 연구』, 즉 방어 신경정신병들에 관한 초기의 이론이 형성된 시기에 대해 논의했고, 무의식에 대한 프로이트의 탐구가 농담에 관한 저서 『일상생활의 정신병리학』과 대작인 『꿈의 해석』을 생산했던 시기에 대해 또한 논의했다. 프로이트가 환자들과 어떻게 실제로 작업했는지를 임상적 증거들이 드러내준다는 점을 강조함으로써 나는 임상가 프로이트와 이론가 프로이트 사이에 상당한 분열이 존재함을 보여주고자 했다. 나는 이 책의 주요 주제가 프로이트가 어떻게 수년에 걸쳐 점차적으로 『심리학 초안』의 결정론적인 신경생리학자로부터 「종결될 수 있는 분석과 종결될 수 없는 분석」의 현상학적[7] 심리학자로 변형되었는지 추적하는 것이라는 점을 여러분에게 상기시키고 싶다.

---

7) 물론 멜처의 이 용어는 조금 애매하다. 그러나 이를 '후설적 의미의 현상학'이라는 뜻으로 이해할 필요가 없다는 점은 분명하다. –역주

| 4장 |

프로이트의 성욕 이론

이제 우리는 프로이트의 모든 작업을 관통해 흐르는 [주제], 정신분석적 방법과 정신에 대한 정신분석적 이해의 심장부에 놓여 있는 주제를 탐구해야 한다. 그것은 다름 아닌 성욕의 문제이다. 프로이트의 작업의 다른 측면들에 접근할 때와 마찬가지로 이것에 접근함에 있어 나는 방법(론)(그리고 그것과 관련 있는 재료)과 종종 전개념(화)preconceptions에 의해 강하게 영향받는 이론을 구분하기 원한다. 그리고 어떻게 프로이트가 자신의 정신분석 작업의 40년 기간에 걸쳐 결정론적인 신경생리학자에서 현상학적 심리학자로 변형되었는지 내가 이야기했다는 것을 여러분에게 상기시키고 싶다. 아마도 프로이트는 성욕에 대한 혁명적 견해로 가장 유명할 것이다. 그러나 임상적 관점에서 그것에 대해 연구할 때 우리는 그것을 혁명적 견해라기보다는 실제적 발견으로 간주하고 싶어 할 것이라고 나는 생각한다. 이를 구분하기 위해서는 프로이트 표준판Standard Edition에 수록된 『성욕에 관한 세 논문』을 매우 주의 깊게 읽을 필요가 있다. 왜냐하면 그 판본에서는 이 저작이 종종 부정확하게 편집되었기 때문이다. 이 저작의 포맷은 상호참조 목록이 있는 연대기적 편집을 따르는 표준판의 일반적 포맷과 다르다. 어떤 이유로 『성욕에 관한 세 논문』의 편집자들은 다른 편집원칙을 따랐다. 나는 우선, 프로이트의 발달에 대한 연대기적 사고를 얻기 원한다면 우리가 그것을 어떻게 읽어야 하는지 여러분에게 상기시키고 싶다.

프로이트가 살아 있는 동안, 1905년에 시작해 1926년에 이르기까지 『성욕에 관한 세 논문』의 6개 판본이 출간되었다. 이 중 4개 판본은 그의 견해의 중요한 변화, 즉 주로 추가된 내용들이지만 또한 수정도 포함하고 있다. 표준판의 편집자들은 어떤 이유로 마지막 판본(1926)을 기본 텍스트로 선택하고 이것에 주석을 달기로 했다. 이 때문에 그것을 연대기적으로 읽는 데 커다란 어려움이 생겨났다. 무언가를 읽고 난 후 주석에 근거해 1905년에 프로이트가 생각한 것이 무엇인지를 알고자 할 때, 이미 읽은 것을 머리에서 제거하는 일은 아주 어렵기 때문이다. 만약 편집자들이 진정으로 연대기적 모습을 학생들이 파악할 수 있도록 제공하고자 했다면, 그들은 초판을 제시하고, 나중에 추가된 것과 삭제된 내용에 관해 주석을 붙였어야 했다. 따라서 우선 나는 1905년의 초판에 가해진 중요한 수정 사항들에 대해 개관하고자 한다(소위 '삭제'되어야 할 광범위한 부분이 존재한다). 그러고 난 후 프로이트의 성욕에 관한 더 완전한 1905년의 모습을 제시할 것이다. 프로이트의 사고는 어린 한스와의 작업에서 구체화되었는데, 이에 대해 5장에서 논의할 것이다. 삭제되어야 했던(이는 1915년에서야 겨우 실행되었다) 주요 부분은 전생식기 조직화에 관한 부분이다. 그리고 아동들의 성적 탐구에 관한 부분은 1910년의 판본에서 삭제되었다. 이 나중 판본은 리비도 이론과, 대상 선택 및 도착증의 토대에 관한 그의 서술에서의 다양한 변화를 포함하고 있다. 끝으로, 성욕의 생리학적 토대(즉, 호르몬 이론)에 관한 견해는 1905년 판본에서는 단지 사변적 추론에 지나지 않았고, 따라서 1920년대가 되기 전에는 과학적 연구의 기반을 가질 수 없었다.

이러한 추가적 내용과 사소한 변형을 제외한다면 성욕에 관한 프로이트의 견해는 일생 동안 사실상 동일한 것으로 남아 있었던 것 같다. 이는 아마도 특히 놀라운 일일 것이다. 『성욕에 관한 세 논문』이 일차적으로는 의사들이 얻을 수 있는 정보에 근거해 쓰여졌으며, 1905년까지 진척된 정신분석의 발견과 관심에 의해 수정되었고, 어떤 의미에서는 제한되었다는 점을 고려할 때 말이다. 나중의 판본은 정신분석이 나중에 도입할 수 있었던 수정 사항과 발견들을 보여준다. 성욕에 관한 프로이트의 체계적 견해를 논의함에 있어 나는 그가 자신의 저작에서 제시한 것과는 아주 다른 포맷, 즉 성적 일탈에 대한 설명 또는 탐구에 관한 정신분석적 문제를 중심으로 일차적으로 조직화되었던 원래의 것과는 아주 다른 포맷을 사용할 것이다.

당연히 프로이트는 성적 일탈의 문제로부터 출발하고, 그 후에야 비로소 유아 성욕과 사춘기에서의 발달적 변형을 탐구하고 이에 대해 서술하는 것으로 되돌아간다. 나는 발달 과정에 더 중점을 둘 것이고, 유아 성욕으로부터 시작할 것이다. 그리고 난 후 성에 관한 프로이트의 정신병리학을 기술할 것이다. 우선, 프로이트는 사람들이 성적 행동의 초보적 이론 영역이라고 부를 수 있는 전개념(화)를 염두에 두고 있었던 것 같다. 그것은 성적 행동을 다음 세 범주로 구분하는 것으로 이루어져 있다. 성적 충동의 근원, 성적 충동의 목표, 그리고 성적 충동의 대상이 그것이다. '근원source'이라는 개념은 '충동'이라는 개념과 다소간 외연이 같다coextensive. 육체의 기관들이 발산을 필요로 하는 긴장을 발달시키며, 이러한 긴장은 프로이트가 '성감대'라고 부르는 것을 중심으로 모인다는 견해를 취한다면 말이다. 몇 년 후에, 즉 1910년 또는 1915년에 프로이트는 이를 확장하기를 원했으며, 이에 따라 육체의 표면에 있는 모든 것이 성감 능력을 갖는다고 생각했다. 그러나 그는 여전히 성기, 항문, 입이 일차적 성감대라는 견해를 갖고 있었다. 이것에 그는 자신이 '부분충동'이라고 불렀던 어떤 다른 기능 또는 경향성을 덧붙인다. 그는 이러한 기능 또는 경향성이 그것들을 동원mobilization했던 경험에 의존한다고 생각했다. 예를 들면 부분충동은 본질적으로 관음증, 노출증, 사디즘, 그리고 마조히즘으로 이루어져 있다. 그는 이러한 부분충동이 아동의 삶에서 일어난 사건 – 예를 들면 유혹 사건 – 에 의해 작동되는 숨겨진 성향이므로, 반드시 생리학적 기반을 가질 필요가 없다는 견해를 제시했다. 따라서 성충동은, 본질적으로 무의미한 것이지만 그것[육체적 기능]이 대상들과 후에 연결됨으로써만 그것의 의미를 발견하는 육체적 기능으로 간주되었다. 따라서 그는 이러한 긴장의 경감은 대상 추구가 시작되는 어떤 시기 이전까지는 무의미하고 자가성애적인 활동이라고 보았다. 그의 가장 초기의 견해에 따르면, 대상 추구의 이 시기는 성기 영역이 성적 생활에서 우위를 차지하는 3세 무렵에야 시작된다. 이는 이 초기의 시기들 – 구순적 갈망과 항문적 긴장으로 점령된 시기들 – 이 근본적으로 자가성애적이고 무의미하며, 그 자체로는 기억에 기여하지 않는다는 것을 함축한다. 이 초기의 시기들은 갈등 때문에 발생하는 억제에 종속하지 않으며, 따라서 불안의 원천이 되지 않는다. 그것들은 억압에 종속되지 않으며, 증상 형성물을 발생시키지 않는다. 프로이트는 다음과 같은 견해를 갖고 있었다. 성기의 우위, 그리고 성적 긴장으로 채워진 대상 추구가 시작된 후에야 비로소 아이들을 성기적 갈망과 갈등 관계에 들어가게 만드는 오이디푸스 콤플렉스가 전개된다. 그리고 이러한 갈등이 억제를 낳으며, 이러한 억제는 성적 리비도의 흐름을 막는 댐으로 기능한다. 성적 에너지 또는 리비도의 이러한 흐름이 막힐 때, 이는 그가 일컬은 '방계 통로 collateral channel', 즉 구순성·항문성·부분충동과 연결되어 있는 전성기기적 충동의 방계 통로를 채운다.

따라서 이 초기에 프로이트는 아동들의 구순적·항문적 성욕은 자기보존에 봉사하는 일반적 충동 저장소로부터 거의 분리되지 않은 어떤 것이라고 생각했다. 그리고 그것은, 대상 추구와 오이디푸스 콤플렉스, 그리고 그것과 관련된 갈등이 생겨날 때에야 비로소 조금씩 분리되어 3세 무렵에 분리된 충동 조직의 지위를 취한다. 물론 우리는 이것을 이론이라고 불러야 할지, 아니면 사고 모델 또는 사고방식이라고 불러야 할지 알지 못한다. 나는 그것을, 프로이트에게 가장 자연스러웠던 또는 그의 시대에 가장 자연스러웠던 사고 모델 또는 사고방식으로 간주하는 것이 더 유용할 것 같다고 생각한다. 그것은 충동과 정신 작용의 '유체정역학적hydrostatic'이라고 불리어왔으며, 육체 속에 (수압 또는 전기 시스템의 전압과 대등한) 동질적인 흥분이 존재한다는 개념에 근거하고 있다. 그것은 흐르며, 방향을 갖고 있으며, 시간 속에서 작용한다. 이러한 흐름 속에서 그것은 다양한 유형의 장애를 만나며, 따라서 다양한 유형의 배분 형태를 취할 수 있다. 대상 추구가 등장할 때에야 비로소 성욕과 관련된 행동을 유의미한 것으로 간주할 수 있다. 그리고 그것들이 유의미해졌을 때에야 비로소 그것들은 가공elaboration과 환상에 종속되며, 본질적으로 정신적인 것으로 간주될 수 있는 발달 과정에 진입한다. 이러한 발달 과정 속에 들어갔을 때에야 비로소 감정과 정동이 어떤 역할을 행한다고 간주된다. 프로이트의 모델은 정신적 삶에서의 질적 요소인 정동에 대해 아무런 여지를 남기지 않으며, 따라서 정동을 흥분의 가변적인 양量의 지위로 환원시킬 수밖에 없었다는 것이 그것의 커다란 약점이다. **마치**as if 질적 차이가 존재한다는 듯이 가정할 뿐이다.[8)]

자가성애적 단계라는 이 모델에 근거해 프로이트는 능동적 목표와 수동적 목표를 구분했다(또는 이러한 구분이 존재해야 한다는 사고가 그의 모델에 내재해 있을 것이다). 그는 충동의 능동적 목표와 수동적 목표라는 구분을, 나중의[성장한 후의] 남성성과 여성성을 명확하게 기술할 수 있도록 해주는 성향을 확립하는 기반으로 간주했다. 그는 본질적으

8) 역자는 멜처의 이러한 해석에 그다지 동의하지 않는다. 프로이트는 **마치** 질적 차이가 존재한다는 듯이 사유한 것이 **아니라**, 질적 차이는 **존재한다**고 생각했다. 그러나 그는 과거의 '비과학적, 관념론적, 종교적' 설명 방식을 벗어나기 위해 **특히 초기에**는 우선적으로 자연과학적 방법에 따라 질적 차이를 설명하고자 했다고 말하는 것이 더 정확하다. –역주

로 남성성을 능동적인 것으로, 여성성을 수동적인 것으로 아주 분명하게 간주했던 것 같다.[9] 그러나 그가 이러한 목표의 실현을 위한 행위 방식에 대해 이야기한 것은 아니라는 점을 인식하는 것이 중요하다(그는 수동적 목표가 능동적으로 달성될 수 있고 능동적 목표가 수동적으로 달성될 수 있다는 것을 아주 잘 알고 있었기 때문이다). 그러나 성충동의 목표라는 영역에서 그가 남성성은 능동적 목표를, 여성성은 수동적 목표를 갖는다고 구분했다는 것은 확실하다. 나는 이를, 그의 시대에 깊이 뿌리내린, 따라서 그의 정신 속에 고착된 문화적 일탈 또는 선입관으로 간주해야 한다고 생각한다. 그것은 예를 들면 구순성에 대한 그의 태도와 양립 불가능하다. 그는 구순성을 본질적으로 수동적인 것으로 간주하지 않았다. 그것은 또한 여자아이가 자신의 몸에 대해 갖는 관계에 대한 그의 견해와 관련해서도 어떤 함축적 의미를 갖고 있다. 어린 여자아이들은 자신의 질에 대해 아무것도 알지 못하는 것처럼 보였기 때문이다(어떤 유형의 부정적 증거에 근거해). 여자아이들은 클리토리스와 직장rectum에 대해서만 알고 있을 뿐이다. 따라서 그는 여자아이들이 성기 영역과 관련해 열등감과 무력감 때문에, 그리고 (마치 그들의 클리토리스-남근은 그들이 죄를 지었기 때문에 이미 처벌받았다는 증거라는 듯이) 생래적인 죄책감 때문에 고통받는다고 생각했다. 프로이트가 그렇게 불렀듯이 '남근 시기심'은 세계에 존재하는 가장 자연스러운 현상처럼 보였다. 반면 이에 상응하는, 여성에 대한 남성의 시기심에 대해 프로이트

9) 그러나 프로이트는 사람들이 남성성을 능동적인 것으로, 여성성을 수동적인 것으로 간주하지만 이는 문화적 관습에 따른 설명일 뿐이라고 종종 말했다. –역주

는 정식화하지 않았다. 여성의 기관과 기능은 아동의 삶에서 어떤 역할도 하지 않는다고 간주되었기 때문이다. 이는 그의 작업 전체를 통해 사실상 변하지 않은 채 남아 있었던 것 같다. 그가 후에 여자아이의 성적 발달은 특수한 어려움, 즉 어머니에 대한 최초의 애착의 강도와 일차적으로 연결되어 있는 어려움, 그리고 오이디푸스적 갈등 속에서 아버지로 향하게 될 때 이것[어머니에 대한 최초의 애착]이 여자아이에게 부과하는 어려움을 갖고 있다는 것을 인식했지만 말이다.

1915년경에 나르시시즘 현상이 프로이트의 시야 속으로 들어왔고, 그것은 리비도 발달에 관한 그의 견해에 따라 자가성애와 대상관계 사이에 삽입되었다. 그러나 이것은 임상적 현상들에 대한 그의 견해를 새롭게 확장해주었지만, 성욕에 관한 그의 기본 생각들의 발달에는 거의 영향을 미치지 않았다. 성적 병리학에 대한 그의 태도가 1905년 판본에서 명시적으로 또는 함축적으로 제시된 태도와는 확실히 달라졌음에도 말이다. 거기에서 그는 아동의 성욕을 '다형적으로 도착적polymorph perverse'이라고 특징지었다. 이는 [충동이] 성감대에 분포되어 있으며, 성기의 지배를 빈약하게 받는다는 것을 의미한다. 이러한 근거 하에서 그는 신경증이 도착증의 음화이며, 주로 환경, 특히 부모의 태도에서 유래하는 것으로 보이는 억제하는 힘inhibiting power에 의해 발생한다고 말할 수 있었다.

중심적인 불안 상황인 거세 불안은 수수께끼였다. 그것은 자위행위와 관련된 위협(쥐인간과 늑대인간)으로부터도, 또는 성의 해부학적 차이에 대한 지각으로부터도 시작될 수 있기 때문이다. 프로이트는 성 차이에 기인한 거세불안이 남자아이의 경우에, 그리고 여자아이의 경우에도 [남근의 부재를 남근의] 절단으로 지각되기 때문에 발생한다고 보았다. 쥐인간을 분석한 이후에야 비로소 순수하게 (사랑과 미움 사이의) 내적 갈등이, 그리고 늑대인간에서는 다시 한번 (남성성과 여성성) 사이의 갈등이 거세 불안의 원천으로 간주되었다.

신경증과 도착증의 관계에 대한 이러한 단순한 견해가, 쥐인간이 그에게 도착증의 복잡성에 관해 무언가를 알게 해주기까지 프로이트의 견해의 특징이었다. 도착증은 양가감정, 사도마조히즘, 절편음란증적 경향성 및 수동성 등의 복합체였다. 이 모든 것이 리비도를 전성기기적 고착점으로 퇴행하도록 한다. 1905년 그의 견해에 따르면, 도작승은 단순하며, 부분충동을 포함한 유아의 성적 충동자극의 억제되지 않은 행동화라는 것이었다. 그리고 동성애는 일차적으로, 발달 경험에 근거한 대상 선택의 문제로 간주되었다. 나르시시즘 개념을 도입하고, 발달에서의 동일화 과정의 복잡한 역할에 대해 인식하기 시작한 것이 엄청난 변화를 가져왔다.

그러나 아마도 변하지 않은 것은 충동을 중시하는instinct-bound 프로이트의 태도이다. 그것의 본질적 기능은 생물학적 기능과 의미 있는 대상관계가 중첩되는 성적 긴장을 경감시키는 것이다. 이러한 이유로 생물학적 동력drive은 정액의 항구적인 생산과 관련해 주로 남자에게만 존재하는 것으로 간주되었다. 여자들은 상대적으로 무성적asexual이라고 간주되었다. 그들의 생물학적 동력과 성적 사랑은 아이들에게 향한다고 프로이트는 생각했다. 이 모든 것이 아동의 성기 미성숙과 어떻게 양립될 수 있는가? 그럼에도 그는 아동 성욕설을 주장한다. 이러한 그의 견해는 조금 의문스럽다. 그러나 이는 임상가와 이론가 사이의 분열을 우리가 볼 수 있는 또 하나의 영역이다. 『어린 한스 사례』는 이 모든 기본적 개념을 지지하지 않는 것처럼 보인다. 그것은 사랑 및 증오와 투쟁하는 어린 소년, 지식에 대한 욕망, 사디즘적 경향, 남성적인 동시에 여성적인 오이디푸스적 갈등을 분명하게 보여준다. 임상가 프로이트는 심지어 원초적 장면에의 노출이 어린 한스의 병에서 어떤 역할을 했다고 생각했다. 이러한 생각은 『어린 한스 사례』가 출간된 지 13년이 지나서야 늑대인간의 유명한 꿈을 통해 그의 제자들의 주목을 받았다. 프로이트는 늑대인간의 꿈을 통해 생후 18개월 때 목격한 부모의 성행위 사건을 재구성했던 것이다.

지금까지 논의한 내용을 통해 알 수 있듯이, (『도라 사례』가 『꿈의 해석』의 부록이었듯이) 『성욕에 관한 세 논문』의 부록으로 쓰여진 『어린 한스 사례』에 관한 서론인 이 장에서 나는 성욕에 관한 프로이트의 1905년 당시의 견해를 종합적으로 제시하고자 했다. 『표준판 전집』을 읽을 때 우리에게 생기기 쉬운 연대기의 혼란을 교정하기 위해서 말이다.

| 5장 |

어린 한스 사례(유아 신경증)

『어린 한스 사례』는 『쥐인간 사례』가 출간되기 겨우 몇 개월 전(1909년)에 출간되었다. 이 두 환자에 대한 임상 작업은 이 저작의 출간 1년 전에 시작되었고, 쥐인간 분석은 프로이트가 한스의 아버지와 함께 아이의 공포증을 해소하기 위한 작업을 개시하기 전(사실상 2-3개월 전)에 시작되었다. 『도라 사례』가 『꿈의 해석』과 관련 있듯이 『어린 한스 사례』는 『성욕에 관한 세 논문』과 관련 있다. 즉, 이론적 출간물에 대한 임상적 보충서로 집필되었으며, 정신분석적 임상작업 과정에서 이론이 어떻게 구현되는지를 예시하기 위한 목표를 갖고 있었다. 그러나 프로이트에게 어린 한스에 관한 자료의 출간은 이론이 어떻게 구현되는지에 관한 예시 이상의 의미를 갖고 있었다. 그것은 또한, 유아 성욕과 유아 신경증의 존재에 관한 어떤 해명(그리고 어떤 의미에서는 진리의 증명)이라는 의미가 있었기 때문이다. 프로이트는 아버지가 아이를 치료하는 것에 대해 자신이 슈퍼비전하는 것을 이례적인 일로 간주했고, 이러한 일이 자주 반복되지 않기를 원했다. 그는 이러한 종류의 작업이 아버지 외의 다른 사람의 경우에는 행할 수 없는 일이라고 생각했기 때문이다. 되돌아보면, 이는 아동 치료에 아주 익숙해진 사람들에게는 오히려 특이한 일처럼 보인다. 실제로는 이와 반대의 것이 오늘날 행해지고 있는 것 같기 때문이다. 그러나 오히려 나는 아동들이 부모 외의 다른 누군가에게 정신분석적 치료를 받는 것을 견딘다는 점에 항상 놀라며, 이 한스 사례가 매우 인상적이기는 하지만 그럴 듯하다고 생각한다. 어린 한스가 자신의 환상을 털어놓고 적대감을 행동화하며 꿈에 대해 이야기하고, 아버지를 슈퍼비전하는 교수인 프로이트를 치료에 포함시킨 이 명백한 사례 – 명백히 이 사례는 가족의 삶 전체가 포함된 전체 과정을 보여준다 – 말이다.

이 사례의 내용을 간략히 검토해보자. 여러분은 이미 몇 년 전에 프로이트가 자신이 '가까운 지지자'라고 불렀던 사람들 – 이 중에는 어린 한스의 부모가 포함된다 – 에게 아동들의 성적 탐구를 예시해주는 관찰을 자신에게 보내달라고 부탁했던 것을 기억할 것이다. 그는 원초적 장면 – 그는 이에 대해 특히 관심이 있었다고 나는 생각한다 – 의 목격이 아동들에게 미치는 영향의 증거에 관한 정보를 부모로부터 얻을 수 없었지만, 이러한 요인이 영향을 미칠 수 있으리라는 추측을 매우 강하게 하고 있었다. 어린 한스는 동생 한나가 태어난 후의 6개월을 포함해 처음 4년을 부모의 침실에서 보냈다. 그리고 한스는 어머니가 한나를 낳기 위해 그날 밤 침실 밖으로 나가야만 했다. 그리고 한나가 태어난 후 다시 방으로 들어와 피로 가득 차 있는 사발을 보았던 사건은 그에게 커다란 인상을 남긴 듯하다. 어쨌든 한나의 출생 이후 그문

덴이라는 휴양지에서 가족이 머문 여름 동안 한스의 성적 생활이 꽃피었던 것 같으며, 다른 아이들에 대한 연상 때문에 한스는 그 아이들을 '자신의 아이들'이라고 부르게 되었다.

이제 프로이트는 이를, 한스의 여성성의 증거, 그리고 그가 어머니와 동일화했다는 증거가 아니라, 동생의 출생 후 어머니가 자신을 주목하지 않은 데서 오는 상실을 보상하기 위한 그의 방법으로 간주했다. 이는 프로이트가 오이디푸스적 갈등에서의 한스의 남성적인 거세 콤플렉스의 역할을 강조하기 위해 그의 여성성의 의미를 과소평가했다는 것을 의미한다. 바로 이것이 그의 해석 작업에서 가장 중요한 약점이었던 듯하다. 이는 프로이트의 이론적 선입관에 기인한 것 같다. 또는 아마도 그가 남자아이의 동성애와 여성성을 구분하지 못했기 때문일 것이다. 아버지에 대한 한스의 애착이 갖는 동성애적 함의에 관해 짧게 이야기했음에도 불구하고, 그는 한스의 그러한 성적 경향이 그 당시에 '퇴화적'이라고 간주될 수 있었을 어떤 것이라는 인상을 버리는 데 주저했던 듯하다.

그문덴에서의 사건들로 되돌아가보자. 말이 한스의 손가락을 물지도 모르기 때문에 말 근처에 가지 말아야 한다는 경각심을 갖게 된 일(이는 여자아이로서의 한스가 겪은 일이다), 그리고 (남자 아이로서) 돌에 걸려 넘어졌고 발에 피가 난 일을 포함하는 사건들 말이다. 이러한 사건들이 한스 속에 일정 정도의 거세불안을 가동시킨 듯하다. 이후 몇 개월 동안 점차적으로 그것은 한스를 정복했고, 성적 충동자극의 억제(또는 프로이트가 억압이라고 부르는 것)를 낳았다. 이전에 이러한 충동자극들은 우선 자위행위에서(부모의 침실에서 쫓겨남에 따라 그는 아침에 또는 오후

낮잠 시간에 자위행위를 했던 것 같다), 둘째, 이 충동자극들은 이전의 열광적인 관음증과 노출증의 억제, 그리고 소변과 대변에 대한 관심의 억제 속에서 표현되었다(이제 그는 이에 대해 혐오감을 드러냈다). 한스의 아버지가 프로이트에게 보낸, 신경증 발병 이전의 한스의 성적 발달에 관한 관찰 내용을 사례 보고서가 포함하고 있다는 점이 특히 흥미롭다. 따라서 우리는 그의 신경증의 발생을 구성하기 위한 근거로 삼을 수 있는, 꽤 정확한 정보들을 찾아볼 수 있다. 어쨌든, 갑자기 한스는 집 밖으로 나가기를 두려워하게 되었다. 그는 말에 물릴지 모른다는 두려움에 대해 설명했다. 이러한 이유로 프로이트는 그것을 공포증으로 간주했다. 그러나 공포증이 갑자기 시작된 후 치료가 진행됨에 따라, 말에게 물릴지도 모른다는 두려움은 그 병의 광장공포증적 측면과 비교할 때 피상적이라는 점이 명확해진다. 즉, 그는 말들, 특히 무거운 짐을 실은 수레를 끄는 말들을 만날까 봐 외출하기를 두려워했다. 말이 넘어져 다리로 커다란 소리를 낼지 모른다고 두려워했던 것이다. 이 중심적인 두려움은, 나가서 화장실에 앉아 대변을 보라는 말을 들었을 때의 한스 자신의 행동[과 연결되어 있었다], 그리고 발을 다친 사건과 연결되어 있었다. 그리고 프로이트는 이것이 원초적 장면과 연관 있다고 생각했음이 거의 분명하다. 무거운 짐을 실은 수레가 특히 임신한 엄마를 의미한다는 것, 그리고 임신과 출생에 대한 한스의 커다란 호기심이 광장공포증과 불안 상태의 근거에 놓여 있었음이 상당히 분명해진다. 이에 대해 프로이트는 정확한 정보를 얻지 못했고 황새 이야기만 들었을 뿐이지만 말이다.

프로이트의 슈퍼비전 하에서 아버지가 한스를 치료하는 과정은 매혹적이며, 임상 작업에 관한 완벽한 보고라고 말할 수 있는 방식으로 제시되었다. 의심의 여지 없이 그것은 정신분석 문헌 전체에서 가장 유쾌한 작품이다. 그리고 이를 읽을 때마다 흥미를 느끼는데, 이는 그 속에서 매번 새로운 것들을 발견할 뿐만 아니라, 궁극적으로 그것은 아동 분석의 선구적 작업이었기 때문이다. 어떤 면에서 사람들은 프로이트가 이 풍부한 재료로부터, 그것이 실제로 포함하고 있는 것보다 훨씬 더 적은 관심사를 이끌어낸다고 항상 생각할 것이다. 그러나 그가 임상적 현상의 의미에 대해 전혀 몰랐기 때문에 그런 것은 아니었다. 이는 또한 프로이트가 유아 성욕과 관련해 제한된 범위에서 설명하는 것에 관심을 갖고 있었고, 후에 억압되고 망각되어 성인이 된 후 신경증 증상으로 다시 등장하는 유아기 신경증의 존재에 대한 증거를 찾는 것에 관심을 갖고 있었기 때문이다. 그는 어린 한스의 재료를 통해 양성성의 존재, 성기적 충동과 전성기기적 충동의 존재, 아동들의 관심사, 그리고 거세 콤플렉스와 오이디푸스 콤플렉스의 존재를 증명하는 데 특히 관심이 있었다. 그리고 예를 들면 이 사례에서 한스가 남근을 만지면 '찌찌'를 자를 것이라는 엄마의 위협 같은, 거세 불안의 형성에서 외상적 요인이 행하는 역할을 보여주고자 했다. 그리고 아마도 가장 중요한 것으로 그는 아동의 발달에서 동생의 출생의 역할에 대한 증거를 보여주고자 했을 것이다. 즉, 어떻게 그것이 한스의 성적 호기심을 자극했으며, 어떻게 그에게 강렬한 질투심과 시기심을 불러일으켰는지, 그리고 성이 다른 동생의 출생이 어떻게 한스로 하여금 성기의 차이에 대해 직면케 했는지 보여주고자 했다.

이제 여러분은 이 시기에, 그리고 1928년 여자의 성욕에 대한 논문을 출간하기까지 그의 작업의 거의 전체에 걸쳐 프로이트는 남아든 여아든 모든 아이가 여자의 성기를 절단된 것으로 간주한다는 임상적 증거에 대한 자신의 믿음과 해석을 고수했다. 프로이트는 한나의 성기에 대한 어린 한스의 태도가 이를 확증한다고 해석했다. 나는 그것이 설득력이 없다고 생각하지만 말이다. 어쩐 일인지 프로이트가 이를 종합적으로 설명하지 않았음에도 설득력 있는 부분은, 분만 후에 어머니의 침실에서 피가 섞인 물을 보고 난 후, 그리고 출산 동안 어머니의 신음소리 —한스는 이를 '기침'이라고 불렀다— 를 듣고 난 후 한스가 아기의 출생은 고통스럽고 위험한 일이라고 해석했다는 것이다. 이는 특히 재료의 두 부분을 통해 지지된다. 첫째, 배관공이 욕조를 떼어내고 한스의 배를 뚫는 꿈이 그러하다. 이는 아버지와 함께 로프 아래를 통과해 금지된 공간으로 들어가는, 또는 기차의 창문을 부수는 한스의 다른 환상들과 연결되는, 임신에 관한 환상임이 분명한 듯하다. 둘째, 그것은 한스의 인형 놀이에서 드러난다. 한스는 인형의 배꼽 부분을 통해 엄마의 주머니칼을 찔러넣었고, 그후 칼을 꺼내기 위해 인형의 다리를 벌렸다. 이를 통해 그는 무언가가 고통스러운 방식으로 엄마의 몸을 뚫고 들어가는 환상, 그리고 무언가가 고통스러운 방식으로 엄마의 몸으로부터 나와 엄마가 피를 흘린다는 환상을 보여주었다. 프로이트는 아기의 출생에 관한 이러한 사디즘적 개념이 엄마에 대한 한스의 성적 느낌에서 중요한 역할을 한다는 것을 아주 명확하게 인식하고 있었다. 특히 그것은, 마부가 말을 때리는 것처럼 엄마를 때리고자 하는 한스의 욕망 —한스는 이를 인정했다—

에서 표현되었다.

우리가 오늘날 다시 읽을 때 너무나도 매혹적인 이 사례의 중요한 측면은 아동 치료의 발달이다(앞서 내가 언급했듯이 이 측면은 프로이트가 보여주고자 하는 노선이 아니었기 때문에 프로이트는 이에 관심을 갖지 않았다). 이는 순수하게 공포증적인 요소, 즉 말에게 물릴지도 모른다는 두려움과 함께 시작된다. 그리고 이는 갑자기 배변, '똥Lumph' 재료로 넘어간다. 그러고 난 후 사디즘적 요소를 경유해 황새 상자와 한나의 출생으로 신속하게 이동한다. 여기에서 한나가 출생하기 전의, 그리고 함축적으로는 한스가 태어나가 전의(한스와 한나가 함께 살고 있던 때의), 한스와 한나의 관계에 대한 환상으로 발전한다. 프로이트가 이 재료를 오히려 평범한 방식으로 다루고, 또한 그 재료를 한스가 아버지의 다리를 잡아당기고 아버지에게 복수 — 황새에 대해 아버지에게 들었던 거짓말에 대한 복수 — 하는 수단으로 간주하는 것을 보면 아마 실망할 것이다. 프로이트가 간과한 것은 그것이 엄마의 뱃속에 대한 환상을 대리한다는 사실이 아니라, 그것이 한스에게 하나의 문제, 말하자면 임신 이전의 삶의 문제였다는 사실이다. 자신이 태어나기 전에도 시간이 존재했다는 고통스러운 인식에 직면해야 하는 아동의 어려움 말이다. 물론 아동들은 자신이 엄마의 내부에 항상 존재했다는 환상을 위해 이를 부인한다. 그리고 한나는 엄마의 내부에 항상 존재했음이 틀림없고, 엄마는 한나의 내부에 항상 존재했다. 러시아 인형의 방식으로 시간은 다시 처음으로 되돌아온다. 따라서 그것은 또한 미래로도 확장된다. 아이는 자신 속에 아이들을 포함하고 있으며, 이 아이들도 또한 아이들을 포함하고 있다. 이는 무한히 계속된다. 몸 내부에 대해, 자신과 엄마의 몸 내부에 대해 아동이 관심을 갖고 있다는 사실이 이 지점에서 프로이트의 관심을 전혀 끌지 못한 것처럼 보인다. 그것은 어떤 의미에서 본다면 한스의 여성성에 대한 그의 관심 결여와는 상당히 다르다. 그는 한스의 여성성의 증거들에 대해 언급했지만 그것들에 대해 논의하거나 강조하기를 꺼려했던 것처럼 보이기 때문이다. 따라서 그는 한스의 병의 여성적 구성요소, 즉 엄마에 대한 경쟁심과 시기심, 아이를 가질 수 있는 엄마의 능력, 아버지의 아내가 되어 그의 남근을 받아들일 수 있는 엄마의 능력에 대한 경쟁심과 시기심에서 유래하는 여성적 구성요소에 대해 거의 이야기하지 않았다(엄마가 무슨 일을 했는지 한스가 어떻게 상상했든, 그것은 인형 속으로 집어 넣은 주머니칼 또는 한스의 배를 뚫은 배관공으로서 표현되었다).

실제적인 사례 재료와 그것의 장점과 결함에 대한 논의에서 조금 벗어나, 그 재료가 『성욕에 관한 세 논문』과 연결된다는 사실로 되돌아가면, 우리가 『표준판 전집』에서 이 저작이 제시되었던 방식은 읽기가 조금 어렵다는 점을 기억하는 것이 중요할 것이다. 따라서 프로이트의 작업과 사고에서 한참 후에 등장했던 방식으로만 우리는 나르시시즘, 아동의 성적 탐구, 마조히즘과 도착증에 관해 읽게 된다. 1905년, 신경증이 도착증의 반대물이라는 정식은 그에게 매우 만족스러운 것이었다. 신경증이 얼마나 복잡한 것인지 인식했던 그 시기에도 여전히 그가 도착증은 아주 간단하다고, 즉 도착증은 유아의 '다형적으로 도착적인 소질'이 구현되는 것이라고 생각하려 했다는 것은 이상한 일이다. 우리는 프로이트가 또한 '다형적으로 도착적인'이라는 표현으로 [충동의] 근원, 목표, 대상을 정식화하려고 했음을 기억해야 한다. 도착성에 대한 그의 개념화는 그가 절시증scoptophila, 노출증, 사디즘, 마조히즘의 '부분충동'이라고 불렀던 것을 제외한다면, 오직 성감대 개념과 관련 있었다. 그 당시에 그는 이것들을 성적인 충동적 삶의 필수적 부분이 아니라, 외부로부터의 자극 또는 유혹에 의해 일깨워질 수 있는 잠재적 부분으로 간주했다. 또한 그는 동성애를 순수하게 대상 선택이라는 관점에서 고찰했다. 『어린 한스 사례』에서 그는 동성애에 대한 나중의 정식화에 아주 가까이 접근했다. 동성애를 나르시시즘 단계와 관련 있는 것으로 파악했다는 것이다. 그러나 그는 그것을 여기에서 나르시시즘이라고 부르지 않았지만, 그것이 자가성애와 대상관계 사이의 어딘가에 위치한, 모종의 발달이라고 말한다.

도착증에 대한 이러한 간단한 정식화를 염두에 두면서 프로이트는 자신이 공적 편견이라고 간주한 것으로부터 도착증을 방어하는 것, 그리고 도착증은 본질적으로 양성적benign이라고 주장하는 것, 그리고 일차적으로 도착증이 직면하는 난관은 유아적 충동자극의 억압을 강요하는 사회적 난관이며, (우선은 가족의 압력, 그리고 나중에는 사회적 압력 하에서) 이러한 억압으로부터 리비도의 억제가 생겨나고, 이어서 억제된 리비도가 증상과 불안으로 변화한다고 주장하는 것이 정당화된다고 느꼈다.

아동들의 성적 탐구를 다루는 『성욕에 관한 세 논문』의 부분이 『어린 한스 사례』가 출간되고 몇 년 뒤에 추가되었지만, 『어린 한스 사례』에서 프로이트가 이러한 성적 탐구를 세계에 관한 아동들의 호기심의 원형으로, 따라서 (성적 탐구에 관한 호기심이 승화되었을 때) 지식에 대한 갈망의 근거로 간주했다는 것은 아주 분명한 사실이다. 이는 지식에 대한 갈망이 불안에 의해 추동되며, 지식은 필연적으로 방어적 과정을 위해 사용된다는 것을 함축한다. 여기에서 이러한 견해는 멜라니 클라인이 채택한 견해 —이는 전개념화preconception라기보다는 어린아이들의 말을 들었던 경험에서 유래한다— 와 아주 다르다는 것을 주목할 필요가 있을 것이다. 클라인은 어린아이들이 그녀가 지식애적 충동epistemophilic instinct이라고 불렀던 것을 갖고 있음을 발견했다. 아이들의 최초의 대상은 엄마인데, 아이들은 이러한 엄마, 그녀의 몸, 그리고 특히 (아이들이 클라인에게 말했듯이) 몸의 내부에 대한 지식과 이해를 갈망한다는 것이다. 우리가 이러한 사실을 어린 한스에 대한 프로이트의 경험과 연결시킬 때, 우리는 프로이트가 아이들의 환상의 이러한 측면이 중요하다는 것을 인식할 수 없었고, 한스가 아버지와 함께 자신의 정신적 삶의 이러한 영역을 진정으로 탐구할 수 있기 전에 치료가 끝났다는 것을 알 수 있다. 한스가 증상에서 회복된 것처럼 보였기 때문에 치료는 끝났다. 궁극적으로 그것은 치료의 목표였고, 그의 성격 발달을 위한 부속물은 아니었다. 따라서 우리가 아동 분석의 발달과 관련해 한스 사례가 갖는 의미를 예상해보면, 우리는 한스와의 작업과 1920년대에 멜라니 클라인이 시작한 작업 간에는 차이가 있다는 사실에 강한 인상을 받는다. 한스와의 작업은 본질적으로 재구성적이며, 병리학의 이해를 목표로 삼았고, 따라서 아이의 삶에 대한 회고적 시각을 유지하는 경향이 있다. 반면 클라인의 작업은 처음부터 발달적이며, 아이의 발달 속에 포함되어 있는 요인들에 대한 미래적 시각을 취하는 경향이 있다. 이는 그 방향성에 있어 정신병리학적이지 않다.

이 장의 논의를 마치면서, 프로이트가 사례의 후기에서 정신분석적 방법(론)이 아동들에게 위험하지 않다고 길게 말하며 호소하고 있다는 점에 대해 언급할 필요가 있을 것이다. 즉, 그것은 아동들의 성적 호기심을 불러일으키고, 그들에게 정보를 주며, 그들의 억압을 완화하고, 성적 주제에 대한 관심을 불러일으키기 때문에 위험하다고 말할 수 없다는 것이다. 이것이, 프로이트가 약 14년 후 19세가 된 한스의 방문을 받은 후에 썼던 사례 후기의 요지이다. 그는 이 소년이 자신의 신경증과 관련된 사건들에 대해 기억하지 못하며, 이제 훌륭하고 건장한 청년이 되었음을 알게된 것이다. 이것[한스가 과거의 일을 기억하지 못한다는 것]이 우리에게 조금 슬프게 느껴질 수 있겠지만, 프로이트의 용기를 북돋아주었음에 틀림없다. 프로이트는 이를, 한스와 함께 행한 작업이 당시에 그를 도왔을 뿐만 아니라 그의 발달에 아무런 해를 끼치지 않았다는 증거로 받아들였다. 이러한 주장에 대해 오늘날 우리 모두가 절대적으로 동의하지는 않을 것이다. 왜냐하면 부분적으로는 우리가 오늘날 훨씬 더 긴 치료, 즉 훨씬 더 깊게 탐구하는 치료를 수행하고 있으며, 부분적으로는 어린 한스보다 훨씬 더 심각한 아동들을 치료하기 때문이다. 궁극적으로 한스는 근본적으로 병든 아이가 아니었다. 반대로 그는, 거의 모든 아이가 어린 나이에 일정 시점에서 그렇듯이, 아주 건강했지만 일시적인 공포증에 걸렸던 것처럼 보인다. 나는 오늘날 대부분의 아동 분석가들이, 아동의 정신적 삶에 대한 탐구, 무의식적 환상의 흐름을 여는 것, 가족의 친밀한 관계 속으로 이방인이 침투하는 것 등이 많은 위험성을 갖고 있다고 느낀다고 생각한다.

요약해보자. 『어린 한스 사례』는 아동의 성욕을 다루는 『성욕에 관한 세 논문』의 부분에 대한 유용한 임상적 부록이다. 또한 그것은 이 점과 관련한 프로이트의 사고에 대해 우리에게 풍부하게 예증해주며, 그가 거의 동시에 집필하고 있었던 『쥐인간 사례』 연구의 탁월한 서막 역할을 한다. 『쥐인간 사례』 보고서에서 우리는 그가 한스 사례에 함축되어 있었지만 명시적으로 언급하지 않았던 몇몇 극히 중요한 사항을 발견한다는 것을 보게 될 것이다. 그것은 내적 갈등의 형성에서 양가감정의 역할, 즉 사랑과 미움의 상호작용에 관한 발견이다. 이 시기까지 프로이트의 저작 속에서 갈등 개념은 주로 충동과 외부 세계, 그리고 자아 – 쾌락원칙의 지배 하에서 갈등하는 관심사를 처리하기 위해 노력하는 자아 – 사이의 갈등을 포함하는 것 같다.

| 6장 |

쥐인간 사례(강박증)

'쥐인간'의 치료는 1907년에 행해진 것 같다. 이는 이 치료가 프로이트의 슈퍼비전 하에서 아버지에 의한 한스의 치료가 진행되기 전에 시작되었다는 것을 의미한다. 쥐인간은 약 11개월 동안 치료를 받았다. 쥐인간은 스스로 치료를 종료했으며, 건강하다고 느꼈고, 시험을 잘 치르고 자신의 삶을 잘 영위해 갈 수 있었다. 프로이트는 후에 한 각주에서, 전도유망한 너무나 많은 청년처럼 그는 일차 세계대전에서 사망했다고 보고한다. 논문 그 자체도 매우 흥미롭지만, 처음 4개월 동안 프로이트가 기록했던 메모들, 즉 그가 하루의 작업을 마친 후 저녁에 작성했던 메모들을 볼 수 있다는 것도 우리에게 엄청난 행운이다. 그것들은 매혹적이며, 프로이트가 치료실에서 어떻게 실제적으로 작업하는지에 대한, 아마도 가장 정확한 모습을 우리에게 알려준다. 따라서 우리는 이 메모들로부터 프로이트의 테크닉에 대해 추론할 수 있으며, 그것들을 3-4년 후에 등장하기 시작하는 테크닉에 관한 논문들과 비교할 수 있다.

우리는 그가 치료를 시작하는 방식에 놀랄지도 모른다. 처음 몇 회기 동안 그는 환자에게 정신분석의 방법(론)과 그것의 치료적 근거에 대해 이론적으로 설명한다. 아마도 쥐인간 사례가 도라 사례와 대조된다는 것이 가장 눈에 띌 것이다. 이 사례에서 우리는 프로이트가 탐구를 진행함에 있어 자신의 주도권을 거의 배제시키면서 환자의 말을 따라갈 수 있었다는 것을 볼 수 있기 때문이다. 이는 아마도 부분적으로는, 재료가 쥐인간으로부터 쏟아져 나왔으며, 저항이 아주 신속하게 전이 저항으로 변화했기 때문일 것이다. 엄청난 스트레스와 고통을 받으면서 환자는 전이 저항 속에서 프로이트에 대해, 그의 딸에 대해, 그의 어머니에 대해, 그리고 일반적으로 그의 가족에 대해 자신[환자]이 갖고 있는 사디즘적·성적 환상을 그에게 묘사했던 것이다.

우리는 프로이트가 이러한 전이 표출을 차분하게 다루었다는 것을 볼 수 있다. 아마도 전이 표출에 대한 그의 이론 덕택에 그는 그렇게 할 수 있었을 것이다. 전이에 관해 그가 썼듯이, 그는 전이 표출을 자신과는 개인적으로는 아무런 상관도 없는 과거의 사건과 관계의 새로운 판본 또는 재판으로 간주했다. 이는 전이를 다룰 때 진정으로 극히 유용한 태도이다. 그러나 사람들은, 프로이트가 자신을 역전이로부터 보호하면서 자신의 감정적 반응 –환자의 재료와 행위에 대한 감정적 반응– 을 아마도 또한 일정 정도 검토할 수 있도록 해주었을 재료들에 대해 초연한 태도를 취했다고 생각하고 싶어 할 것이다. 역전이라고 꼭 집어 말할 수 있는 경우는 많지 않다. 프로이트가 쥐인간에게 차려준 청어 요리는 정신분석 테크닉에 대한 위반이 아니었던 것 같다. 당시에 프로이트는 환자에게 아주 규칙적으로 그렇게 했기 때문이다. 당시에는 아직 역전이 개념이 존재하지 않았음을 우리는 기억해야 한다. 그 개념은 나중에, 즉 프로이트가 1915년경 분석가의 한계에 대해 알게 되었다고 보고했던 때에 생겨났다. 즉, 분석가들이 자기 자신의 콤플렉스에 대한 지각에 의해, 그리고 그로 인해 생겨나는 역전이에 의해 제한받는다고 보고했을 때 말이다. 다른 한편으로 그는, 자신이 테크닉의 위반 또는 작업에서의 실수라고 규정한 것들을 보았을 때 [당혹감을 느꼈다], 예를 들면 그가 수집한 어떤 재료들이 실제적으로 쥐인간에게 속하는 것인지 아니면 다른 환자로부터 나온 것인지 불확실하다고 느꼈을 때 당혹감을 느꼈다.

프로이트가 전이를 어떻게 사용했는지는 조금 불명확하다. 우리는 그가 전이를 다루었던 실제적 방식으로부터, 이미 언급했듯이 전이가 과거 경험의 반복이라는 것 외에는 [전이에 대한] 그의 태도에 관한 다른 관점을 도출할 수 없다. 그가 전이로부터 정보를 도출했음은 분명하다. 즉, 그가 환자의 연상과 회고에서 얻은 통상적 재료에서 이미 도출하고 있는 정보들을 확증해주거나 논박하는 정보 말이다. 또한 사람들은 그가 재구성에 관해 매우 특별한 확증의 느낌을 끌어냈을 것이라고 느낀다. 한스의 병이 프로이트에게 유아 신경증의 존재에 관한 특별한 확증을 주었던 것과 동일한 의미에서 말이다(이전에[이미] 프로이트는 성인 신경증 환자의 재료를 재구성함으로써 유아 신경증에 관한 이론을 도출했었다). 그는 전이가 그 자체로 특별한 과정을 따른다고 생각하지 않았고, 전이를 그 자체로 추적하지 않은 듯하다. 아마도 그는 그것을 주로 전이 저항으로 다루었으며, 전이가 모두 진행되도록 허락했던 것 같다. 동시에 그것의 내용을 이전의 재료와 연결시키면서 말이다.

이와 유사하게, 그가 쥐인간이 자신에게 가져온 많은 꿈을 거의 다루지 않았음을 안다면 사람들은 실망할 것이다. 그가 몇 년 후에 늑대인간의 꿈에 대해 가졌던, 거의 강박적인 관심 같은 것은 없다. 그리고 그가 꿈에 대해 보였던 분석적 주목은 자신이 기술했던 체계적인 조각그림 퍼즐과 전혀 닮지 않았다. 눈에 똥이 있는 프로이트의 딸에 관한 꿈, 또는 일본도Japanese swords에 관한 꿈에 대한 논평들은 특별히 상상력이 풍부하거나 통찰력이 있다고 느껴지지 않는다.

치료 방법(론)의 관점에서 볼 때 프로이트는 여전히 증상의 역사와 증상의 무의식적 의미를 해명하는 노선을 주로 따르고 있었던 것 같다. 그는 쥐에 의한 처벌에 관한 주요 강박 증상들을 해결했다고 약간의 자부심을 갖고 주장한다. 치료실에서 이루어진 프로이트의 작업이라는 관점에서 보면, 사람들은 그가 자신의 머릿속에 보존할 수 있었던 것처럼 보이는, 단편적이고 이해할 수 없는 재료의 양이 엄청났다는 것에 놀라지 않을 수 없다. 논문을 읽기 전에 메모들을 읽으면(사람들이 그렇게 하는 경우는 거의 없지만), 의심의 여지 없이 재료들이 엄청나게 복잡하다는 것을 경험할 것이며, 그후 프로이트가 논문을 통해 어떻게 그 재료들을 정리하는지를 알게 되면 매우 놀랄 것이다. 그의 논문에서 다루어지지 않은 메모는 거의 없다고 나는 감히 말하고자 한다. 기술적記述的 부분이 아니라면 나중의 이론적 부분에서 말이다. 이는 우리가 소유하고 있는 메모의 분량이 거의 논문 전체와 맞먹는다는 점을 고려할 때 아주 놀라운 일이다. 이것이 프로이트가 가진 천재성의 특별한 측면이라고 사람들은 생각할 수 있을 것이다. 그는 그렇게 많은 분산된 정보를 자신의 머릿속으로 집어 넣고, 그것들이 점차적으로, 아주 점차적으로 머릿속에서 조직되도록 허락할 수 있었다. 이는 우리가 프로이트에 대해 일반적으로 알고 있는 이미지와는 상당히 다를 것이다. 우리는 그가 사물들을 고도로 조직화해서 머릿속에 보존하며, 항상 자신의 이론에 대한 확증을 찾는 사람이라고 생각해왔다. 아마도 쥐인간 사례의 커다란 장점은, 그의 저작 대부분에서 볼 수 없는 프로이트의 한 측면을 우리에게 보여준다는 것이다. 즉, 프로이트는 현상학자라는 것이다. 나는 성격과 성격 구조에 대한 프로이트의 관찰이 매우 상세하고 꼼꼼하다는 것에 사람들이 경탄을 금할 수 없을 것이라고 생각한다. 나는 대부분의 독자들이 오히려 사건과 장면에 대한 너무 긴 설명 때문에 지루함을 느낄 것이라고 생각한다. 그러나 프로이트는 관심사를 정리하고, 모든 세부 사항을 정확히 파악하여 지도를 그렸고, 3.8 크로네를 갚아야 하는 이 비범한 사건에서 표출되는 것이 무엇인지 정확히 알고 있었다.

우리는 그가 사례의 역사적 사건들뿐만 아니라 치료실에서 일어나는 현상들, 즉 언어 사용과 환자의 행동에도 정밀하게 주목할 수 있었다는 것을 본다. 예를 들면 그는 환자가 어머니와의 동일화 상태에 있었음을 즉시 인식할 수 있었다. 그는 기분의 변화, 그리고 쥐인간이 망각한 감정을 파악할 수 있었다. 우리는 이 젊은이의 성욕과 성적 행동, 환상뿐만 아니라 여자들과의 관계에 대해서도 프로이트가 [도덕적으로] 판단하지 않는 태도에 커다란 인상을 받는다. 우리는 프로이트의 반감이 아마도 분열되었을 것이라고 생각하고 싶다. 예를 들면 그가 쥐인간이 아닌 다른 환자의 재료에서 취한 예를 제시하는 것에서 볼 수 있듯이 말이다(그는 이 사람이 종종 친구들의 아이들을 시골로 데리고 갔다가, 기차로 돌아오기에 너무 늦었을 때는 호텔에 머물렀고 소녀들에게 자위행위를 시켰다고 보고한다. 프로이트가 그에게 그것이 위험한 일이라고 생각하지 않느냐고 물어보았을 때 그는 화를 냈다). 프로이트는 이 남자의 행동에 충격을 받았고, 그가 분석을 그만두고 다시 오지 않아도 섭섭해하지 않았다는 것은 분명한 일이다. 그러나 이와 비슷하게 프로이트가 쥐인간이 [어렸을 때] 자신의 옷을 만들어주는 여자들에게 했던 행동 때문에, 그리고 아마도 특히 어린 시절에 옷을 만들어주던 여자, 즉 그와 잠재적 관계가 있었던 여자의 자살에 대해 아무런 감정을 느끼지 않았다는 사실 때문에 약간 충격을 받았을 것이라고 우리는 생각할 수 있다. 그러나 프로이트는 임상적 초연함을 통해 이러한 느낌을 억제했다.

전체적으로, 프로이트는 쥐인간을 아주 좋아했던 것 같다(나로서는 그가 특별히 좋아할 만한 사람은 아니지만). 프로이트가 분열 개념을 사용하고, 그를 세 개의 다른 인격으로 구성된 것으로 본 것이 프로이트로 하여금 그를 좋아할 수 있도록 도왔을 것이다(그는 그를 붙임성 있는 사람이라고 불렀다). 여기에서 그는 정신병리학의 본질을 설명하는 방법으로서 인성의 분열이라는 개념을 사용하지만, 「방어에 봉사하는 자아의 분열」이라는 논문을 쓰기까지, 즉 정신 건강의 문제와 관련해 이 과정[인성의 분열]에 관심을 갖기까지 다시 25년이 필요했다는 점을 주목하는 것은 흥미로운 일이다. 이것이 프로이트가 얼마만큼 정신병리학자였는지, 그리고 자신의 경력에서 정신 건강이라는 신비로운 과정에 관심을 갖는 것이 얼마나 늦었는지를 보여주는 하나의 예이다. 전체로서의 인간에 관심을 보였다고 간주되는, 아마도 최초의 저작인 레오나르도에 관한 논문에서도 프로이트는 레오나르도의 창조성에 관심을 가졌다. 비범하게 섬세한 성격을 갖고 있는 정신 건강의 증거로서가 아니라, 승화를 통해 유용한 사회적 통로로 방향이 돌려진 특수한 유형의 정신병리학적 표현으로서의 창조성 말이다.

쥐인간에 대한 프로이트의 이론적 요약은 탁월하고 멋지게 조직되어 있다. 가장 중요한 역사적 이정표는 양가감정 개념, 즉 그가 블로일러로부터 빌려왔다고 말하는 용어의 확립이다. 쥐인간에서 처음으로 그는 신경증의 가능한 근거로서 사랑과 미움의 갈등을 명확하게 인식했다. 이것은 수용 불가능한 관념들, 예를 들면 최초의 초점인 외부 세계와의 갈등을 항상 함축하는 관념들이라는 개념과는 아주 다른 것이다. 어린 한스 속에서 표현된 거세 불안조차도 외부 세계에 뿌리 박고 있다. 부모에 의한 실제적인 거세 위협이 아니라면, 그것은 아이들의 성 차이에 대한 지각에 뿌리 박고 있다. 여동생이 '꼬추'를 갖고 있지 않다는 한스의 지각 말이다. 그렇게 본다면, 쥐인간에 관한 이 논문은 내적 갈등, 즉 단순히 발달 과정 속에 존재하는 것이 아니라 내적 기원을 갖는 갈등을 인정함에 있어 커다란 발걸음을 내딛은 논문이다.

프로이트의 저작들 중 어디에서보다 더 명확하게 여기에서 논의된 두 번째 이정표는 전능성의 인식이다. 프로이트는 그것을 소망의 전능성으로 기술한다. 그것은 왜 그가 소망을 그토록 중요한 꿈의 요인으로 보았는지 설명해주는 단서를 제공한다. 여기에서 그는 언어의 생략적 사용에 대해 탁월하게 기술한다. 그리고 우리는 그가 소망, 특히 전능한 소망은 욕망이라는 것, 그리고 이 욕망은 초기 상태에서 성취로 도약하는 것을 의미한다는 것을 파악할 수 있다. 그가 여기에서 그 개념을 사용하는 방식은 조금 실망스럽다고 말할 수 있다. 그는 단지, 환자가 자신의 전능성에 대해 두려움을 느끼는 한에서만 그 개념에 중요성을 부여하기 때문이다. 이는 만약 환자가 자신의 전능성에 대해 두려움을 느끼지 않는다면 그것이 그의 정신병리에서 아무런 역할을 행하지 않음을 함축하는 것 같다. 다른 한편으로 그는 전능성을 유아의 발달과 연결시키고, 그것을 그가 아동기의 과대망상이라고 불렀던 것과 직접적으로 연결시킨다. 나는 그가 전능성과 과대망상에 어떤 차이를 부여하고자 하는지 전혀 분명하지 않다고 말할 수밖에 없다. 강박적 의심에 대한 그의 위대한 분석은 아마도 강박성에 대해 기술되었던 것 중 가장 섬세한 것이라고 말할 수 있을 것이다. 의심은 원초적인 양가감정에 뿌리를 갖고 있다는 프로이트의 깨달음, 그리고 그가 제시하는 정식, 즉 자신의 사랑을 의심하는 사람은 반드시 모든 사소한 것을 의심한다는 정식은 탁월할 뿐만 아니라 시적이다. 이 논문에서 그는 아직 초기의 정식화, 즉 강박증은 아동기의 수동적인 성적 경험이라기보다는 능동적인 성적 경험에 뿌리를 갖고 있다는 정식화를 버리지 않았음이 분명하다. 그러나 우리는 그가 [강박증의] 성애eroticism를 항문성애로 위치시키고, 그것을 사디즘적·관음증적·노출증적 충동자극과 연결시키기를 선호한다는 것에서 볼 수 있듯이, 그러한 정식화가 상당히 약화되었음을 볼 수 있다.

따라서 우리는 프로이트가 이 지점에서 강박증뿐만 아니라 정신적 삶 전체에 대해 더 복잡한 견해를 갖게 되었다고 말할 수 있을 것이다. 이러한 맥락에서 또한 우리는, 쥐인간의 성격에 대한 그의 검토가 매우 중요한 진전으로, 그리고 나중의 논문들 – 예를 들면 항문성애에 관한 논문, 분석을 통해 발견한 성격 유형들에 관한 논문, 그리고 늑대인간의 성격에 관한 탐구 – 에서 행해지게 될 성격에 대한 검토의 전주곡으로 우리에게 인상적으로 다가온다고 말할 수 있을 것이다. 그는 매우 흥미로운 방식으로 죽음, 미신, 종교에 대한 강박증 환자의 태도에 관해 기술한다. 프로이트의 임상적 사고의 발달이라는 관점에서 볼 때 이 사례 연구에서 이루어진 진전 중 하나가, 아동이라는 개념이 『성욕에 관한 세 논문』에서는 앙상한 뼈대만 있었다면 여기에서는 살이 붙기 시작했다는 점이라고 우리가 말하는 것은 타당한 일일 것이다.

동일화 과정의 중요성에 대한 프로이드의 인식, 인성의 분열에 대한 인식, 사랑과 미움의 갈등과 유아의 환상 속에서의 전능성의 역할에 대해 알게 된 것, 이 모든 것이 쥐인간이 받았던 명령들과 관련해 사고의 복잡성과 풍부함에서의 진전이 일어났음을 보여준다. 이러한 명령 중 몇몇은, 예를 들면 자신의 목을 베라는 명령 또는 노파를 죽이라는 명령처럼 위험할 정도로 파괴적이거나 자기 파괴적이다. (비록 프로이트가 명시적으로 말하지는 않았지만) 나는 그가 이러한 명령들이 깊이 무의식적인, 그리고 매우 잔인한 쥐인간의 인성 부분에서 유래한다고 생각했다는 인상을 받았다. 그리고 그것들은 두 개의 전의식적인 인성 중 하나, 즉 다형적으로 도착적인 부분을 향하고 있다고 그가 생각한다는 인상을 받았다. 나는 나중의 그의 사고 발달에서 그가 이러한 명령들이 엄격한 초자아에서 유래하는 것으로 간주했을 것이라고 생각한다. 이는 그를 따르는 작업자들을 엄청나게 훈련시켰던 그의 후기 사고의 주요 문제 중 하나인 것처럼 보인다. 나르시시즘적 현상들과, 초자아에서의 사디즘 또는 엄격함을 혼동한 것은 오늘날에도 결코 해결되지 못한 하나의 문제이다.

끝으로, 이 논문에서 표현된, 신경증 발생에서의 자위행위의 역할에 대한 프로이트의 견해에 대해 살펴보자. 그것은 방어 신경정신병defense neuropsychoses에 관한, 또는 히스테리의 원인에 관한 초기의 논문에서 표현된 것과 다르다고 우리는 말할 수 있다. 우리는 프로이트가 초기에는 자위행위의 역할에 대해 상대적으로 양성적인benign 견해를 취했으며, 자위행위의 부재가 리비도 정체停滯를 결정짓고 그것이 이러한 리비도 정체를 증상과 불안으로 전환하도록 만드는 중요한 요인으로 보았다는 인상을 받는다. 그러나 『쥐인간 사례』에서 그는 더욱 명확하게 자위행위가 쥐인간의 삶의 과정에 몇몇 나쁜 영향을 미친다고 보았던 것 같다. 그것이 어떻게 작동하는지는 전혀 분명하지 않지만 말이다. 나는 프로이트가 성행위의 대체물로서 자위행위는 부적절하고, 어떻게든 불만족스럽게 느껴진다고 생각했다는 인상을 받는다. 그러나 또한 자위행위가 쥐인간을 아버지에 대한 기억과의 갈등에 빠뜨린다는 암시가 존재한다. 쥐인간이 아버지가 바깥에서 문을 두드리고 있다고 느꼈음을 보여주는 특수한 재료에서 알 수 있듯이 말이다. 아버지를 위해 문을 연 후, 그는 집안으로 다시 들어가 거울을 통해 자신의 성기를 본다. 프로이트는 이것을 자위행위의 대체물로 간주한다. 그렇다면 자위행위가 아동을 내적 권위(아버지)와 갈등에 빠지게 한다는 견해가 등장했다고 할 수 있으며, 이러한 방식으로 이 견해는 거세불안과 신경증적 갈등을 촉진함에 있어 초자아가 행하는 역할에 대한 프로이트의 나중 견해의 전주곡이 된다.

요약해보자. 그렇다면 쥐인간 사례는 여러 방향에서 프로이트의 작업에 커다란 진전을 의미한다. 테크닉의 관점에서 우리는 환자와의 작업이, 환자의 병력 재구성에서 발생하는 특수한 수수께끼들을 해결하기 위해 자신의 관심사를 추구하는 것이라기보다는 재료를 따라가는 데 아주 몰두하게 되었음을 본다. 그는 전이 현상을 어느 정도 사용하고 있는 것처럼 보인다. 그가 전이를 저항으로서만 다루는지, 또는 전이로부터 중요한 재료를 수집하기 위해서도 그것을 사용하는지 아주 분명하지는 않지만 말이다. 나는 그가 이러한 전이 경험들이 치료 과정에서 몇몇 역할을 행한다고 보았다는 인상을 갖고 있다. 현상학적 관점에서 우리는 정신적 현상들에 대한 프로이트의 주목이 『심리학 초안』에서 표현된 유형의 선입관에 의해 상대적으로 덜 방해받고 있으며, 이제 크게 진전했음을 본다. 이 논문의 딱 한 지점에서 그는 현상학적 절차에서 벗어나 광범위한 일반화로 뛰어든다. 그것은 인간의 계통 발생에서 후각이 행하는 역할, 그리고 신경증 발생에서 성욕의 중요한 역할에 대해 논의하는 부분이다. 여기에서 우리는 후각에 대한 이러한 방식의 이론화가 과거의 플리스와의 관계, 즉 [쥐인간 사례를 집필하던] 그 시기(1909년)에 완전히 단절되었던 플리스와의 관계에 연결되어 있다는 점을 상기할 수 있다. 이 논문의 이론적 부분이라고 불리는 것들은 실제로 매우 현상학적이며, 무의식적 관점에서 아주 명료하게 환자의 증상과 성격 구조의 의미를 추적한다. 따라서 『쥐인간 사례』는 존재하는 이론들을 설명하고 증명하는 성격을 더 많이 갖는 다른 사례 연구들보다 훨씬 더(그리고 이와 대조적으로) 연구적 성격을 갖는 논문이다.

| 7장 |

레오나르도 논문(나르시시즘)

이제 우리는 1910년에 도달했다. 이 장에서 나는 레오나르도 사례에 대해 이야기하면서 시간을 보내고자 한다. 그것은 내가 항상 싫어했던 논문이다. 여러 번 그것을 다시 읽은 후에는 더 좋게 생각하게 되었지만 말이다. 내가 처음에 이 논문에 반대했던 것은 그것이 정신분석에서 아주 나쁜 전통의 시초가 되었다는 이유에서였다. 프로이트는 그것을 '정신병리적 전기psycho-pathography', 즉 위대한 인물들에 대한 정신병리학의 탐구라고 부른다. 우리가 그것을 그러한 관점에서 본다면, 이는 상당히 불쾌한 것이다. 비록 나는 그가 레오나르도에 관해 말하는 대부분의 것들이 아마도 상당히 옳으며, 어떤 의미에서는 계몽적이라고 믿고 있지만, 나는 그것들에 도달하기 위해 정신분석적 통찰력이 필요하다고 생각하지 않는다. 특히 정신분석적 측면은, 꼬리를 아기 레오나르도의 입에 넣는 새, 새의 비행에 대한 몰두, 비행 기계flying machine, '성처녀 안나' 속에 있다고 가정되는 숨겨진 독수리와 이와 비슷한 재료 등에 관한 부분이다. 그러나 이 저작은 좋지 않으며, 내 생각에는 심지어 흥미롭지도 않다. 따라서 나는 이 논문의 이러한 병리적 전기 부분을 제쳐놓기를 원한다. 이 부분은 프로이트가 썼던 이러한 유형의 유일한 글이며, 이 부분에 대해 그는 여러 면에서 변명했고 끝부분에서 스스로 그것으로부터 거리를 유지한다. 그러나 우리는 이것이 역사적으로 중요한 논문임을 기억해야 한다. 이것은 정신분석적 저술의 극히 나쁜 전통, 즉 전이라는 정신분석적 세팅의 바깥에서 소위 정신분석적 방법을 통해 위대한 인물의 개인적 삶을 조사하는 나쁜 전통의 시작이다. 나는 그것이 따분하며, 특히 예술에 대한 정신분석의 관계에 아마도 상당한 해를 깨쳤을 것이라고 생각한다. 주로 예술가와 작가들 – 그리고 어느 정도로는 정치가와 역사적 인물 – 이 그런 취급을 받는 사람들이기 때문이다.

이제 나는 프로이트와 레오나르도의 중요한 연결점에 대해, 그리고 어떤 방식으로 이 논문이 자전적 저작인지에 대해 고찰하고자 한다. 그것은 내가 처음부터 이야기해왔던 분열, 즉 이론가와 임상가 간의 분열과 관련된다는 점에서 자전적이다. 내가 강조했듯이 프로이트 속의 임상가는 진정으로 작업하는 예술가이다. 그는 생애의 여러 지점에서 자신이 예술적 또는 시적이라고, '소설을 쓰고 있다'고 스스로를 비난했다. 이 논문에 대해서도 그는 자신이 레오나르도에 대해 정신분석 소설을 쓰고 있다고 말했고, 이는 아마도 옳은 말일 것이다. 그러나 그가 작업을 시작하던 초기와는 달리, 생애의 이 시기에는 예술, 상상력, 직관일 뿐이라는 비난을 받는다고 해도 그는 걱정하지 않았다고 나는 생각한다. 이러한 점에서 우리는 서로 상당히 구분되는 세 명의 프로이트가 있음을 볼 수 있다. 예술가-임상가 프로이트, 상당히 강박적 이론가이며 귀납적 이론이라고 간주되는 사변적 체계의 건설자 프로이트, 그리고 세 번째로 정치적 지도자인 모세 형상의 프로이트가 있다. 정신분석 운동을 창시하고 그것을 의학에서 계속 분리해 유지하며, 동시에 의학으로부터 상당한 명예와 존경을 얻는 것에 관심 있으며, 정신분석이 유대교 학문이 되지 않도록 애쓸 뿐만 아니라 동시에 기독교를 엄청나게 공격하는(이 논문과 나중의 논문들에서 볼 수 있듯이 심지어 더 맹렬하게 공격하는) 프로이트 말이다. 그는 자신의 저작들에서 반복적으로 비판했던 아들러나 융 같은 일탈자를 당 노선에서 내쫓은 유형의 정치적 지도자이다. 이 세 명의 아주 다른 프로이트의 모습 중 진정으로 사랑스러운 유형은, 내 생각에는 임상가 프로이트이다. 이에 대해 나는 논의하고자 한다.

이 논문을 다시 읽으면서, 마지막 부분에서 모나리자를 그릴 때의 레오나르도가 삶의 '정점'에 있다고 [프로이트가 기술했음을], 레오나르도가 50대 초반 – 이는 프로이트가 이 논문을 썼던 나이(54세)와 비슷하다 – 에 그[프로이트]가 '갱신된 성적 충동'이라고 불렀던 것을 갖고 있다고 프로이트가 기술했음을 내가 다시 발견한 것이 나를 기쁘게 했다. 나르시시즘 개념이 처음으로 전개된 것은 바로 이 레오나르도 논문에서였다. 더욱이 나는 레오나르도 논문이 프로이트에게 새로운 태도가 시작된, 즉 정신분석을 전체로서의 인간과 전체 삶을 탐구하는 어떤 것으로 간주하게 된 새로운 태도가 시작된 논문이라고 믿는다. 이러한 관점에서 볼 때 병리적 전기 – 전체 인간과 그의 전체 삶을 기술하려는 시도 – 는 진정으로 프로이트의 중요한 노력이다. 따라서 나는 이 논문을 사례 보고서에 속하는 작업으로 간주하고 싶다. 이 논문이 이 분석 세팅 바깥에 있는 재료를 사용한다는 점에서 파생적이고, 따라서 『슈레버 사례』와 같은 범주에 속하지만 말이다. 이는 치료실 내부의 임상 작업이 아니라 임상적 사고이다. 그리고 자료는 저작물(주로 레오나르도의 메모와 그림)로부터 나왔다. 프로이트는 다른 사람들 – 예를 들면 『생애』를 쓴 바사리 – 이 레오나르도의 그림들에 대해 말한 것을 고려하면서 그의 삶을 탐구한다. 이는 정신분석적 사고를 어떤 유형의 자료에 적용한 것이다. 그리고 그러한 단편들로부터 한 사람의 생애를 이끌어내기 위해 노력하는 것은, 정신분석이 수년, 수천 시간 동안 환자의 말을 경청해야 한다는 점을 고려한다면 너무 야심적인 작업이라고 우리는 당연히 생각하지 않을 수 없다. 그러나 (정신분석적인 병리적 전기와 대립되는) 정신분석적 전기라는 개념 그 자체는 나쁜 것이 아니다. 그것은 정신분석적 사유에 새로운 차원을 제공한다. 내가 말하듯이 그것이 정신분석적 학문에 적용된다면 나는 그것을 좋아하지 않는다. 나는 그것이 옳지 않으며, 정신분석적 예술 비평의 전통을 포함하는 나쁜 전통을 만들어냈다고 생각한다. 이는 예술의 내용에 너무 많이 주목하며, 더 중요한 형식적 측면에는 충분히 주목하지 않는다. 정신분석은 이러한 형식적 측면에 접근할 수 있는 위치에 있지 않다.

따라서 우리가 이 논문을, 정신분석을 전체 인간과 그의 전체 삶을 이해하고자 노력하는 과학으로 간주하고자 하는 프로이트의 시도로 본다면, 그리고 프로이트가 레오나르도를 선택함으로써 자기 자신과 관련해 자신을 아주 당황케 하는 어떤 것을 보고 있다는 것을 우리가 인식한다면 – 즉, 탐구자 또는 그가 '신대륙 정복자'라고 불렀던 것과 예술가 사이의 분열을 인식한다면—, 우리는 매우 중요한 방향으로 나아가게 될 것이다. 우리는 이 논문의 가장 중요한 두 측면을 만날 것이다. 첫째는 지식 추구와 감정의 관계에 관한 노력이다. 이는 멜라니 클라인의 작업을 이해하기 위해 매우 중요한 요점이다. 이를 준비하기 위해 나는 호기심과 지식 추구[와 관련된], 그리고 그것과 감정의 관계, 특히 그것과 사랑 및 증오의 관계와 관련된 이 마지막 요점을 탐구하면서 약간의 시간을 할애하고자 한다. 이 장의 끝부분에서 나는 두 번째의 흥미로운 특징 —즉, 프로이트의 초기의, 그리고 어떤 의미에서는 레오나르도 논문에서도 체화되어 있는 나르시시즘에 관한, 조야한 정식화— 에 대해 논의할 것이다.

프로이트는 전혀 증거가 존재하지 않는다고 내가 생각하는 어떤 것에 크게 주목한다. 즉, 레오나르도는 성 관계가 없는 삶을 살았다는 것이다. 모든 증거는 그가 동성애적이었음을 암시하는 것같다. 그는 이러한 이유로 심지어 고발당했고 재판을 받았다. 무죄 판결을 받기는 했지만 말이다. 그리고 일생 동안 그는 자신이 명백히 사랑했던 아름다운 소년들에 둘러싸여 있었다. 그의 일기를 읽는다면 여러분은 그가 그들을 사랑했을 뿐만 아니라 그들에게 믿을 수 없으리만큼 인내심을 보였다는 것을 알게 될 것이다. 바로 그것이 프로이트가 언급하는 요점이다. 열 살이거나 열한 살쯤 된 성가신 소년이 있었다. 그는 레오나르도의 작업실에서 손에 쥘 수 있는 모든 것을 훔치곤 했다. 레오나르도는 항상 그를 난관에서 구해주었고 그에게 셔츠, 재료, 재킷 등을 사주었다. 나는 레오나르도의 동시대 사람들이 그를 동성애자라고 생각했다고 믿는다. 동성애는 당시 불법이었지만, 사실 사회적으로 크게 유해한 것은 아니었다. 예를 들면 나중의 유명한 화가 중 한 사람은 잘 알려진 남색자sodomite였기 때문에 소도마라는 별명을 얻었다.

감정적으로 손상된 레오나르도의 성생활이 그의 과학자-탐구자적 성격과 관련 있으며 아동들의 성적 호기심과 성적 탐구에 연결된다고 간주하는, 프로이트가 강조하는 가정은 내 생각에는 불합리하다. 프로이트는, 사랑이 지식 아래에 포섭될 필요성이 있다(비온 박사가 언급한 바 있는 요점)는 레오나르드의 말이 정말로 사랑이 지식 아래에 **포섭되어야 한다**는 것을 의미한다고 [가정하는 것 같다], 그리고 (대상의 '진정한' 속성 때문에 그것을 사랑할 수 있기 위해서는) 그 대상을 철저하게 이해하기 전에 그것을 사랑해서는 안 된다는 것을 의미한다고 가정하는 것 같다. 우리가 아는 한, 레오나르도가 실제로 이러한 방식으로 살았음을 지지해주는, 또는 자신의 제한된 이론 속에서 살아갈 수 있었음을 지지해주는 증거는 전혀 존재하지 않는다. 예술가로서의 삶을 사는 동안 그의 반목과 친밀감이 미켈란젤로의 그것들만큼 열정적이지 않았다고 가정할 만한 이유는 존재하지 않는다. 그리고 이 두 사람이 서로에 대해 증오심을 갖고 있었다는 것을 의심했던 동시대의 사람들은 없었다는 것은 확실하다. 미켈란젤로는 이에 대해 말을 많이 했고, 레오나르도는 차갑고 초연했지만 말이다.

프로이트는 여기에서 매우 중요한 한 걸음을 내딛는다. 어떤 대상의 진정한 속성들에 대한 앎으로부터 생겨나는 유형의 사랑(진정한 속성들을 알기 때문에 사랑함)과, 인간 관계에 사실상 동반되는 갈등의 감정을 구분하고자 한다는 점에서 말이다. 후자에 대해 설명하면서 그는 그것들을 충동과 연결시킨다. 이로써 그가 의미하는 것은 유아의 성욕과 연결되어 있는 감정들, 즉 사랑과 증오라고 우리는 가정한다. 이 지점에서 그가 구분하지 않는 것은 지식에 대한 갈망(즉, 진리를 알고자 하는 욕망)과 호기심이다. 따라서 그는 이를 레오나르도에 관한 연구과 연결시킬 때, 모든 것에 대한 레오나르도의 끝없는 호기심 – 그의 노트에서 명확히 볼 수 있듯이 이 호기심은 연금술, 마술, 강령술, 그리고 모든 종류의 검은 마술을 포함하고 있다. 이에 대해서 프로이트 거의 언급하지 않았다 – 과 지식에 대한 진정한 갈망을 구분하지 않는다. 레오나르도는 지식에 대한 갈망과 유아적 호기심을 구분하지 않는 사람이었음이 분명해 보이기 때문이다. 그에게서는 지식에 대한 갈망과 유아적 호기심이 장난감에 대한 유아적 몰두와 자유분방하게 공존했고, 모든 종류의 농담과 놀라운 불꽃 제조술이 가장 진지한 과학적인 탐구 및 예술 작업과 공존했다.

프로이트가 레오나르도의 유아적 호기심과 가장 성숙한 위대한 업적들을 구분할 필요를 느끼지 못한 이유(이것들은 항상 서로 혼합되어 있었다)는, 이러한 구분이 프로이트 자신의 머릿속에 존재하지 않았기 때문이다. 따라서 성에 관한 아이들의 호기심에 대한 그의 태도는 한편으로는 적대적인 침입과, 다른 한편으로는 진리를 알며 이해하고자 하는 욕망을 구분하는 태도가 결코 아니다. 아동들의 성욕과 성적 탐구에 관한 부록(『성욕에 관한 세 논문』 부록)이 쓰여진 것은 바로 이 시기였다. 그러나 그가 그것들을 '성적 탐구'라고 불렀다는 바로 그 사실이 그것들에 존엄성 – 그가 아동들의 파괴적이고 침입적인 호기심과, 세계의 본질을 알고 이해하고자 하는 경외심을 불러일으키는 욕망을 구분하지 않았음을 암시하는 존엄성 – 을 부여한다. 이는 부분적으로는, 프로이트가 이러한 호기심이 세 살 무렵에 생겨난다고 보았다는 사실에 기인한다. 따라서 그는 그것을 다음 아기의 출생 또는 임신과 연결시킨다. 그리고 그것을, 어린 남자아이(어린 여자아이는 망각되었다)가 여동생이 남근을 갖고 있지 않다는 것을 보게 되면 거세 불안으로 내몰린다는 자신의 이론과 연결시킨다. 이것이 아이로 하여금 무엇보다도 내적 세계에 관해 무언가를 발견하도록 추동하며, 둘째로는 잠재기가 시작되면서 호기심과 지식 욕망이 약화된 아이는 무언가를 알아내려는 시도를 포기한다. 하지만 나는 프로이트가 이에 대한 아무런 증거도 갖고 있지 않다고 생각한다. 그는 한스 사례로 되돌아가려는 경향을 보인다. 그러나 한스의 탐구는 세 살이 되기 훨씬 전부터 시작되었다는 증거가 존재한다고 나는 생각한다. 어린 한스가 객실에서 여동생과 함께 있었던 것에 관해, 그리고 황새 상자에 관해 이야기했던 모든 것은 여동생이 출생하기 훨씬 이전의 환상을 포함하는데, 어느 정도는 회고적인 환상일 것이다. 이러한 것들은 그가 삶의 초기에 관찰했던 것들을 나중의 경험에 근거하여 설명하고자 노력하는 것이라고 할 수 있다.

우리는 늑대인간에 관한 논문에 도달한다. 그 지점에서 우리는 프로이트 자신이 회고적 호기심이라는 개념을 제시하고 있음을 본다. 증거를 바탕으로 그는 늑대인간이 한 살 반 때 관찰했고, 네 살이 되어서야 비로소 회고적으로 이해하기 시작했다고 해석한다. 그리고 유명한 '늑대' 꿈은 그가 한 살 반 때, 그리고 어쩌면 6개월 때 또는 늦어도 두 살 반 때 관찰했던 어떤 것을 이해하기 위한 시도였다고 해석한다. 이렇듯 프로이트는 아동들이 아주 어린 나이에, 계속적으로 그들을 당황케 하는 것들을 관찰한다는 것, 그리고 후에 그들은 다른 관찰을 행하고 이로써 더 이른 시기에 생겨난 수수께끼들을 해결하기 위해 되돌아간다는 것을 인정한다. 이 지점(1910년)에서의 프로이트의 이론에 따르면, 아동은 아기들이 어디에서 오는가에 대해 호기심을 갖고 있으며, 그러한 호기심은 어머니의 다음 임신 때까지는 생겨나지 않는다고(또는 어머니의 임신이 없다면, 아이는 프로이트가 제시하지 않은 어떤 이유로 임신을 예상한다고) [우리는 여전히 가정할 수 있다], 따라서 아이는 일차적으로 질투심에 의해 이끌린다고 우리는 여전히 가정할 수 있다. 프로이트에 따르면, 다음 아기의 출생에 대한 분노(엄마로부터의 축출), 성 차이에 관한 발견(남자아이의 경우 여동생의 성기를 본 후 분노와 더불어 거세 불안이 생겨난다)이 호기심을 발생시킨다. 달리 말하면 그것은 불안과 적대감에 의해 질투심, 분노, 거세 불안, 새로운 아이 때문에 축출될지도 모른다는 불안 등에 의해 발생한다. 프로이트는 이러한 호기심이 근본적으로 불안과 증오에 의해 추동된다고 생각했던 것 같다. 따라서 호기심이, 진리를 발견하기를 원하는 쪽으로 아이를 추동한다고 그가 생각했다는 것은 아주 수수께끼 같은 일이다. 왜냐하면 그의 억압 이론 전체가, 진리를 알게 되는 것에 **대항해야** 할 필요성이 또는 대항하고자 하는 욕망이 존재한다는 가정에 근거하고 있기 때문이다(그의 꿈 형성 이론도 마찬가지다). 억압 이론은 주로 진리에 대한 일련의 왜곡에 관한 이론이다. 이에 따르면 기억은 망각되거나 (그것이 억압을 뚫고 등장하면) 왜곡된 형태로 등장한다. 따라서 전이는 다음을 의미한다. 전이란, 억압된 것이 진리가 아닌 왜곡된 형태로, 그러나 일정 정도 왜곡을 거쳤기 때문에 허용되는 왜곡된 형태로 되돌아오는 것이다. 따라서 그것은 또한 진리가 왜곡된다는 바로 그 이유로 의식

속으로 들어오는 꿈과도 같다. 어린아이의 호기심이, 진리의 발견에 봉사하는 '탐구'라고 불리는 것도 수수께끼 같은 일이다. 그는 동시에 불안과 분노, 오이디푸스 콤플렉스에 대한 모든 증오, 새로운 아기의 출생에 대한 두려움 등에 의해 호기심이 추동된다고 제안하기 때문이다.

멜라니 클라인이 사실상 분석적 논문이 아니라 아동 관찰에 관한 글인 첫 논문(1921)을 썼을 때 – 어떤 이유로, 아마도 철학 그리고 프로이트의 작업에 대해 알지 못한 이유로 그녀는 이 문제들에 대해 선입관 없이 시작했다 – 아동은 진리에 대한 갈망, 즉 우선 어머니의 몸에 관해 모두 알고 싶어 하는 욕망을 갖고 있다는 것을 관찰했다. 그녀는 이러한 지식에 대한 갈망의 근원은 충동이지만, 다른 충동에 의해서도 추동된다고 생각했다. 그것이 클라인과 프로이트의 작업 간의 가장 중요한 차이 중 하나이다. 즉, 그녀의 작업의 많은 부분이, 아동의 감정적·지적 성장은 어머니의 몸과 어머니에 대한 사랑과 증오의 갈등에 의해 추동된다는 관찰로부터 유래한다는 것이다. 그녀는 어떤 수준의 불안이 성장과 발달을 위해 필요하지만, 그것은 사랑에 의해 작동된다고 말한다. 그리고 이것이 우울적 위치의 토대이다. 대상에 대한 사랑, 대상에게 해를 끼치지 않고 모방하고 쾌락을 주고자 하는 소망이, 더 원초적인 수준 너머로 심리적 발달을 이끄는 원동력이다.

이 지점에서 내가 이에 대해 여러분을 주목시키는 것은 이것을, 프로이트의 지식에 관한 이론이라고 내가 생각하는 것과 비교하기 위해서이다. 지식에 관한 그의 이론은 광범위한 철학적 연구에 근거하지 않는다. 그는 과거의 인식 이론과 관련해 호기심 또는 지식에 대한 욕망에 관해 글을 쓰지 않는다. 그의 인식 이론은 순수하게 정신분석적이며, 내 생각에는 나쁜 이론이다. 그것은 정신적 작용에 관한 그의 사고의 다른 측면들과 조화되지 않는다.

이 논문에서 프로이트는 사랑에 관한 자신의 이론, 즉 사랑은 완전한 앎과 대상의 진정한 속성을 인식한 후에 펼쳐진다는 이론을 전개하기 위해 레오나르도에 대해 논의한다. 그러나 레오나르도의 경우에는 이런 일이 생겨나지 않았다고 주장한다. 반대로 사랑과 미움이 충동자극과 연결되어 있다고 그는 말한다. 프로이트는 자신의 작업에서, 정신 작용의 중심적 현상으로서의 정동에 관한 진정한 이론에 결코 도달하지 않았다는 점을 주목할 필요가 있다. 그는 정동을 충동적 삶의 부산물로 간주했을 뿐이다. 이 지점에서 그는 사랑과 증오에 대해 이야기하고 있으며, 그것들을 쥐인간 논문에서 다루었던 방식으로 다룬다. 그것들이 정신적 갈등의 핵심에 놓여 있다는 것이다. 그러나 그는 이러한 갈등이 본질적으로 서로 갈등 관계 속에 있는 사랑과 증오의 갈등이라고 생각하지 않는다. 그는 본질적으로 충동자극에 대해 사고하고 있다. 그것의 정동은 소음에 지나지 않는다. 이렇듯 이 점에서 그는 정동을, 정신 장치의 자극들의 다양한 수준에서 단순하게 표출되는 것으로 간주하는, 따라서 정동을 질적이기보다는 근본적으로 양적인 것으로 간주하는 자신의 초기의 경향에서 진정으로 크게 벗어나지 못했다. 그는 정동이 상이한 충동자극과 관련 있는 한에서 정동들을 구분할 수 있다는 것을, 그리고 정동이 말하자면 충동이 내걸고 있는 깃발이라는 것을 인식했다는 점에서 자신의 초기의 경향에서 조금 벗어났다. 정동들은 각각 다른 색

깔, 패턴, 그리고 다른 종류의 소음을 갖고 있다. 그러나 그는 그것들에 저마다의 지위를 부여하지 않았으며, 갈등을 본질적으로 감정적 갈등이라고 생각하지 않았다. 그것은 여전히 충동 갈등이며, 충동적 삶과 외부 세계 간의 갈등이다. 나는 프로이트 작업에서 다음과 같은 측면을 염두에 두는 것이 항상 중요하다고 생각한다. 그는 불안을 결코 정동으로 간주하지 않았으며, 처음에는 충동자극이 변형된 것으로, 그리고 후에는 신호로, 따라서 내적 유형의 정보로 보았다. 심지어 그가 정신적 고통에 대해 더 광범위하게 고찰하는 것으로 나아갔을 때조차도 그것은 [리비도] 점령 개념, 그리하여 자극의 과도한 증가와 연관 있었다. 이 모든 것은 프로이트가 레오나르도의 정동 억압에 대해 언급하고 그것을 그의 강박성과 그의 탐구 – 예를 들면 그가 얼굴 표정을 연구하기 위해, 매달려 고문받는 사람들을 보러 간 일 – 의 냉혹함과 연결시키는 곳인, 레오나르도 논문 첫 장의 한 작은 단락과 관련된 이야기이다. 더욱이 후에 프로이트는 레오나르도의 감정이 얼마나 억압되었는지, 또는 그가 자신의 감정에 대해 어느 정도로 알지 못했는지를 드러내기 위한 목적으로 모나리자나 성 안나의 얼굴 표정에 대해 논의하면서, 아주 설득력 없는 방식으로 자신의 논제를 기술한다. 예를 들면 레오나르도가 일기에 '7시'를 반복해 쓰면서 아버지의 죽음에 대해 보고하는데, 프로이트는 이러한 보고를 감정 억압의 증거로, 그리고 아버지의 죽음에 대한 느낌과 접촉이 없다는 증거로 사용한다. 내 생각에는 이는 매우 빈약한 정신분석적 증거이며, 아마도 이를 프로이트 속의 이론가가 증거와 재료에 대한 존중을 방해했다는 것을 보여주는 증거로 간주하는 편이 더 정확할 것이다. 논문의 이 부분은 그럼에도 다시 읽을 가치가 있다. 그것은 사랑에 대한 프로이트의 생각을 우리에게 알려주며, 승화에 관한 그의 지속적인 관념과 연결되어 있기 때문이다. 승화 이론이 다른 어느 곳에서보다 이 논문에서 더욱 명시적으로 확장된다고 말할 수 있을 것이다.

그러나 이 지점에서 나는 레오나르도의 동성애의 기원을 다루는 부분으로 되돌아가고자 한다. 프로이트는 그것을 잠재적인latent 동성애로, 동성애적 관계로 다룰 뿐 동성애적 활동으로 다루지 않는다. 여러분이 기억하듯이 프로이트는 '역전된 대상 선택'을 의미한다. 그리고 우리가 『성욕에 관한 세 논문』에서 볼 수 있듯이 그는 남자의 여성성과 남자의 동성애를 구분하지 않는다. 더욱이 프로이트가 레오나르도와 관련해 만들어내는 개념은 그가 동정생식적인adrogenous 어머니와, 또는 더 정확히 말하면 자웅동체적인 인물과 나르시시즘적으로 동일화한다는 개념이다.

프로이트가 제시하는 이론은 이렇다. 가난한 여자 농부가 낳은 사생아인 레오나르도는 처음 5년 간 어머니의 품에 안겨 입맞춤을 받으며 보냈다. 이에 대한 증거는 존재하지 않는다. 이러한 사실이 관계없는 것일지라도 우리는 그 점을 염두에 두어야 한다. 우리는 특수한 유형의 동성애의 기원에 관한 프로이트의 이론에 대해 이야기하고 있기 때문이다. 그는 레오나르도를 마치 이에 대한 적절한 사례인 것처럼 다루고 있지만, 우리는 그것을 레오나르도에게 진지하게 적용해서는 안 된다. 프로이트가 기술하는 것은 일생 동안 아버지가 없는, 또는 매우 약한 아버지를 가진 소년이다. 아버지는 한편으로는 약했기 때문에, 다른 한편으로는 어머니의 동정생식적인 힘과 능력 때문에 레오나르도의 생애에서 별다른 역할을 행하지 못한다. 어머니는 소년에게 전적으로 애정을 쏟았고, 만족을 주었으며, 성적으로 자극했고, 상호간의 강렬한 이상화를 촉진시켰다. 어떤 지점에서 이 소년은 어머니에 대해 성적 느낌을 갖기 시작했다. 그러나 이 지점에 이르기 전까지 이 소년은 그녀가 남근을 갖고 있지 않다는 생각을 하지 않았다. 그는 그녀가 남근을 갖고 있다고 가정하고 있었으며, 이러한 가정은 오이디푸스 콤플렉스가 아이들에게 영향을 미치는 것과 동일한 영향을 레오나르도에게 미쳤고, 거세 불안과 성욕의 억압을 낳았다. 그리고 성욕의 억압은 일차적으로 어머니와의 동일화를 수단으로 수행되었다. 그리하여 그의 성욕은, 그가 어머니에 대해 이상적인 소년이었듯이 그에게 이상적 소년으로 느껴지는 대상을 찾는 형태를 취했다. 그것은 좋은 이론인 것처럼 보인다. 그리고 나는 그것이 남자들에게, 어머니와 관련된 유형의 동성애 발생에서 중요한 역할을 한다고 확신한다.

나는 이것이 나르시시즘에 관한 최초의 서술이라는 점을 지적하고 싶다. 즉, 사람은 자기 자신을 대리하는 소년을 사랑하며, 따라서 그가 성적 대상으로 선택하는 소년 속에서 자기 자신을 사랑한다는 것이다. 그러나 이는 나르시시즘에 관한 이론으로서, 이 나르시시즘에서는 동일화가 본질적 역할을 행한다. 따라서 나르시시즘에 관한 최초의 이론은 단지 자기 자신을 사랑하는 사람에 대한 이론이 아니다. 그것은 어머니와 동일화하고, 어머니가 자기[레오나르도]를 사랑하듯이 자기 자신을 사랑하는 것에 관한 이론이다. 후에 발전된 프로이트의 나르시시즘 이론을 보게 되면, 우리는 그것이 변화했음을 볼 수 있다. 그러나 이것은 최초의 기술記述이다. 그리고 이 최초의 기술은 그가 나중에는 중시하지 않는 나르시시즘의 측면을 보여주기 때문에 특히 중요하다. 슈레버 사례와 늑대인간 사례에 대해 검토할 때 우리는 나르시시즘 이론이 현상학적으로 채워진다는 것을 보게 될 것이다. 그러나 그것에서 중심적 역할을 하는 동일화라는 개념은 얼마간 사라진다. 그러나 이 지점에서 주목할 가치가 있는 것은, 나르시시즘에 관한 최초의 기술에서는 '나르시시즘적 동일화'가 중요한 역할을 한다는 점이다. 그리고 36년 후에 이는 클라인의 투사적 동일화 개념으로 발달한다. 이는 나르시시즘적 동일화의 성취를 위한 메커니즘에 대한 최초의 기술이다.[10)]

이제 나는 레오나르도 논문의 결론부에 대해 몇 마디 이야기하고 싶다. 프로이트가 어떻게 정신분석적 소설을 쓰게 되었는지 이야기하고 그가 행했던 일을 보기 위해 한 걸음 뒤로 물러나, 자신이 성취한 것과 성취하지 못한 것이 무엇인지 이야기하는 대목이 나는 아주 감동적이라고 생각한다. 그가 말해야 했던 것들은 정신분석의 본질에 관한 매우 중요한 깨달음을 지시한다. 그것은 이 지점에서 그에게 처음으로 떠오른 생각인 것처럼 보인다. 의심의 여지 없이 프로이트는 정신분석이 설명적 과학이라고 생각하는 강한 경향을 갖고 있었다. 그리고 작업 전체에 걸쳐 그는 그런 것처럼 이야기한다. 설명적 과학은 예측의 가능성[을 함축할 것이다], 그리고 정신분석적 재구성은

10) 프로이트가 레오나르도 논문에서 제시한 동성애, 그리고 투사에 관한 논의와 클라인의 투사적 동일화 개념의 연관성에 대한 좀 더 상세한 설명으로는 『현대적 관점의 클라인 정신분석』, 9장 「투사적 동일화」를 참조하라. —역주

본질적으로 인생사의 불가피성에 대한 증명이라는 것을 함축할 것이다. 나는 이것이 프로이트의 저작들 중에서 사실이 아니라고 구체적으로 말하는 유일한 곳이라고 생각한다. 그가 우연과 운명에 대해 이야기하는 다른 곳이 한두 곳 존재한다. 그러나 이것[이 사례의 결론부]은 그가 운명과 우연이 삶에서 압도적 역할을 행한다고 말하는 가장 특수한 경우이다. 그리고 정신분석이 기술하는 것은 '발생하는 것'에 관한 것이다. 그것은 '왜 발생하는가'를 설명하지 않는다. 그리고 그것은 사물의 원인을 언급하지 않는다. 따라서 상황이 달랐다면, 그 사람의 기질이 달랐다면, 다른 결정을 했더라면, 다른 요인들이 개입했더라면 삶의 역사 전체는 달라질 수 있었을 것이다.

| 8장 |

슈레버 사례(내적 세계)

우리는 물론 『슈레버 사례』를 프로이트의 임상 논문에 포함시키는 것에 유보적인 생각을 갖고 있다. 그것의 내용이 분석적 치료 과정에서의 경험과는 관련이 없기 때문이다. 프로이트는 솔직하지 못한 방식으로, 주체인 슈레버 박사의 개인사에 대한 침입과 개인사의 활용을 둘 다 정당화한다. 그러나 우리는 그가 생애 전체에 걸쳐, 특히 자신을 (아마도 과도하게) 훈련시켰던 문제, 즉 '신경증의 선택' 문제와 관련해 [슈레버 박사의] 『회고록』에 상당히 매혹되었음을 볼 수 있다. 그러나 내가 이 논문을 검토하기를 원하는 관점은 그것이 아니라 더 현상학적인 관점이다. 어떤 의미에서 프로이트는 설명을 위한 재료로서 이 사례를 사용하는 데 너무 몰두한 나머지 그것의 풍부한 내용을 충분하게 탐구하지 않는다. 또는 적어도 이러한 탐구를 철저하게 진행하지 않는다. 나르시시즘 이론의 전주곡으로서 그것은 분열 과정에 접근함에 있어서는 『쥐인간 사례』에 가깝고, 정신적 삶의 한 측면으로서의 '세계' 개념에 접근함에 있어서는 프로이트의 저작 중 유일무이하다.

슈레버의 병은 처음에는 심각한 건강염려증으로 표출되었고, 두 번째 단계 동안에 망상증으로 악화되었다. 주요 박해자는 그의 이전의 의사였는데, 후에는 신의 형상이 지극히 모호한 역할, 즉 반은 박해자이고 반은 사랑의 신으로서의 역할을 수행하는 과대 망상체계로 서서히 변화되었다. 그럼에도 극히 기이한 이러한 현상들이 이해 가능한 파생물이라는 전제 하에 프로이트가 이것들에 관심을 가질 수 있었다는 것은 그의 대담성의 특징이다. 그것은 대담한 입장이었지만, 심지어 프로이트 자신도 놀랄 정도로 평범한 논의였다고 때때로 비난받기도 했다. 예를 들면 그가 태양 – 슈레버는 맨눈으로 태양의 광선을 볼 수 있다고 자랑했다 – 은 궁극적으로 아버지의 상징이라는 해석에 대해 독자들에게 양해를 구했을 때 말이다. 물론 이러한 환원주의는 프로이트에게 전형적이었으며, 우리는 이 사례를 그의 상징 이론이 어떻게 사물의 생명을 빼앗는 경향을 갖고 있는지를 보여주는 가장 설득력 있는 사례로 인용할 수 있을 것이다. 따라서 『회고록』을 일반적인 인간의 충동자극의 파생물로서 검토하는 것에 대한 [프로이트의] 방어는 그 반대의 가능성 – 즉, 그러한 복잡한 [프로이트의] 구성이 덜 왜곡된 방식으로 정신 건강의 현상학의 근저에 항상 놓여 있을 수 있다는 가능성 – 을 무시하는 것이다. 예를 들면 프로이트는 슈레버가 '거세'의 과정으로서 여자로 변형되는 환상을 갖고 있다고 일관성 있게 지적한다. 그러나 슈레버의 정신 속에서, 자신의 남성적 속성을 제거한다는 것은 자신에게 여성성을 부여하는 복잡한 과정과 비교되는 단순한 과정이었음이 아주 분명하다. 그렇다면 그것은 성욕에 관한 프로이트의 견해의 모든 것, 즉 거세 콤플렉스, 아동의 성 탐구 등에 스며들어 있는 동일한 제한된 견해를 대표한다. 그것은 여성성이 본질적으로 수동적이며 파생적이라는 선입관, 즉 헬레니즘적·유대적·기독교적 사상의 역사와 맥을 같이 하는 견해로까지 소급될 수 있다. 예를 들면 슈레버의 우주론과 해부학이, 인간과 신의 유사성이 상세하게 기술되어 있는 『티마이오스』에서 플라톤이 기술한 우주론 및 해부학과 여러 면에서 얼마나 유사한지 주목하는 일은 흥미롭다. 중요한 차이점은, 아마도 신에 대한 자신의 양가감정 속에서 슈레버가 신이 살아 있는 사람들이 아닌, 오직 죽은 사람들만 이해한다는 단점을 갖고 있다고 생각한다는 것이다. '신의 근본 언어'가 고대 독일어라는 그의 가정은 유대-기독교적 가정, 즉 히브리어가 신이 언어의 혼란 – 이후에 예수는 사도들을 위해 언어의 재능(방언의 은사)으로 이러한 혼란을 교정했다 – 을 도입함으로써 교만하게 탑을 건설했던 바빌론 사람들을 처벌하기 전에 존재했던 보편 언어라는 가정과 다르지 않다.

따라서 신과 태양에 대한 슈레버의 관계는 아버지에 대한 아이의 관계에 관한 지루한 설명이 아니라, 정교한 무의식적 환상에 대한 진정으로 매혹적인 [묘사], 의식적인 단순한 개념들의 근저에 놓여 있는 다중적 분열, 다양한 성질과 속성, 그리고 상이한 기능들을 포함한 무의식적 환상에 대한 진정으로 매혹적인 [묘사], 그러나 양가감정에 의해 훼손된 묘사로 간주될 수 있다. [『회고록』에서] 신이 아이처럼 되고 슈레버는 신과의 싸움에서 승리하게 되는 역전을 고찰하기만 하면, 우리는 거기에서 정상적 아이의 갈등을 볼 수 있다. 그러나 프로이트는 관능성의 문제와 관련해 혼란이 동반되는 이러한 역전을 아주 정확하게 보지 못했다. 슈레버는 배변의 관능성을 성행위에서의 여성적 경험의 관능성과 연결시켰기 때문이다. 따라서 프로이트가 주장하듯이 신에 대한 그의 성적 관계는 아내가 아닌 내연녀의 관계이다. 우습게도, 신체 부위와 기능의 혼란이라는 주제는 해석의 무용성에 관한 농담, 즉 '누군가가 염소의 젖을 짤 때 그 밑에서 체를 잡고 있다'는 농담으로 등장할 뿐이다. 우리는 프로이트가 슈레버 사례에서 여성적인 것과 동성애적인 것을 구분할 수 있는 개념적 틀을 아직 갖고 있지 않았음을 고려해야 한다. 그가 여자들에 대한 슈레버의 경멸(기적 새들, 성기적 영역으로서의 엉덩이에 대한 강조, 관능성의 원인)이 본질적이라는 것을 쉽게 볼 수 있었지만 말이다. 이러한 구분의 결여가, 프로이트가 그렇게 날카롭게 제시할 수 있었던 중요한 결론의 가치를 손상시킨다. 망상증과 수동적 동성애의 연관성에 관한 결론 말이다. 따라서 사랑이 증오로 변한다는 '단순한 정식'은 오히려 교묘한 성질을 취한다. 불안과 그것이 불러일으키는 반감을 설명하기 위해 '동성애적 리비도'라는 개념은 거세 불안과 아들러의 '남성적 저항'과 연결되어야 했다. 이 때문에 '망상증paranoia과 과대 망상적 질병들 사이의 화해'를 낳았던 수단에 대한 프로이트의 탐구는 힘을 많이 잃게 된다.

그러나 이는 이 논문의 가장 매혹적이고 탁월한 부분, 즉 '세계 파멸'의 환상과 그것의 본질과 결과에 대한 프로이트의 탐구로 우리를 인도한다. 병의 두 시기 동안의 플레히지히와 신의 구조 사이의 유사성에 주목함으로써 프로이트는 망상증 발달이 '분해' 과정과 관련 있다고 결론짓는다. 또는 더 정확히 말하면 "망상증은 무의식에서 실행되는 압축과 동일화의 산물을 그것들의 요소들로 다시 한번 분해한다"고 결론짓는다. 이러한 '분해'는 리비도가 자가성애와 대상사랑 사이의 중간 지점으로서의 나르시시즘 단계로 퇴행한다는 관점에서 우선 탐구된다. 이러한 관점은 『성욕에 관한 세 논문』의 1910년 판본에서 그가 이미 제시했던 것이다. 이러한 퇴행에 대한 방어 과정은 '사회적 충동의 재개된 성화'를 목표로 한다고 간주된다. 사랑을 미움으로 변화시킨다는 '단순한 정식'이 여기에서 만들어지며, 후에 「질투, 망상증, 그리고 동성애」(1922)라는 글에서 다듬어진다. 그는 내적 지각의 외화externalization로서의 투사 개념만을 이 정식에 덧붙일 필요가 있었다. 그리고 여기에서 우리는 고착·억압·분출의 관계에 관한, 또는 '억압된 것들의 복귀'에 관한 그의 가장 상세한 설명을 발견한다. 이와 관련해 프로이트는 '세계 파멸'의 환상에 대해 논의한다. 여기에서 나는 영어 번역본에 중요한 오류가 존재한다고 믿는다. 68페이지에 "그리고 플레히지히의 클리닉에서의 체류 마지막 부분 동안에 그는 재난이 이미 발생했으며 자신이 살아 있는 유일한 사람이라고 믿었다"라고 되어 있다. 그것은 이렇게 번역되어야 한다. '그리고 그의 병의 정점에서 그는 재난이 자신의 체류의 마지막 부분 동안에 발생했다고 믿었다.' 프로이트는 "세계의 종말은 '그의 내적 재난의 투사'이다"라고 썼지만, 그것의 메커니즘에 관해서는 애매하게 말한다. 이 텍스트에서 그는 세계 종말이 슈레버가 '그의 주관적인 세계로부터 그의 사랑을 철회한 것'에 연원한다고 말하지만, 괴테의 『파우스트』에 나오는 시를 인용하는 한 각주에서는 그것이 '강력한 주먹'에서 연원했다고 보았다. 망상 형성이 부서진 '주관적 세계'를 재건하는 작업을 행했다는 것이다. "망상증 환자는 그것을 다시 짓는다. 그것이 더 화려하지 않다는 것은 진실이지만, 적어도 그는 그 속에서 다시 한번 살 수 있다."

초기의 망상에서 나중의 과대망상으로의 이전transition을 낳는 메커니즘에 대한 이러한 탁월한 분석은, 정신 장치에 대한 프로이트의 개념화 작업에서 가장 진전된 지점이라고 나는 생각한다. 그것은 「애도와 멜랑콜리」에서의 조울증에 관한 작업의 윤곽을 그렸을 뿐만 아니라, 아브라함의 마지막 작업과 멜라니 클라인의 발전을 위한 도약 지점을 제공한다. 프로이트가 어떻게 '주관적 세계'가 발달 과정에서 건설되는지를 설명하는 이론을 갖고 있었다는 것을 보기 위해, 우리는 "망상증은 무의식에서 실행되는 압축과 동일화의 산물을 그것들의 요소들로 다시 한번 분해한다"라는 언급으로 되돌아가야 한다.

그리하여 우리는 임상적 관점에서 슈레버 사례가 제시하는 놀라운 진전이 내적 세계에 대한 개념화에서의 진전이었다는 것을 알 수 있다. 하나의 메커니즘으로서의 투사 개념에 대한 정식화, 그리고 '압축과 동일화'와 관련된 새로운 구체성을 띤 나르시시즘 개념의 도입이 그것이다. 그럼에도 불구하고 그것은 리비도 이론이 부과하는 제약들 때문에 어느 정도 약화된다. 1920년 「쾌락원칙을 넘어서」에서 제시된 새로운 이론은 그를 이러한 제약으로부터 해방시켰고, 마조히즘 현상과 파괴적 충동자극에 대한 그것의 관계를 경유해 도착증을 이해할 수 있는 새로운, 더 복잡한 접근을 가능케 해주었다. 여기 『슈레버 사례』에서 그는 세계 파멸 환상이 박해망상과 과대망상 체계 **사이에** 등장한다는 사실을 설명하는 데 어려움을 겪었다. 그는 리비도의 부분적 철회라는 개념으로 되돌아가고, '자아 점령ego-cathexes' 및 '자아의 점령cathexes of the ego'과 관련해 혼란에 빠져든다. 망상적 분노 속에서 세계를 '주먹'으로 쳐서 분해시킨다는 모호한 표현에서 우리는 프로이트의 핵심적인 어려움이 무엇인지 볼 수 있으며, 그 어려움을 그렇게 부서뜨릴 수 있는 구체적인 내적 또는 '주관적' 세계에 관한 개념적 장비의 부재와 연결시킬 수 있다. 이러한 난점들에 흔들린 채 프로이트는 슈레버의 망상과 자신의 이론 사이에 현저한 유사상이 존재한다 – 전자가 '신의 광선'을, 후자가 '리비도의 배분'을 아주 강조한다는 점에서 – 고 빈정대듯이 지적하면서 정식화를 위한 시도를 마친다. "내가 인정하고 싶은 것보다 더 많은 망상이 내 이론 속에 존재하는지, 혹은 다른 사람들이 믿을 준비가 된 것보다 더 많은 진리가 슈레버의 망상에 존재하는지는 미래에 결정될 일로 남아 있다."

| 9장 |

애도와 멜랑콜리(동일화 과정)

프로이트의 제자들이 주로 외국 출신이기 때문에 그가 환자들을 거의 받지 못했던 [1차 세계대전 초기 몇 년의], 그리고 그가 생각할 [시간적 여유가 있었던], 그리고 아버지 역할 또는 어머니 역할을 했던 과학을 그가 점검할 수 있는 시간적 여유가 있었던 1차 세계대전 초기 몇 년의 아주 흥미로운 시기에 대해 이제 나는 논의하고자 한다. 그는 모든 방향에서 커다란 어려움들이 존재한다는 것을 깨달았다. 제자들의 훈련의 방향, 이론적 방향, 기술적技術的 방향, 그리고 또한 세계 속에서의 정신분석의 위치, 문화의 일부분이라고 타당하게 불릴 수 있는 정신분석에 관해서 말이다. 이미 그는 소위 아들러와 융의 변절 때문에 상당히 동요되었고, 1910년 또는 1911년부터는 그들에 대한 감정적 분출이 때때로 등장한다. 이러한 감정의 분출은 흥미롭다. 그것은 프로이트 자신이 정말로 어려움을 겪고 있으며 아직 파악하지 못한 것들과 관련해 그들[아들러, 융]을 비난하고 있기 때문이라는 것을 종종 암시해주기 때문이다. 예를 들면 프로이트는 리비도 이론과 관련해 융을 비난했지만, 이는 후에 그로 하여금 실제적으로 충동 이론을 수정하도록 이끌었다. 물론 새로운 충동 이론이 융의 이론과 동일한 것은 아닐지라도 말이다. 프로이트는 융이 성욕의 중심적 역할, 리비도 이론 등을 버렸다고 융을 비난한다. 그는 융이 자신의 이론을 물타기하고 대중적으로 수용 가능한 이론으로 만들어버렸다고 생각했다. 12년 또는 15년 후에 프로이트의 손을 통해 이제 새로운 충동이론이 등장한다. 이에 따르면 성욕은 일차적 위치를 갖고 있지 않으며, 삶충동들 속에서 자신의 위치를 취하고, 그가 '죽음충동'이라고 부른 것과 대립된다. 또한 프로이트는 주로 아들러의 '남성적 저항'과 권력 의지라는 개념 때문에 그를 비난했는데, 우리는 이러한 비난 속에서 미움과 악, 파괴성의 문제 전체에 대해 프로이트가 나중에 벌인 고투의 전조를 발견한다. 즉, 이것들은 후에 죽음충동의 개념이 된다.

따라서 우리가 그의 저작들을 읽을 때 그가 멈춰서서 이 동료들을 가끔 비판하는 것을 보는 것은 조금 성가신 일이지만, 그가 화가 난 내용을 살펴보는 것은 흥미롭다. 그것은 그의 성격의 어떤 부분을 드러내준다. 그는 자신이 가장 긍정적이고 권위가 있을 때[에도], 심지어 권위주의적일 때[에도], 종종 가장 크게 의심하고 걱정했으며, 자신의 사고를 수정해야 한다는 문제 속으로 자신을 던졌다. 이러한 유형의 상당한 동요가 1911년부터 1913년까지 진행되었고, 그후 그는 논문들에 대해 '다시 사고하기' 시작한다. 나는 논문들을 어떻게 재사고하고 재정식화했는지에 대해 이야기하는 데 많은 시간을 할애하고 싶지 않다. 또한 임상 테크닉에 관한 논문들이 (사람들이 분석을 행할 수 있도록 훈련시키는 문제에 프로이트가 직면했을 때 자신의 테크닉에 대해 진정으로 사고해야 했다는 것을 우리가 알 수 있기 때문에) 흥미롭기는 하지만, 이것들에 대해서도 논의하지 않을 것이다. 이는 프로이트로 하여금 내가 여러 장을 통해 강조해왔던 문제에 직면하도록 했다. 그가 했던 것과, 그가 했다고 말했거나 생각했던 것 사이의 분열의 문제 말이다. 이 테크닉에 관한 논문들에서 그는 이러한 분열을 아주 근본적으로 해결한다. 전이 사랑과 분석의 시작, 꿈 분석, '철저히 작업하기working through'에 관한 논문들이 존재한다. 이것들은 (그가 말했듯이) 단지 해결책을 제시하는 것이 분석 과제의 목표가 아니라는 그의 깨달음을 보여주기 때문에 중요하다. 여러분은 그가 이전에 엘리자베트와 도라가 그의 해결책을 받아들이지 않았다고 그들을 비난했다는 것(그리고 이르마의 주사 꿈이 이러한 문제를 중심으로 이루어져 있다는 것)을 기억할 것이다. 그러나 이제 그는 이러한 지적 해결책들이 그 자체로 분석적 방법(론)을 구성하지 않으며, 환자들로 하여금 무의식을 의식으로 이끌기 위해 이러한 통찰력을 받아들이고 사용할 수 있도록 해주는 경제적 과제 전체가 또한 분석가의 과제라는 결론에 도달한다. 분석가가 기쁘거나 만족할 만하게 환자가 조각그림 퍼즐을 풀었다고 해도, 문제를 다 해결했다고 생각하면서 분석을 끝낼 수는 없다.

프로이트는 그 당시에 일련의 메타심리학적 논문들도 썼다. 이 시기까지 프로이트는 자신이 아주 새로운 분야의 심리학, 즉 상이한 유형의 자료와 방법(론)에 근거하고 있기 때문에, 다른 유형의 심리학들과 구분되는 새로운 심리학을 창설하고 있다고 확신할 수 없었다.

또한 그것은 네 가지의 상이한 정신 작용의 범주로 특징지어진다. 당시에 그는 그것들을 지형학적 관점(또는 의식의 상이한 차원들), 역동적 관점(정신 작용의 메커니즘), 발생적 또는 발달적 관점, 그리고 경제적 관점이라고 불렀다. 따라서 이 논문들[11]은 아주 이론적이지만 테크닉에 관한 관심을 또한 보여준다. 특히 억압에 관한 논문이 그러하다. 그리고 나르시시즘의 현상학의 중요성에 관해 확신에 도달함으로써 프로이트는 정신에 관한 자신의 개념화를 완전히 재구성하고 있었는데, 나는 이 시기의 그의 이론들 속에 숨겨지고 체화된 세계와 삶에 관한 견해가 어떻게 변화하는지 추출해보고자 한다. 소위 지형학적 모델에서, 우리가 지금 자아, 이드, 초자아에 관한 구조적 개념화라고 부르는 것으로의 변화가 싹트고 있었다.

그에게 가장 강한 인상과 감동을 준 것은 나르시시즘의 현상학인 것처럼 보인다. 나르시시즘에 관한 논문은 그가 이미 4년(또는 5년) 전에 이미 말했던 것을 종합하려는 시도이다. 그것의 일부는 슈레버 사례에서 언급되었고, 레오나르도 논문에서 더 많이 서술되었다. 이제 이 논문[「나르시시즘의 도입을 위하여」]에서 그는 일상적인 삶의 현상들 중 몇몇과 더불어 그것[나르시시즘]을 이끌어낸다. 병들고 사랑에 빠지고 건강염려증에 걸리는 것에 대한 그의 논의에서 볼 수 있듯이 말이다. 그것들로부터 그는 충동이 대상 추구의 능력을 발달시킨다는 개념화를 이끌어낸다. 이는 일차적 나르시시즘(후에는 자가성애)의 시기와 더불어 시작된다. 이 시기에 대상과의 동일화는 대상 선택(우선 자신의

11) 충동, 억압, 무의식, 멜랑콜리 등에 관한 메타심리학 논문을 의미함. —역주

몸을 선택한다)과 거의 구분되지 않는다.

이 논문을 읽으면 프로이트의 세계에 대한 개념화에서 매우 흥미로운 몇몇 변화의 측면을 발견할 수 있다. 그는 이전에 품었던 자신의 야심 때문에 마음이 불편하다. 그는 그 야심 중 많은 것을 1897년의 『심리학 초안』에서 언급했다. 그는 여전히 정신적 고통의 문제 전체와 고투하고 있으며, 여전히(그리고 후에는 「애도와 멜랑콜리」에서) 그것을 불-쾌로 간주하고, 자극이라는 관점에서 사고하고 있다. 한 곳에서는 심지어 그것을 '고통스러운 불쾌'라고 부른다. 이 시기에 그는 그것이 정말로 상처를 주며, 정신의 과정에서 중요한 역할을 한다는 것을 적어도 인정한다. 그러나 정신적 고통이라는 화두 전체는 그가 이 시기에 동일화라는 복잡하고 다루기 어려운 문제에 직면함으로써 혼란에 빠진다. 즉, '그것은 실제로 누구의 고통인가'라는 문제이다. 그가 사랑에 빠짐이라는 문제, 그리고 특히 건강염려증의 문제를 논의하는 것은 이러한 각도에서이다. 이 문제는 '누가 병들었는가', 그리고 '누가 고통받는가'라는 문제를 포함하고 있다는 것을 인식했기 때문에 프로이트는 이를 매우 신중하게 지적知的으로 다루고 있다고 나는 생각한다. 건강염려증에는, 그가 후에 「애도와 멜랑콜리」에서 논의하게 하게 될 현상과 동일한 현상이 존재한다. 조증과 멜랑콜리의 관계에서 그는 정신적 고통 속에 존재하는 어떤 교류를 보았다. 즉, 그것은 '누가 쾌락을 갖고 있는가', 그리고 '고통에서 진정으로 일어나는 일은 무엇인가'라는 문제를 필연적으로 발생시킨다는 것을 그는 보았다. 고통이 배분될 수 있는 어떤 것이라는 점을 알게 되었다는 사실 – 고통을 겪는 사람은 단지 그것에 짓눌리고 있는 것이 아니라 어떤 방식으로 그것을 제거할 수 있다는 사실 – 때문에, 그는 또한 자신이 계속해서 연구해왔던 신경증이 단지 정신적 고통[에 대해] 또는 받아들일 수 없는 관념이나 불쾌한 기억에 대해 자신을 방어하는 사람의 문제가 아니라, 정신적 고통에 관한 문제가 존재하는 한 고통의 배분에 관한 문제가 또한 존재한다는 것을 알게 되었다. 고통에 대해 알지 못하는 상태로 남아 있을 수 있게 해주는 수단 – 주로 억압 메커니즘 – 이 존재하지만, 고통을 외부 세계의 여러 대상 속으로 제거하는 방법도 존재한다. 즉, 정신적 고통에 대한 단순한 방어가 아니라, 말하자면 그것을 운반하는 방법이 존재한다. 고통의 존재를 단지 부인하는 것이 아니라 그것의 장소를 이동시킨다는 것이다.

쥐인간과 그 사례에 대한 임상 메모로 되돌아가면, 이것이 전이에서 중요한 역할을 한다는 것을 프로이트가 정확히 알고 있었음을 우리는 볼 수 있다. 전이는 단지 관념적 내용(즉, 분석가에게 전이된 환상)이 아니라, 정신적 고통 속에서의 교류도 포함하고 있다는 것이다. 프로이트는 환자가 자신에게 고통을 가하고 있다는 것을 알고 있음이 이 메모들에서 분명하게 드러난다. 강박증에 대해 논하면서 '정동의 격리'(정동을 환상 및 관념적 내용과 분리하는 것)라고 부르는 것에 대해 기술할 때, 그는 이러한 정동이 (특히 고통스러울 때) 어디론가 가고 있다는 것을 잘 알고 있었다. 환자는 프로이트에게 매우 고통스러운 정동을 부과하고 있다. 그를 모욕하고, 그의 사랑 대상들, 즉 그의 아내와 딸들을 깎아내림으로써 그를 화나게 했다. 그는 자신이 전이를 감당하는 것이 단지 환자의 성애적인 욕망 또는 거세 불안의 대상이 되는 문제가 아니라는 것을 또한 알고 있었다. 우리는 프로이트의 인상적인 인내심과 뛰어난 유머 감각에 경의를 표하지 않을 수 없다. 이 시기에 프로이트는 자신이 정신적 고통에 대한 경제학의 문제를 다루고 있다는 것을, 고통이 단지 쾌락의 부재가 아니라는 것을, 그리고 정신장치에서의 너무 많은 또는 너무 적은 자극의 결과가 아니라는 것을 또한 잘 알고 있었다.

이미 나는 어떻게 프로이트가 특히 『슈레버 사례』에서 한 사람의 세계를 개념화해야 할 필요성을 알게 되었는지 언급한 바 있다. 그리고 이것이 필요하게 된 이유는 그가 어떻게 세계가 파편들이 되는지 알게 되었기 때문이라고 말했다. 병의 소란스러운 망상적 부분 – 회복의 시도 – 을 창조한 것이 파편으로 전락한 '주관적인' 내적 세계의 재건설이었다는 프로이트의 탁월한 깨달음을 우리는 알고 있다. 나는 그가 레오나르도에 관한 이전의 논문에서 한 사람의 삶을 연속적인 것으로, 그리고 하나의 실체로 간주해야 할 필요성을 깨닫게 되었다고 말했다. 작은 기억들을, 그리고 사건들에 대한 작은 이론을 단지 캐내어 그것들을 증상에 연결시키는 것은 (그가 처음에 생각했던 것과는 달리) 가능하지 않았다. 이는 정신분석적 사고의 위업과, 그것에 매료된 사람들의 기대와 희망에 부합하지 않는다. 정신분석은 그것이 이끌어낸 모든 증거에 관한 이론들을 이해하고 구성하기 위해 노력하는 학문이어야 했다. 따라서 프로이트는 증상뿐만 아니라 성격에도 몰두하게 되었다. 이에 관한 것이 「성격과 항문 성애」라는 논문이다. 그리고 그는 몇년 후에 「분석에서 만나는 성격 유형들」이라는 멋진 논문을 썼다. 여기에서 그는 우리 모두가 아주 잘 알고 있는 성격 유형들에 대해 풍부하게 기술했다. 이 성격들은 각기 다른 시기의 우리

자신의 성격이다. 하나는, 자신은 특별하기 때문에 다른 사람들에게 적용되는 것이 자신에게는 적용되지 않는다고 생각하는 예외적 성격이다. 두 번째 성격 유형은 '죄책감 때문에 범죄자가 된 사람'이다. 세 번째는 '성공했기 때문에 파멸한 사람'이다. 여기에서 기술된 사람들은 우리 모두에게 친숙하다. 이들의 성격 속에서는 [방금 기술한 그러한] 상이한 측면들이 지배적이고 항구적이기 때문에 그들의 삶 전체가 그것들에 의해 채색되었다. 여러분과 나는 단지 몇 분minutes 마다 그것들 때문에 고통받을 뿐이지만 말이다.

그리하여 우리는 이 시기에 프로이트의 관심사가 확장되고 있음을, 즉 성격의 문제로뿐만 아니라 인간학anthropology, 비교종교학의 역사, 예술과 창조성의 문제, 과정으로서의 문명 — 이 시기에 그의 19세기적 낙관주의적 문명관은 종말을 고하고 있다 — 에 관한 문제로 관심사가 확장되고 있음을 본다. 삶에 대한 관심은 [아주 분명해진다], 그리고 이 시기에 시야 속으로 들어온 모든 것에 정신분석을 적용하고자 하는 그의 소망은 아주 분명해진다. 더 나아가 우리는 슈레버 사례에서, 그리고 레오나르도 사례에서 나르시시즘 현상을 이해하고자 노력하고 있음을 본다. 한편으로는 동성애를, 다른 한편으로는 창조성과 관련해서 말이다. 사랑에 빠지기, 건강염려증, 그리고 (신체적 질병을 겪는 동안) 사람들이 보여주는 행동 같은 현상들과 관련해 프로이트가 직면했던 나르시시즘적 현상들은 훨씬 더 조직적인 방식으로 정신에 관해 사고할 수 있도록 그를 이끌어갔다. 1915년 무렵에서야 비로소, 지금은 우리에게 친숙한 견해, 즉 단계적으로 발달하는 리비도 조직화에 대한 그의 견해 — 단지 리비도가 단계적으로 발달하는 경향이 있다는 견해가 아니라 —

가 그의 사고의 한 부분으로 등장했다. 그는 단지 조작적operational 방식으로서가 아니라 조직화된 방식으로 정신에 대해 사고하기 시작했으며, 따라서 그는 지형학적 이론 – 이것은 의식의 여러 차원과 그것[의식]의 정신병리에 압도적으로 몰두한다 – 에 대해 만족하지 못하게 되었다. 지형학적 이론은 너무 협소한 틀이었다.

이제 나는 「애도와 멜랑콜리」라는 매우 놀라운 논문에 대해 특히 주목하고, 이 논문과 「나르시시즘에 관하여」를 통해 프로이트가 씨름했던 세 가지 문제에 초점을 맞추고자 한다. 이미 언급했듯이 이 문제들 중 가장 중요하고, 임상 작업에서 그에게 어려움을 야기했던 것은 동일화의 문제이다. 둘째, 자아 이상ego-ideal 개념이 발달하기 시작하고, 후에 초자아 개념으로 변화한다는 것이다. 그리고 마지막으로 그가 정신적 고통의 문제를 이해하기 위해 더욱 확고하게 노력한다는 점에 주목하고자 한다.

슈레버 사례 이전에도 때때로 프로이트는, 사람들이 타인에 의해 관찰되고 주목받고 있다는 느낌을 갖게 되는 현상들에 대해 설명해야 할 필요성을 느꼈다. 어떤 의미에서, 그가 처음 20년 동안 양심의 문제를 전혀 다루지 않았다는 것은 주목할 만한 일이다. 사람들이 자신이 조사받고 관찰당하고 비판받는다고 느끼는 임상적 현상의 압력 하에서, 프로이트는 1919년이 되어서야 비로소 자신의 사고 속에서 분리되어 존재했던 두 개념을 통합해야 할 필요성을 느낀다. 과거에 그는 꿈 검열에 관한 이론을 제시한 바 있고, (환상 속의 어떤 특정한 인물이 불러일으키는) 거세 불안에 관해 이야기했다. 이제 그는 조사받고 관찰당한다고 느끼는 현상들에 주목한다. 그러나 그는 앞서 언급한 느낌과 연결되어 있는 또 하나의 현상 – 정반대의 느낌, 즉 격려받고 지지받는다는 느낌 – 을 알고 있다. 이것을 다루고자 하는 그의 첫 번째 시도는 이상적 자아ideal ego 개념을 통해 이루어진다. 이것은 자아 이상ego-ideal과는 아주 다르다. 이상적 자아는 과거의 황금시대와 연결되어 있다. 주체가 '아기 폐하the Baby Majesty'로서 사랑받던, 말하자면 모든 아기의 권리인 과대망상, 나르시시즘, 전능성을 즐기던 시절 말이다. 이 이상적 자아라는 단어의 순서를 바꾸면 자아 이상 개념이 생겨난다. 그것은 자아 또는 자기self 외부에 놓여 있으며, 계속해서 이상적 자아를 향하고 있다. 자아 이상은 이렇게 말한다. '너는 너무 행복했었어. 그리고 또 다시 그렇게 될 수 있어.' 이렇듯 자아 이상은 상당히 친절하며 용기를 북돋는 형상이다. 프로이트는 나르시시즘 개념을 변형시켜 자기와 자아 이상 간의 관계가 사랑 관계 같은 어떤 것이 되도록 만들기 시작한다. 이는 그가 레오나르도와 소년 간의 관계로 기술하는 관계, 즉 그 예술가[레오나르도]가 소년이었을 때 자신을 사랑하고 이상화했던 어머니와의 관계와 매우 유사한 관계이다. 프로이트는 이것이 나르시시즘의 영역 속에 존재한다고 [생각하기 시작한다], 그리고 자아와 자아 이상이 일종의 축복받은 사랑 관계, 즉 축복 또는 의기양양함과 관련 있기 때문에 나르시시즘의 현상학의 일부가 되는 사랑 관계 속으로 들어갈 수 있다고 생각하기 시작한다. 그리고 그는 이것이 행복의 핵심 또는 실체일 것이라고 생각하고 있다.

이는 그 당시의 사랑에 대한 그의 일반적 관념과 중요한 관련을 갖고 있다. 사랑에 관한 그의 개념화 어디에서도 사랑은 만족에 대한 이러한 추구라는 관념을 넘어선 적이 없기 때문이다. 그리고 그가 리비도적 용어로, 대상 리비도뿐만 아니라 자아 리비도가 투여된 대상이라는 관점에서 사랑하기에 대해 이야기하고, 따라서 자아가 대상 때문에 고갈되고 빈곤해진다고 말할지라도, 그는 이러한 일이 그것을 되찾는 목표와 더불어 항상 행해진다고 생각했다. 따라서 동인은 이윤 획득을 목표로 하는, 일종의 자본 투자와 비슷하다. 여러분은 자신을 인류에게 유익을 끼치는 사람으로 생각할 수 없다. 사랑함으로써 여러분은 자선을 베풀기보다는 말하자면 공장을 세운다. 리비도 이론은 단지 리비도의 배분에 근거해 사물들을 설명하고자 하는데, 이러한 리비도 이론에 대한 프로이트의 애착이 그를, 정신적 고통은 철저히 리비도의 잘못된 분배와 관련 있다는 관념에, 그리고 쾌락의 부재는 (이 시기에 그가 생각하고 있었듯이) 막힌 리비도 또는 고갈되고 빈곤한 리비도 때문에 발생한다는 관념에 묶어 놓았다. 그리고 그가 자신의 틀 속에서 사랑에 관한, 즉 자기 이해관계를 넘어서는 사랑에 관한 개념화를 수행할 수 없었던 것은 정확히, 그가 이러한 에너지학 이론에 묶여 있었기 때문이다. 멜라니 클라인의 우울적 위치에 대한 정식화가 정신분석으로 하여금 이러한 한계를 진정으로 넘어설 수 있도록 해주었다. 프로이트는 관찰하는 기관에 관한, 즉 자기self의 외부에서 비판을 행하거나 (그가 여전히 그렇게 생각하고 있었듯이) 격려해주는 기관에 관한 이러한 개념화의 틀 속에서 작업했다. 그리고 그는 이것이 동일화 과정과 관련 있음을 본다. 실제로 그는 이 시기에 그것들을 나르시시즘적 동일화라고 불렀고, 「애도와 멜랑콜리」에서 정신의 다음 네 단계를 탁월하게 해부한다. [1] 멜랑콜리 단계, [2] 그리고 그것과 애도 상태의 관계, [3] 조증적 상태, [4] 그리고 그것과 환희bliss,

황홀ecstasy, (역경에 대한) 승리감과의 관계. 그가 발견한 것은 다음과 같다. 나는 이 발견이 매우 설득력 있다고 생각한다. 멜랑콜리 환자와 애도 상태에 있는 사람은 겉보기에는 아주 유사하지만, 주의 깊게 조사해보면 우리는 무엇보다도 그들이 동일한 방식으로 고통받는 것이 아니라는 것을 발견한다. 그리고 멜랑콜리 환자의 고통은 자신의 고갈과 관련 있고, 애도 상태에 있는 사람의 고통이 생겨나는 이유는 사랑 대상의 상실로 인해 세상이 공허해졌기 때문이다. 멜랑콜리 환자는 대상 – 즉, 단지 상실한 것으로서가 아니라 고갈되고 모욕과 비난을 받고, 고발당하는 대상 – 과 동일화하고 그것과 완전히 혼합됨으로써 자신을 고갈시킨다.

이 지점에서 프로이트 자신이 매우 혼란을 겪은 것처럼 보인다. [누군가를] 비난하는 것이 자아인지, 아니면 자아 이상이 자아를 비난하는지 그는 확신하지 못했다. 그러나 그가 다음과 같은 질문이 존재한다는 것을 인식하게 되었다는 점이 중요하다. '누가 고통을 받는가?' 즉, 고통받는 것은 자아인가 아니면 그것의 대상인가? 그리고 '비난받고 있는 사람은 누구인가?' 즉, 어떤 사람이 진정으로 자기 자신을 비난하는가? 아니면 그는 자기 자신의 어떤 부분 – 즉, 다른 차원에서 그가 진정으로 비난하고 있는 대상과 동일화한 자신의 어떤 부분 – 을 비난하고 있는가? 애도 상태는 외부 세계에 있는 사랑 대상과 관련된 모든 기억, 희망, 기대를 포기하는 매우 고통스러운 과정을 통해 종료될 수 있지만, 멜랑콜리는 대상이 실제로 먼지가 되어버리고, 죽거나 완전히 비난받아서 자아가 그 대상에 대해 승리감을 가질 수 있을 때 종료된다는 것을 프로이트는 깨닫게 되었다. 이러한 이유로 멜랑콜리는 조증으로 변하기 쉽다. 그리고 조증은 본질적으로 대상에 대한 승리이며, 대상으로부터의 해방이다. 원래는 너무나 우월해서 사랑을 강요하고, 그런 후에는 실망시키고 상처를 주기 때문에 무시무시한 분노와 증오를 불러일으키는 대상 말이다. 그리고 그 대상을 공격하는 동시에 그것과 동일화하는 과정을 통해 파괴적 과정이 완성된다. 그리하여 몇 년 지나지 않아 아브라함은 어떻게 이러한 과정의 완성이 정신적 상태일 뿐만 아니라 신체적 행위인지 기술할 수 있게 되었다. 이제 대변으로 변해버린 대상을 몸에서 배설하는 것은 또한 정신으로부터 배출하는 행위이며, 절대적 쓰레기로 대상을 환원시킴으로써 그 대상에 대해 승리감을 갖는다는 것을 의미한다. 그러고 난 후 아브라함은 프로이트가 인식할 수 없었던, 멜랑콜리에 대한 이해를 위한 다음 단계를 발견할 수 있었다. 즉, 프로이트가 멜랑콜리에서 기술했던 대상과의 동일화는, 배변으로 배출된 이 대상이 강박적으로 재내사되기 때문에(식분 환상coprophagic phatnasy) 되풀이되며, 조증은 다시 멜랑콜리로 되돌아간다. 이는 파괴된 대상이 내부로 되돌아오는 방식, 그리고 그것과 다시 한번 동일화함으로써 조증이 다시 한번 멜랑콜리로 변화하게 되는 방식과 관련 있다. 그리하여 여기에서 우리는 조울증의 순환적 과정의 근거를 본다.

이러한 발견들의 핵심은, 정신적 고통이 중심적 문제이며, 정신적 고통은 리비도의 만족이나 좌절과 별개로 자아와 대상 간의 교류 문제라는 깨달음이다. 이 점을 인식한다면 우리는 이제 더 이상, 고통 속에 있는 것처럼 보이는 사람이 실제로 자신의 고통 속에 있다고 가정해서는 안 된다. 우리는 그가 고통 속에 있는 대상과의 동일화라는 신비로운 과정을 표출하는 것일 수 있다는 점을 고려해야 한다. 물론 프로이트는 동일화가 히스테리 현상에서도 역할을 행할 수 있다는 것을 알고 있었다. 여러분은 그가 히스테리를, 인성을 관통하는 기억의 작은 실thread – 끝에는 증상이 있고 출발점에는 외상적 경험이 있는 기억의 작은 실 – 로 간주했다는 것을 상기할 것이다. 이제 그는 히스테리를 삶의 방식, 그리고 히스테리적 인성의 삶의 방식으로 간주해야만 했다. 이는 그의 전체 틀이 수정되었다는 것을 의미한다. 이 시기에 자신의 저작 중 몇몇에서, 예를 들면 전쟁에 관한 글과 사회학적·인류학적 사고를 담고 있는 저작에서, 프로이트는 세계에 대한 절대적으로 음산하고 비관적인 견해에 의해 무겁게 짓눌린 것처럼 보인다. 물론 이는 전쟁에 대한 모든 사람의 반응의 한 측면이었지만, 우리는 프로이트가 오직 (정신분석이 당시까지 도달했던) 정신분석적 관점에서 그것을 바라보고 있다는 사실을 기억해야 한다. 즉, 그는 성격 왜곡이라는 어려움이 충동의 억압과 리비도의 정체damming up에서 연원하며, 이로부터 불안이 발생한다고 생각하고 있었다(그는 여전히 불안을 억압의 원인이 아니라 결과로 간주했다). 또는 충동이 좌절되고 표출의 기회를 박탈당하면 상처 입은 사랑이 증오로 변화한다고 생각하고 있었다. 나는 어떤 층위에서든 – 자가성애적, 나르시시즘적, 대상관계적이든, 어떤 성감대에서든 – 성적 충동을 만족시키고자 하는 욕망인 [이러한 사랑 개념], 그리고 좌절되었을 때 양가감정을 통해 증오로 변모하는 욕망인 이러한 사랑 개념을 다시 한번 강조하고 싶다. 이러한 사랑 개념으로부터 현재의 인기 있는 고지식한 이론이, 즉 세상의 모든 문제는 즐기지 못하는 사람 때문에 생겨난다는 이론이 직접적으로 생겨난다. 우리로 하여금 서로에 대해 잔인한 행동을 하게 만드는 것은 세상에 존재하는 악이나 악한 어떤 것이 아니라 단지 행복의 부재일 뿐이라는 것이다.

물론, 이러한 관념 속에 내재해 있는 책임감 회피는 그 당시 진행되었던 전쟁의 역사와 결합해, 세계가 더 좋아질 수 있다는 모든 가능성을 제거했다. 세계는 필연적으로 더 나빠질 수밖에 없는 것처럼 보일 뿐이다. 실제로 프로이트의 글에서, 즉 원시 부족들은 억압repression을 생산하는 금지suppression－그리고 이렇게 생산된 억압은 다시금 만족에 제약을 가한다－를 겪지 않았다(이는 식인주의에 대한 그의 이야기와 양립할 수 없는 이론이다)고 말하는 글에서 우리는 인류학적 용어로 표현된 염세주의를 목격하고 있다. 그가 반反종교적인 태도를 갖고 있었음에도 불구하고 '원시적'이라는 그의 관념은 에덴 동산처럼 들리기 시작한다. 우리는 마치 사물들이, 아담과 이브가 에덴 동산에서 쫓겨난 이후로, 또는 대부분의 원시 부족들이 문명화되어 자녀들에게 생계를 유지해야 하는 과제를 부여한 이후로, 점점 더 나빠지고 있는 것 같다고 생각하지 않을 수 없다. 나는 이것이 프로이트의 논변을 정확히 표현한다고 제안하려는 것은 아니다. 그러나 나는 고통에 대한 그의 과소평가가 어떻게 그에게서 건강 또는 행복의 가능성에 대한 모든 희망을 앗아갔는지 예시하고 싶다. 그는 자신이 더 적절하게 질문을 정식화하고, 인성 구조가 엄청나게 복잡하다는 점을 더 잘 인정하게 되었을 때인 말년에 가서야 이러한 염세주의로부터 구조될 수 있었다. 그가 이제 파악하기 시작했고 마침내 「자아와 이드」에서 기술하는, 인성의 3중 구조는 실제로 자아에 대한 그의 이전 개념보다 훨씬 더 복잡하다. 외부 세계에 직면해 어떻게든 처리해야 하는 충동을 장착한 자아 – 그리고 자아는 동시에 이 외부 세계를 만족시켜야 한다 – 에 대한 이전의 개념보다 말이다. 분열 과정의 발견과 더불어 필연적으로 진행될 수밖에 없었던 이러한 발전, 그리고 건강과 병이 동일한 인간 속에 공존할 수 있다는 것에 대한 그의 이해가 더 낙천적인optimistic 견해를 허용해주었다. 그러나 나는, 낙천적인 개념화는 사랑을 자기 이해관계를 넘어서는 것으로 간주하기라는 점을 우리가 진정으로 깨달아야 한다고 생각한다. 그리고 사랑에 대한 이러한 개념화를 넘어서기 위해 프로이트는 에너지 이론과 불-쾌라는 관념을 버려야만 했으며, 실제로 더 순수하게 심리적 이론에 도달한다. 이에 따르면 '고통'은 그것이 실제로 의미하는 것이다. 즉, 그것은 실제로 상처를 주는 것이지 단지 쾌락적인 것의 부재가 아니다.

| 10장 |

늑대인간 사례(원초적 장면)

「늑대인간 사례」는 내가 생각하기에 정신분석 문헌 전체에서, 그리고 프로이트의 작업 전체에서 가장 중요한 사례 연구라고 나는 생각한다. 「늑대인간 사례」는 정신병리학의 백과사전으로 불릴 만하기 때문이다. 더욱이 나는 이 특별한 사례가 프로이트의 가장 중요한 임상 경험이었다고 믿는다. 그 이후에 나오는 모든 작업이 그것 속에 깊이 내포되어 있기 때문이다. 그것은 원초적 장면의 현상을 그에게 열어주었다. 이는 프로이트가 아주 초기 때부터 실제로 개념화한 것이었지만, 아마도 특수 병인론이라는 관념에 대한 그의 관심이 줄어들었기 때문에 후에는 이에 대한 연구를 소홀히 했다. 그가 늑대인간과 그의 비범한 꿈, 그리고 그 꿈이 아동기 발달에 미친 충격에 대한 증거에 직면했을 때 그는 다시 원초적 장면에 대해 탐구하기 시작했다. 어떤 면에서 볼 때, 성(욕)에 관한 프로이트의 모든 이론에 적절한 정신분석적 형태를 부여한 것이 바로 이 원초적 장면이라고 할 수 있다. 성욕에 관한 모든 이론이 『성욕에 관한 세 논문』에서 공표되었지만, 그것은 정신분석적 자료의 기반 위에 세워진 것이 아니라 단지 정식분석적 사고 양식을 일상적인 의학적·정신의학적 자료에 적용함으로 도출된 것이었다. 그러나 「늑대인간 사례」의 자료와 재구성은 순수하게 정신분석적이다. 그리고 바로 이러한 이유로 그것은 사람들이 이미 [정신분석에] 설득당했다는 조건 하에서만 설득력이 있다. 달리 말하면 정신분석을 외부의 관점에서 바라보는 사람들에게 그것은 정신분석 문헌 속에 존재하는, 매우 우스꽝스러운 일화처럼 보인다는 것이다. 한 살 반인 아이가 목격했던(그리고 배변을 보았던), 그리고 기억된 꿈이라는 증거로부터, 프로이트는 그날 속옷을 입고 세 번 뒤에서 성행위하는 부모에 관한 장면을 재구성한다. 우리는 그것이 우스꽝스러워 보일 수 있다는 것을 이해한다. 그러나 그것은 아마도 상당히 옳은 이야기일 것이며, 15년 후에 늑대인간을 다시 치료했던 루스 맥 브룬스윅의 설명의 맥락에서 그 꿈은 아주 많은 것을 해명해준다. 단 6개월 동안 지속된 두 번째 분석을 하는 동안 늑대인간에게 망상증이 발병 – 브룬스윅은 이로부터 그가 회복될 수 있도록 도왔다 – 했는데, 이때 그는 매우 놀라운 일련의 꿈을 생산했다. 이 꿈들은 원래의 늑대 꿈, 그리고 그의 삶에서의 늑대 꿈이 갖는 의미와 거의 모두 관련이 있었다. 더욱이 브룬스윅의 글이 프로이트가 썼던 것보다 더 '설득력이 있다'. 그리고 늑대인간에 대한 광범위한 저작이 후에 출간되었다. 브룬스윅과 치료를 마친 후의 늑대인간의 생애와 2차 세계대전 동안의 삶의 경험에 대한 뮤리얼 가드너의 설명, 그리고 프로이트와 함께한 자신의 분석에 대한 가드너의 책(1973년 출간)이 그것이다. 이는 문헌이 아주 잘 정리된 사례이며, 내가 앞서 말했듯이 가장 중요한 정신분석 사례이다.

이 시기에 갑작스럽게 발달한 프로이트의 사고는 이 사례에 의해 영향을 받았음이 분명하다. 그것은 1910년에 시작되었고, 1차 세계대전으로 늑대인간이 자신의 모국 러시아로 귀국했기 때문에 1914년에 중단되었다. 1917년 러시아 혁명은 그의 재산을 앗아갔다. 그는 가난해져서 나타났다. 빈에서 조금 병이 들었고, 1918년 또는 1919년에 몇 개월 동안 프로이트를 만났다. 늑대인간이 수년 동안 빈에서 생활할 수 있도록 프로이트가 후원금을 모았다는 사실은 주목할 만하다. 왜냐하면 늑대인간으로부터 프로이트가 일종의 기생주의parasitism와 정신분석 운동을 이끌어내고, 1926년 그의 정신적 붕괴와 그것과 연관된 성격적 특성을 촉진한 것이 바로 이 모금이기 때문이다.

따라서 그것은 프로이트의 성격과, 환자들에 대한 그의 관계에 빛을 던져주는 사례이다. 한편으로 프로이트는 이 사람의 사례가 정신분석에 너무나 크게 기여했고, 따라서 그는 정신분석 운동으로부터 일종의 보상금을 받아야 마땅하다고 느꼈기 때문에, 이러한 모금을 조직했음이 틀림없다. 그리고 나는 정신분석이 환자와 분석가 모두의 작업이라는 암묵적 이해가 동반된 이러한 태도는 근본적으로 올바른 태도라고 생각한다. 그럼에도 다른 한편으로 나는, 소위 행동하도록 이 환자를 몰아가기 위해 이용했던 책략의 결과 때문에 프로이트가 그에 대해 어느 정도 죄책감을 느꼈다고 생각한다. 3년 반에서 4년 동안 일관성 없는 작업을 행했으며, 계속적인 꼼꼼한 협력 외에는, 그리고 느낌 또는 전이 관계로의 개입의 완전한 부재 외에는 보여줄 것이 없었기 때문에, 프로이트는 아주 상심했고 분석 종료일을 확정했다. 다음 6개월 혹은 9개월 동안 가장 설득력 있는 재구성 재료들이 수집되었다. 이 사례의 한 각주에서 지적하듯이 이는 프로이트가 나중에 후회했던 전략이었다.

그러나 나는 기술적技術的 과정과 관련된 후회 외에도 프로이트가 염려했던, 늑대인간과의 작업의 다른 영역이 [존재했다고], 그리고 루스 맥 브룬스윅과의 작업에서 아주 강하게 드러낸 늑대인간의 불만이 존재했다고 생각한다. 지속된 그의 병이 매우 건강염려증적 성격을 가진 붕괴로 변하기 시작했고, 이러한 붕괴를 겪는 동안 그는 치과의사, 의사 등 '늑대Wolf'라는 이름을 가진 여러 사람에 대해 극히 망상적인 태도를 보였다. 그리고 실제로 그는 프로이트에 대해 극히 망상적이었고, 어느 단계에서는 아마도 그에게 아주 위험한 태도를 보였을 것이다. 이제 프로이트는 턱에 암이 발생해 이미 아픈 상태였다. 그는 치료를 받지 않기로 결정했지만 이는 그를 매우 압박했으며, 그가 암시했듯이 늑대인간의 건강염려증적 측면에서도 어느 정도 역할을 했다. 그러나 프로이트에 대한 늑대인간의 살의감이 전이의 해소되지 않은 측면에만 근거한 것은 아니었다. 그것은 또한 프로이트가 늑대인간에게 승화 이론을 밀어붙여, 법학 공부를 통해 동성애를 승화하라고 아주 강하게 그를 재촉했던 방식과 관련 있다. 이는 늑대인간의 소망과 관심사에 아주 반하는 일이었고, 그는 이와 관련해 프로이트가 지나치게 강요한다고 느꼈을 것이다. 프로이트가 승화된 동성애가 가장 위대한 문화적 성취물들의 원천이라는 자신의 이론에 여전히 철저하게 확신하고 있었다는 생각, 그가 동성애의 유아적 근거들을 만족스럽게 분석했다고 느낀 이후 승화를 추구했다는 생각은 아마도 상당히 옳을 것이라고 나는 생각한다.

내 생각에는, 순수하게 분석적이었던 프로이트가 이 시기에 [이 사례에서는] 분석 기술을 예외적으로 사용했다. 즉, 승화의 영역에서 볼 때, 억압에 의해 막힌 균일한 정신적 에너지가 존재한다는 관념을 내포하고 있는 이 승화라는 개념은 리비도 이론과 관련 있었다. 기껏해야, 이 에너지는 유아적 도착증과 다형적 성욕으로 등장하는 자유로운 흐름으로 방출되는 것이 금지되고, 따라서 승화되어 사회적으로 유용한 유형의 행동으로 등장할 수 있을 뿐이다. 프로이트는 거의 전적으로 이를 확신하고 있었다. 그는 근본적으로 리비도 이론을 따르고 있었기 때문이다. 이러한 임상 작업이 1910년에서 1914년 사이에 진행되는 동안, 프로이트는 나르시시즘과 그것과 연관된 현상들의 영역을 막 인식하는 과정 중에 있었고, 자신의 충동이론을 변화시켰다. 그러나 그는 성충동과 삶 보존 충동을 구분하기보다는 대상 리비도와 나르시시즘적 리비도를 더욱 구분했을 뿐이다. 이는 그의 사고를 진정으로 변화시키지 못했다.

끝으로, 그리고 우리가 원초적 장면의 문제에 주의를 집중시키기 전에, 나는 프로이트의 정신 속에서 원초적 장면이 등장하는 이유를 설명해주는 다른 측면들에 대해 언급하고자 한다. 가장 중요한 화두는 꿈이다. 앞서 이야기했듯이 프로이트는 사람들의 삶에서의 평범한 위치를 꿈꾸기에 부여했다. 꿈꾸는 사람의 무의식적인 유아적 소망을 환각적으로 만족시킴으로써 계속해서 잘 수 있도록 도와주는, 중요하지 않은 상당히 유사생리학적 기능을 꿈꾸기에 부여했다는 것이다. 그러나 자신의 임상 작업에서 프로이트는 결코 이러한 믿음에 따라 행동하지 않았다. 예를 들면 그는 도라의 꿈들의 반복성을 강조했고, 전이를 해명함으로써 쥐인간의 꿈들과 그것들의 역할에 주목했다. 또한 프로이트는 꿈에 대한 쥐인간의 반응이 어떻게 그에게 중요한 감정적 현실을 갖는지에 주목했다. 그리고 「늑대인간」에서 프로이트는 약 네 살쯤 되는 아이의 꿈을 다루고 있으며, 아이의 발달 전체에서 이 꿈이 절대적으로 중요한 역할을 했다고 생각했다.

프로이트가 그 꿈을 너무나도 중요한 사건으로 간주했다는 것을 우리가 기억한다면, 그가 이 꿈의 기능이 무엇이었는지 탐구했다는 것을 보는 것만으로도 사실 우리에게 질문이 생겨난다. 물론 그는 처음에는 불확실성 속에 있었고, 원초적 장면이 발생한 시기에 관한 질문에 대한 대답을 확실하게 결정하지 않았다(아이의 꿈은 이 원초적 장면을 지시하며, 그 꿈으로부터 원초적 장면이 재구성되었다). 그는 이 원초적 장면이 한 살 반 때였다고 생각하지만 6개월 때였을 수도 있고, 두 살 반 때였을 수도 있다고 말한다. 내 생각에 그는 반은 농담으로 'n + 6개월'이라는 공식을 도출한다. 그러나 이는 중요한 문제를 내포하고 있는 것처럼 보인다. 원초적 장면 그 자체가 아이에게 충격을 주었는지, 또는 한 살 반에서 세 살 반 사이에 꾸었던 꿈이 사후적 의미와 충격을 원초적 장면에 부여한 것인지라는 문제 말이다. 그리고 원초적 장면과 꿈에 관한 이러한 미결정성 때문에 그는 또한 우리가 원초적 장면을 다루고 있는지, 아니면 환상을 다루고 있는지에 관한 문제를 미결정 상태로 놔둔다. 그리고 난 후 (우리가 매우 중시하는 심리성적 발달에 관한 이론을 발전시킨다는 관점에서) 그는 우리가 원초적 장면에 관해 이야기하는지,

아니면 원초적 환상에 관해 이야기하는지의 문제도 열어둔다. 그렇다면 우리는 그것을 체질적·유전적인 어떤 것, 즉 인류의 선사 시대로부터 우리에게 전달된 어떤 전개념(화)preconception 등으로 간주해야 하는가, 아니면 모든 아동의 삶 속에서 아주 필연적인 어떤 것으로 간주해야 하는가? 후자의 견해를 취하면, 물론 우리는 부모가 없거나 또는 양육자가 바뀌는 양육시설에서 자란 아이들에 대해서도 다루어야 할 것이다. 그러나 그는 당시에 이러한 상황들에 대한 어떤 자료도 갖고 있지 않았다.

첫 번째 견해를 지지하는 몇몇 증거가 있다. 예를 들면 안나 프로이트의 '불독 뱅크Bulldog Bank'[12] 연구에서의 아이들은 아마도 집단 수용소에서 태어났을 것이며 기적적으로 살아남은 아이들이다. 그들은 친부모로부터 어떤 지속적인 돌봄 같은 것을 받지 못했고, 불독 뱅크로 가게 되었다. 여기에서 그들은 원초적 방어 체계가 깨지고 발달 과정을 거치면서 일상적인 오이디푸스적 표출을 드러내기 시작했다. 이러한 증거는, 오이디푸스 콤플렉스가 우리의 체질적 소질의 부분이며 보편적으로 존재할 뿐만 아니라 원초적 장면이 정신적 삶의 장치 속에 절대적으로 장착되어 있기 때문에, 우리가 그것을 도처에 존재하는 환상으로 간주할 수 있다는 것을 암시한다. 어린아이의 삶에 부모가 존재하는 모든 삶의 상황에서 원초적 장면은 생겨날 수밖에 없다. 그것을 보지 못했다 할지라도 그것을 들었거나, 낌새를 느꼈거나, 또는 어떤 방식으로든 말이다. 그것은 어디에선가 진행되

12) 어머니의 돌봄을 박탈당한 6명의 고아에 대한 안나 프로이트의 연구. –역주

는 부모의 성행위 상황에서 [아이가] 혼자 있다는 경험인 것이다.

프로이트는 실제적으로 부모가 성행위하는 것을 본 것이 주는 충격이 그것을 들은 것 또는 증거의 다른 원천 — 아이들은 보거나 들음을 통해, 그리고 다른 원천들로부터 그 순간에 성행위가 행해지고 있다고 해석한다. 이는 아이의 특수한 환상에 대한 성향을 일깨운다 — 보다 더 크거나 더 외상적이라고 생각한 듯하다. 나의 경험상 나는 보는 것이 가령 듣는 것보다 그 자체로 더 중요하다는 증거는 존재하지 않는다고 생각한다. 내가 주로 만났던 중산층의 경우에 그러했다. 오늘날 우리는 우리의 문화에서, 그리고 우리가 일반적으로 접하는 문화의 계층에서 아이가 원초적 장면에 노출될 때 부모의 특수한 유형의 정신병리에도 노출된다는 증거를 발견한다. 부모가 자신의 성행위를 아이에게 노출하기를 원하는 경우가 존재한다는 것이다. 이들은 특별히 민감하지 않아서가 아니라 오히려 아이가 성행위를 보기를 특히 원하며, 그렇게 실제로 행동한다. 이러한 부모의 경우 우리는 아이가 부모의 성행위를 실제로 목격했다는 증거를 갖고 있다. 그것은 부모의 정신병리의 증거이며 우연한 사건이 아니라는 것이다. 물론 아이들이 한밤중에 방안으로 아장아장 걸어들어오는 경우도 존재하지만, 그러한 경우는 오늘날 우리의 재료에 등장하지 않는다.

그러나 프로이트의 시대에는 상황이 정말로 아주 달랐다. 아이들은 아마도 처음 몇 해 동안, 또는 다음 아이가 태어날 때까지 부모의 침실에서 항상 잠을 잤을 것이다. 혹은 더 부유한 가족의 경우 아이는 하녀들과 함께 잤을 것이며, 그들의 성행위에 노출되었다. 시각적 경험으로서 한낮에 벌어진 원초적 장면을 프로이트가 자신의 임상 재료로부터 재구성한다는 것은 거의 있을 법하지 않은 사건이며, 오늘날처럼 부모의 정신병리가 존재하는 경우도 훨씬 더 적었을 것이다. 따라서 원초적 장면의 재구성은 사회적 현상으로서 그를 놀라게 한 것이 아니다. 그를 놀라게 한 것은 그것이 아이에게 충격을 주었다는 증거이다.

이 시기에 발달에 대한 프로이트의 사고가 훨씬 더 복잡해지고 더욱 조직화되었다는 것을 인식하는 것이 중요하다고 나는 생각한다. 그는 (그의 용어에 따르면) '충동의 변천'과 성감대의 발달, 즉 구순기에서 항문기로, 그리고 남근기와 생식기기로의 성감대의 발달이라는 관점에서 사고했을 뿐만 아니라, 또한 아이와 개인의 성격적 발달이라는 관점에서도 사고했다. 몇 년 후에는 프로이트가 아동들에게 관심을 갖지 않았다고 우리가 말할 수 있을지라도 – 더 직접적으로 말하면, 아이들의 발달 현상 그 자체에 관심을 가진 것이 아니라 성인 환자들의 병리의 아동기 배경을 재구성하는 데 주로 관심을 가졌다고 우리가 말할 수 있을지라도 – 그는 이 당시에 이미 훨씬 더 통일된 형태로, 그리고 매우 복잡하게 아동들의 발달을 파악하기 시작했다. 레오나르도 논문에서 우리는 그가 삶 전체(즉, 하나의 실체로서 이해될 필요가 있는 삶 전체)로서의 인간을 개념화하기 위해 노력했다는 것을 보았다. 그리고 슈레버 사례에서 프로이트는 외부 세계와 (슈레버가 파편화시킬 수 있는) '주관적' 세계 모두에서 살아야만 하는 인간에 대한 개념에 접근하고 있었다. 그러고 난 후 성격 발달, 항문 성격에 관한 논문, 그리고 몇년 후에 흥미로운 세 가지 성격 유형에 관한 논문이 나왔다. 그리하여 정신적 삶에 대한 그의 전체 견해는 정말로 일관성을 갖기 시작했고, 그로 하여금 특수한 환경에서 발생하는 발달과 함께 인간을 더 철저하게 이해할 수 있도록 해주었다. 쥐인간과 도라의 경우에 우리는 어머니에 대해 거의 듣지 못하거나 조금 들을 수 있을 뿐이지만, 늑대인간의 경우에는 그의 성년으로서의 생활에서 어머니가 돈을 다루는 어떤 사람으로서 중요한 역할을 한다. 그녀는 그에게 돈을 조금밖에 주지 않았고, 따라서 그와 어머니는 불행한 결혼생활을 하는 부부처럼 살아갔다. 또한 늑대인간 사례에서 우리는 그가 어릴 때 어머니의 인성이 미쳤던 영향이 무엇이었는지 들을 수 있다. 어떻게 그녀가 그로 하여금 종교적 그림들을 보게 함으로써 그의 버릇없는 태도를 다루고자 했으며, 어떻게 그에게 종교를 주입시키는 데 성공했는지 말이다. 이것이 그의 강박적 시기를 열었던 것이다. 우리는 그녀의 월경 과다와 산부인과적 어려움이 늑대인간에게 미친 영향에 관해 듣는다. 그녀는 의사에게 자신은 '이런 방식으로 살 수 없다'고 말했고, 가족은 이 집에서 저 집으로, 여름 거주지와 겨울 거주지로 이사한다. 늑대인간과 하녀들의 미묘한 관계, 누나의 성격이 준 충격, 그리고 어떻게 그녀가 그를 성적으로 유혹하고 영리함으로 그에게 군림했는지, 그리고 그녀의 아주 강제적이고 병적인 성격, 그리고 그녀가 후에 자살했다는 것, 이 모든 배경이 전개된다. 우리는 공동체 전체와 그 속에서 성장하는 사람들에 관한, 그리고 다른 삶들 속에서 살아가는 하나의 삶에 관한, 훨씬 더 완전한 톨스토이적 묘사를 얻는다. 그리고 프로이트가 자신의 『히스테리 연구』가 단편소설처럼 읽힌다고 말했듯이, 『늑대인간 사례』 역시 하나의 소설처럼 읽히며, 삶의 단편을 바라보는 것 같은 느낌을 우리에게 남긴다.

우리는 이렇게 말할 수 있을 것이다. 프로이트는 자신의 경험을 통합하여, 삶과 그 과정에 대한 이론이 아닌 정신분석적 견해 또는 관점을 발전시켰다. 그리고 이는 또한 그로 하여금 그가 과거에 사용했던 많은 유형의 정식화가 불충분함을 다음과 같이 인식하도록 만들었다. 첫째, 나는 그가 이제 꿈에 대한 자신의 정식화들이 아주 옳지는 않다는 것을 인식했다고 생각한다. 그가 늑대인간을 치료하던 시기에 썼던 여러 논문은 꿈 분석과 꿈의 임상적 사용에 대한 그의 수정에 상당한 양을 추가했다. 둘째, 나르시시즘 이론은 늑대인간의 나르시시즘적 현상 – 특히, 월경 과다와, '나는 이렇게 살아갈 수 없어요'라는 느낌을 갖고 있는 어머니에 대한 그의 나르시시즘적 동일화, 그리고 물을 나르는 나이 든 일꾼과 혼합된(그리고 무겁게 호흡하는) 아버지와의 동일화 – 에 직면해 그를 치료하는 과정에서 생겨났다. 그리고 소년의 도착적 성향들이 있었다. 그는 매 맞기를 원했고, 남근에 매를 맞는 왕자에 대한 환상을 갖고 있었다. 이것이 「한 아이가 맞다」라는 논문으로 이어진다. 셋째, 충동의 근원·목표·대상이라는 개념에만 근거했을 때 아주 불충분한 성이론이라는 화두가 존재한다. 충동에 관한 이러한 더 이전의 개념은 활동적 성행위와 사람들의 성적 관계를 설명하지 못했다. 그것은 사람들이 자위행위를 하기 위해 서로를 이용한다는 것처럼 들렸고, 서로를 향한 느낌의 본질에 대한 기술description을, 또는 쾌락과 고통에 관한 문제 전체와 너무나 밀접한 관계에 있는 질투 또는 마조히즘의 문제에 대한 기술을 허용하지 않았다.

이제 이 영역에서 프로이트는 원초적 장면을 기술함에 있어 크게 도약한다. 그리고 그는 이것을 성적 발달에서 [심리를] 조직화하는 중요한 보편적 환상으로 간주하기 위해 이에 대해 기술한다. 어떤 의미에서 볼 때, 이 논문에는 후에 「자아와 이드」(1923)에서 발전하게 되는 완전한 오이디푸스 콤플렉스 개념의 예고preview, 그리고 양성성의 현실에 관한 최초의 언급이 존재한다. 즉, 이는 단지, 수동성과 동일한 것으로 간주될 수 있는 경향성이 남자아이 속에, 그리고 남성성과 동일한 것으로 간주될 수 있는 능동적 참여를 향한 성향이 여자 속에 존재한다는 것을 뜻하지 않는다. 그것은 매우 구체적으로 양성적인, 즉 남성적인 그리고 여성적인 어떤 것이 실제로 존재한다는 것을 의미한다. 단지 수동적이거나 능동적인 경향성이 아니라, 처음부터 명확하게 남성적 그리고 여성적 경향성이 존재한다는 것이다. 이 두 경향성은 자신을 발전시키고 표현하는 방법을 발견해야 한다. 완전한 오이디푸스 콤플렉스는 남아든 여아든 모든 개인의 남성적 오이디푸스 콤플렉스와 여성적 오이디푸스 콤플렉스 둘 다를 포함하고 있다. 프로이트는 이러한 개념이 아주 명확하고 강한 여성성을 갖고 있던 늑대인간 속에서 뚜렷하게 드러났음을 보았지만, 그럼에도 우리는 그가 여성성과 동성애를 구분하지 않았음을 알아야 한다. 따라서 프로이트는 예를 들면 도착적 경향(예를 들면 남근에 매를 맞고 싶은 욕망)과 마조히즘적 경향이 늑대인간의 여성성과 관련이 있다는 것을 보지 못한다. 그는 마조히즘적인 모든 것이 수동적이고, 따라서 자연스럽게 남자의 여성성의 한 부분인 것처럼 그것을 계속해서 다룬다. 어머니와 그녀의 피흘림에 대한 환자의 동일화는 남근에 매를 맞고 싶어하기와 같은 것으로 간주되었다.

그럼에도 불구하고 커다란 도약이 이루어졌음이 분명하다. 프로이트는 구체적이고 시각적인 형태로 성적 발달의 기반에 대한 논의를 발전시켰다. 기본적 상황은, 어디에선가 성행위를 하는 어머니와 아버지, 그리고 어디에선가 그것을 보고, 듣고, 그것에 대해 생각하고, 흥분하거나 화가 나는, 또는 그밖의 것을 느끼는 여자아이 또는 남자아이로 구성되어 있다. 이것이 바로 커다란 도약의 장면이다. 왜냐하면 이전에는 충동자극, 목표 및 대상에 대해 이야기하면서 아주 단순한 산술적 방식으로 감정에 대해 접근했기 때문이다. 사랑이 증오로 변함, 능동적인 것이 수동적인 것으로 변함, 다양한 성애적인 충동자극이 좌절되어 증오의 충동자극으로 변함 등에 관해서만 이야기했기 때문이다. 이는 정동의 문제를 거의 다룰 수 없는 접근 방식이다. 그러나 그가 드라마의 등장인물과 함께 극적인 장면을, 즉 무언가가 이 장소에서 발생하고, 다른 것이 저 장소에서 발생하는 극적인 장면을 묘사한 후에는, 모든 것이 느낌으로 빔람하고 생명성을 띠게 되었다. 그는 이 상황이 갖고 있는 감정성emotionality을 검토할 수 있는 위치에 있다. 물론 발견의 어려움은 충격이 어디에서 오는지 결정할 수 없었다는 데, 장면과 꿈을 구분할 수 없었다는 데 놓여 있다. 프로이트는 (슈레버의 경우에서보다) 늑대인간의 내적 세계를 개념화하는 것에 훨씬 더 근접했다. 만약 이러한 발걸음을 내딛을 수 있었다면 그는 멜라니 클라인처럼 앞으로 나아갈 수 있었을 것이다. 아동들이 어머니의 몸의 내부와 자신의 몸의 내부에 몰두한다는 것, 그리고 그것이 삶이 진행되는 진정한 장소, 세계라는 것을 발견하는 순간 클라인은 앞으로 나아갈 수 있었다. 만약 프로이트가 이 지점에서 그러한 발걸음을 내딛을 수 있었다면, 그가 1937년에(심지어 이때도 아주 가설적으로) 겨우 도달할 수 있었던 분열 과정이라는 개념으로 거의 직접적으로 이끄는 엄청난 도약을 할 수 있었을 것이다. 그러나 그는 그 시점에서 이러한 개념화(원초적 장면을 취해 그것을 내부에 위치시킴으로써 그것의 장소를 발견하는 것)에 도달할 수 없었던 것처럼 보인다. 그리고 그렇게 된 이유는 그가 그러한 종류의 정신을 갖고 있지 않았기 때문이라고 나는 생각한다. 내적 세계가 정말로 존재하며, 그것은 단지 우화적이거나 은유적인 것이 아니라, (뇌가 아니라 정신 속에) 구체적 실존existence을 갖고 있다는 것을 깨닫는 데는 멜라니 클라인 같은 인물이 필요했다. 부다페스트나 빈처럼 어머니의 몸의 내부가 절대적으로 지리적인 장소라는 확신을 갖고 그녀는 그것에 관해 이야기하는 아동들을 경청했다.

그 결과 프로이트는 다음과 같은 모호함을 갖게 되었다. 슈레버 사례에서 그는 세계 파괴에 관해 이야기했지만, 슈레버 자신이 세계를 조각냈다는 결론에 도달하지 못했다. 그는 파괴된 이 세계의 위치가 어디인지 확정하지 못했기 때문이다. 그대신 그는 리비도의 철회와 관심사의 철회에 대해 이야기해야 했고, 따라서 드라마 전체가 약화되었다. 이제 이와 유사하게, 늑대인간의 경우에도 프로이트는 원초적 장면을 내적 상황으로 위치 짓지 못했고, 따라서 충격이 (내부에서) 계속해서 진행된다는 것을 파악하지 못했기 때문에, 그리고 늑대꿈(4세 때의 꿈) 및 다른 꿈들(분석을 받기 시작한 23세 때의 꿈들)이 내부에서 진행되는 동일한 원초적 장면이며 환자에게 동일한 영향을 미친다는 것을 파악할 수 없었기 때문에, 그는 유아의 삶의 직접성에 대한 감각을 발전시킬 수 없었다. 그는 꿈(또는 환상)과, 외부 세계의 외상적 요인을 혼동했을 뿐만 아니라, 그가 재구성으로서 행하는 분석 작업에 관해 재고해야 할 필요성에 대해서도 모호한 생각을 갖고 있었다. 우리는 이 환자에 대한 4년간의 분석 대부분이 이 한 꿈을 분석하는 데 사용되었다는 인상을 받는다. 그 꿈[늑대 꿈]과 관련된, 그리고 그 꿈을 상세하게 해명해줄 다른 꿈들이 존재했다는 것이 틀림없음에도 불구하고 말이다. 그러나 프로이트의 모델은 조금씩 그림조각 퍼즐을 맞춰가는 재구성 유형이었고, 논문의 끝부분에서 '해결'에 관해 이야기하고 있기 때문에, 재료에 대한 그의 이해와 완전한 사용은 방해받았다.

그가 행하고 있던 작업의 재구성적 성격에 집착했던 이유를 이해할 수 있는 가장 설득력 있는 방법은, 전이의 직접성 속에서 분석이 진행되고 있다는 것을 그가 깨닫지 못했기 때문이라고 생각하는 것이다. 그는 꿈이 바로 자신 앞에서 진행되고 있다는 것을 보지 못했다. 사실, 고고학적 모델의 유물에 대한 이러한 집착이 전이 상황의 격렬함과 열정을 묽게 만드는 효과를 낳은 것 같다고 나는 생각한다. 그리고 프로이트는 전이는 탐구되어야 할 것이라기보다는 과거가 되돌아와 활발하게 활동하는 것이라고 이야기하면서, 마치 많은 느낌과 더불어 되돌아오는 유물인 것'처럼' 전이에 대해 항상 말한다. 그는 전이가 '비현실적'이라고 이야기한다. 나는 이에 대한 하나의 이유가 역전이에 대한 그의 태도가 아주 부정적이었기 때문이라고 생각한다. 그는 역전이가 도구라기보다는 분석가의 작업에 방해가 되는 것이라고 생각했다. 그가 전이를 처음 발견했을 때 그것을 단지 해가 되는 것으로 보았던 것처럼 말이다. 이러한 사정은 그의 재구성적 견해, 그리고 전이는 되돌아오는 과거이지 현재적이고 직접적인 것은 아니라는 그의 생각과 관련 있다. 그는 분석 상황이 전이가 발생하고 있는 장소이며, 그 장소로부터 무언가가 분출하고 있다는 것을 파악하지 못했다. 이러한 이유로 그것과 연결되어 있는 정동은 어떤 의미에서는 '낡은' 정동이었다. 그것은 매우 귀중하고 흥미롭지만 현재에는 유용하지 않고, 살아 있지 않으며, 생생하지 않다. 물론 이는 분석적 방법(론)과 그것의 치료 효과의 본질에 대한 그의 전체 견해에 영향을 미쳤다. 앞서 언급했듯이 처음에 그는 수수께끼, 조각그림 퍼즐을 푸는 것, 그리고 해결책을 제시하는 것이 분석 작업이라고 생각했다. 그러고 난 후 「기억하기, 반복하기, 그리고 철저히 작업하기」에서 그는 분석가의 작업이 거기에서 끝나지 않으며, 환자가 해결책을 받아들이고 그것을 철저하게 작업하도록 돕는 것이라는 점을 깨닫기 시작한다. '철저히 작업하기working through'라는 말이 무엇을 의미하는지는 아주 명확하지 않지만, 이 시점에서(1912년경) 그것은 그의 이전 생각과 동일한 의미를 갖고 있는 것처럼 보인다. 정신병리는 일종의 이물질 관계처럼 다른 관념들과 통합되지 못하고, 따라서 사라지는 것이 불가능한 방식으로 정신 속에 존재하는 경험 또는 관념에 기인한다는 이전의 생각 말이다. 그렇다면 '철저히 작업하기'는 불쾌한 관념과 기억을 사라지게 만들기working away라고 말할 수 있을 것이다.

이 시기에 방법(론)으로서의 치료에 대한 프로이트의 태도는 환자에 대해 상당히 공격적이었다는 것이다. 이는 프로이트의 임상, 즉 환자에게 해결책을 제시하고 그로 하여금 그것을 받아들이도록 노력한다는 것 – 주사 꿈에서 그가 이르마에 대해 느꼈던 암묵적 비난을 동반하면서 – 으로 거칠게 기술될 수 있는 프로이트의 임상과 맥을 함께한다. 환자에 대한 이러한 종류의 냉담함은 그가 늑대인간에게 제시한 취소 불가능한 종료일 – 아마도 이것은 그의 후의 발병에 기여했을 것이다 – 에서 표현되었다. 그리고 1914년 또는 1915년의 이러한 공격적 태도는 (「종료할 수 있는 분석과 종료할 수 없는 분석」을 썼던) 1936년에 이르러 분석적 치료에 대해 극히 비관적인 태도로 변화한다. 이 논문에서 프로이트는 분석가의 지위에 대해 아주 강한 무력감을 사실상 표현한다. 그는 어떤 방식으로든 환자들에게 영향을 미칠 수 있는 힘이 거의 없고, 그들이 스스로에게 영향을 미칠 수 있는 도구 또는 수단만을 제공할 수 있을 뿐이라는 것이다. 이러한 두 태도 – 공격성과 비관주의 – 는 동전의 양면처럼 보인다. 그것들은 무자비하게 재구성적인 방법론적 견해로부터 유래하는 것처럼 보인다. 이에 따르면 분석은 재구성으로 이루어진다. 처음에는 조금씩, 그리고 마침내 환자에게 재구성 전체가 제시되며, 이 속에서 해답을 찾는다. 앞서 언급했듯이 프로이트가 이 견해에 매달린 것은 더 직접적이고 내적인 상황, 정신 내부의 장소를 구체적 방식으로 개념화할 수 있는 발걸음을 내딛지 못했기 때문이라고 나는 생각한다. 그리고 이렇게 된 것은 아마도 그가 그것에 대한 자료를 갖고 있지 못했기 때문일 것이다.

주어진 재료만으로 프로이트는 그러한 발걸음을 내딛지 못했을 것이라고 나는 솔직히 생각한다. 그는 상상력을 통해 그렇게 할 수는 있었을 것이다. 그러나 그는 증거를 매우 중시하는 사람이었다. 그리고 그는 자신이 볼 수 있는 어떤 증거도 갖고 있지 못했다. 되돌아보면 구체적인 내적 세계를 보기는 매우 어려웠을 것이다. 심지어 슈레버도 그것을 거의 제공하지 않았다. 왜냐하면 심리적 현실에 대한 슈레버 자신의 외화externalization는 너무 완벽해서, 분석가가 자신의 이론과 해결책을 그에게 부과하고 있다는 느낌 없이 그것[슈레버의 심리적 현실]을 슈레버 속으로 다시 집어넣기는 매우 어려웠을 것이기 때문이다. 어린 한스는 아마 조금 다를 것이다. 한스와 그의 여동생이 그것[황새 상자] 속에서 함께 여행했던 황새 상자에 관한 재료, 아버지와 함께 어떤 장소에 침입해 들어간다는 환상, 폐소공포증의 증거 등이 이를 암시한다. 그러나 그것은 멜라니 클라인이 1920년대에 작업을 시작했을 때 두 살에서 세 살 된 아이들로부터 얻었던 재료와는 다른 것이었다. 아이들은 그녀에게 그것에 대해 이야기했다. 그리고 몇몇 이유로 그녀는 그것을 진지하게 받아들였다(모두가 그렇게 하지는 않을 것이다).

| 11장 |

한 아이가 맞다(도착증)

이 장은 1차 세계대전 말 프로이트의 작업에서의 진정한 분수령과 관련되고, 이후에 1920년대에 형성될 그의 사고에서의 커다란 혁명, 즉 구조적 이론이 뒤따르기 때문에, 내가 생각하기에 가장 어려운 장이다. 그것은 극히 복잡하기 때문에 가장 어려운 장이다. 프로이트가 제시하는 증거를 이해하기 어려우며, 나 자신도 다른 사람들에게 그것을 설명할 수 있을 것이라고 기대하기 어렵다. 다시 한번 나는 내가 이 책에서 프로이트의 임상 작업을 통해 그에게 접근하며, 이론들 – 설명적 이론으로 표현된 그의 이론들 – 을 본질적으로 설명력을 갖고 있지 않은 것으로 간주한다는 점을 강조하면서 논의를 시작하고자 한다. 설명하려는 시도에 근거를 두는, 정신에 대한 접근 방법은 잘못된 것인 듯하다. 그리고 이러한 이유로 나는 이론들을, 치료실에서 유용하게 사용할 수 있는, 그리고 임상 경험에 관해 사고하고 쓰고 말함에 있어 유용하게 사용할 수 있는 사고방식으로 간주할 것이다. 우리가 사람들의 정신을 탐구하면서 치료실에서 만나는 다양한 현상의 상호 관계를 모으고 범주화하며 증명하는 데 도움을 주는 사고방식 말이다. 나는 프로이트의 사고방식과 관련해 분수령이 되는 시기에 대해 논의하고자 한다. 이 시기의 논문들 속에서 그것을 끄집어내기는 아주 어렵다. 우리는 늑대인간(임상 작업은 1910년부터 1914년까지 이루어졌으며 전쟁 기간에 이 사례가 집필되었다)과, 새로운 **구조적 이론**의 씨앗을 포함하고 있는 1920년의 「쾌락원칙을 넘어서」의 사이 어딘가에 있기 때문이다. 내가 「애도와 멜랑콜리」와 「나르시시즘에 관하여」에 대해 논의할 때 보여주었듯이, 이상적 자아 개념이 자아 이상 개념으로 발달할 때 이 새로운 구조적 이론은 이미 진행되고 있었다. 그가 그것을 아직 그 자체로서가 아니라 정신 속의 기관agency으로 다루었지만 말이다. 프로이트는 구조와 발달 과정의 정확한 관계에 대해 전혀 설명하지 않으며, 그것에 대한 자신의 사고방식을 쉽게 전달하지 않는다. 그 시기는 전쟁의 시기였다. 그는 외국과 독일의 동료들(부다페스트의 페렌치, 베를린의 아브라함)로부터 상당히 격리되어 있었다. 그는 환자를 거의 보지 못했고, 생각하고 집필하면서 많은 시간을 보냈다. 그 결과로 작은, 그러나 극히 흥미로운 일군의 논문이 출간되었다. 많은 분량을 쓰지는 않았지만, 그가 앉아서 했던 일은 사고로 가득 차 있다. 그리고 이는 내가 이제 강조하고자 하는, 그 시기에 진행되었던 진정한 투쟁의 증거이다.

내 생각에 「한 아이가 맞다」는 이러한 과정의 중심적 논문이며, 물론 이 장의 핵심적 내용을 형성할 것이다. 그러나 이 논문의 완전한 의미를 평가하기 위해서는, 즉 마조히즘과 이에 따른 도착증의 탐구에 전적으로 새로운 길을 열어주었던 심리적 현상에 관한 논문으로서만 아니라, 프로이트의 새로운 사고방식의 발달을 체현하는 논문으로서의 완전한 의미를 평가하기 위해서는 세 가지 다른 논문도 다룰 필요가 있다. 그것들은 훨씬 더 이론적이며, 임상적 현상을 직접적으로 많이 참조하지 않는다. 내가 이미 언급한 논문 「성격과 항문 성애」(1908)에서 그는 세 가지 성격 특성, 즉 인색, 완고함, 질서를 제시한다. 그리고 처음으로 성격 구조와 리비도 발달과 리비도 고착의 관계에 대해 기술한다. 실제로 이는 성격에 대한 그의 최초의 곁가지 연구였다. 1915년에 「충동과 그것의 운명」(도덕주의적 제목이다)이, 그리고 1917년에는 「항문 성애에 대한 충동의 변형들의 관계」가 출간되었다. '운명'[13]과 '변형transformation'이라는 이 두 단어 – 나는 이를 정확하게 이해하기 위해 노력할 것이다 – 는 그의 사고방식에서의 변화를 설명하는 아주 중요한 핵심어이다. 따라서 나는 「한 아이가 맞다」에 대해 논의하기 전에 그것들에 대해 탐구하고자 한다.

하지만 우선 나는 이 지점까지의 역사를 요약해보고자 한다. 『히스테리 연구』에서 프로이트는, (기억상실, 전환, 불안 같은) 현상들은 어떤 기억recollections의 억압의 결과로 발생한다는 단순한 이론을 바탕으로 그러한 현상들에 대해 명확하게 연구하기 시작했다. [프로이트에 따르면] 이는 또한 충동의 억제를 포함하고 있으며, 이 억제된 충동이 불안으로 전환된다. 그리고 이어서 불안은 억압된 기억과 함께 증상으로 변화한다. 이는 프로이트가 자신의 연구 영역을 강박증으로 확대하고

13) 독일어 원문으로는 운명Schicksal이지만 영어로는 'vicissitudes(변천)'으로 번역되었음. –역주

자 했을 때 거의 즉시 어려움을 낳는, 매우 단순한 이론이었다. 기억이 억압되었다는 이론에만 근거해서는 강박증을 다룰 수 없다는 것을 그는 발견했다. 어떤 방식으로든 정동이 기억으로부터 분리되었고, 따라서 기억이 억압되는 것이 아니라 정동이 억압된다. 기억은 회상될 수 있지만, 정동이 사라졌다. 프로이트는 이것이 매우 불가사의하다고 생각했다. 그는 이것이 성욕과 관련 있다고 확신했으며, 임상 작업을 하는 과정에서 유아 성욕을 확증할 수 있었다. 그리고 아동 발달에서의 중심적 갈등 상황으로 오이디푸스 콤플렉스가 도처에 존재함을 확증할 수 있었다. 더 나아가 그는 모든 것이 나중의 삶이 아니라 유아기의 발달 과정에서 연원한다고 확신했다. 그리고 한스 사례가 등장했다. 이 사례는 아동들에게 오이디푸스 콤플렉스와 유아 신경증이 존재한다는 것을 분명하게 확증해주었다. 쥐인간 사례는 갈등이 존재한다는 것, 그리고 강박증에서 이러한 갈등은 단지 관념과 (외부 세계와 사회적 기준에 용납되지 않는) 욕망 사이의 갈등이 아니라 어떤 형태로든 사랑과 증오 사이의 갈등이라는 것을 프로이트로 하여금 이해할 수 있도록 도와주었다. 그리고 내가 레오나르도 사례와 관련해 언급했듯이, 우리는 프로이트가 한 사람의 삶 – 처음부터 끝까지 직선적인 방식으로 연구될 수 있는, 통일화된 어떤 것으로서의 한 사람의 삶 – 이라는 개념을 포괄할 수 있도록 정신분석에 대한 자신의 사고를 확장하려고 애쓰고 있음을 볼 수 있다. 그것은 진전과 퇴행, 그리고 다른 과정이 발생하며, 통합된 역사 속에서 서로 연결되어 있는 삶이다. 슈레버 사례에서 프로이트는 다음 사실을 발견한 듯 보인다. 삶이라는 것이 존재할 뿐만 아니라 세계라는 것도 존재하며, 모든 사람이 자신의 세계 속에서 자신의 삶을 살아간다는 것, 그리고 그의 세계는 어떤 의미에서 부분적으로 자신이 생각해낸 세계이고, 어떤 의미에서는 자신의 정신의 특수한 세계이며, 파편화되고 찢어져 조각날 수 있다는 사실 말이다. 또한 프로이트는 사람들이 자신의 세계가 붕괴되도록 허락할 때 그들에게 무서운 일이 발생할 수 있다는 것을 발견한 듯이 보인다.

이렇듯 점차적으로 프로이트는 인성과 인성의 발달과 관련 있는 심리학의 통일적 영역이라고 간주될 수 있는 어떤 것을 향해 관심을 집중하게 되었다. 동시에, 동일한 또는 상이한 현상을 연구하는 심리학의 다른 영역들이 역사에 등장하고 있었다. 형태심리학은 전적으로 다른 관점에서, 즉 매우 현상학적인, 그러나 인성과 그것의 발달과는 무관한 관점에서 심리학을 연구하고 있었다. 다른 학파들은 훨씬 더 사회학적 또는 인류학적 방향성을 띠고 있었다. 그러나 프로이트는 다음 네 범주를 갖고 있는 심리학의 확고한 그물망 아래로 자신의 작업을 결집하고자 했다. [i] 발달 과정과 그것의 유전적 특징, [ii] 발달 과정의 지형학(즉, 의식의 여러 수준과 이와 관련된 문제들). 즉, 그는 정신병리와 관련된 중요한 질문들에 대해 사고했다는 것이다. [iii] 역동성의 문제(즉, 심리적 에너지를 조정하는 정신의 메커니즘). [iv] 경제적 측면(즉, 양적 측면을 정의하려는 시도). 이 당시 프로이트가 사용한 '양적'이라는 말은 '심리적 에너지'를 의미했다. 그리고 그는 이 에너지를 매우 구체적인 것으로 사고하고 있었다. 마치 그것이 전기 또는 유체정역학적hydrostatic 에너지 또는 열 에너지라는 듯이 말이다. 이렇듯 프로이트의 사고 모델의 성격은 본질적으로 유체정역학적 에너지학 모델부터 유래했다. 그리고 정동에 관한 그의 개념들도 거의 순수하게 양적이었고, 정신 속에서의 자극의 양이라는 관점에서 전개되었다. 프로이트 그리고 다른 사람들이 연구하기 시작한 현상학적 연구가 강박증을 넘어 확장되었고, 나르시시즘 현상의 전체 영역이 조울증 상태 또는 정신분열증 또는 건강염려증 같은 더 심각한 질병과 연관되어 감에 따라, 프로이트의 사고 모델들이 단지 현상을 봉합하거나, 임상적 현상을 이해하기 위한 유용한 도구를 제공하는 것이 아니라는 것이 점차적으로 분명해졌다. 이 시기에 치료실에서의 전이는 더 이상 저항으로서만 다루어지지 않았고, 그 자체의 권리를 갖고 있는 어떤 것으로 간주되었다. 이는 쥐인간 사례에서 어느 정도 명확하게 드러났고, 늑대인간 사례에서 훨씬 더 분명해진다. 후자에서 전이는 고유의 특수한 타당성을 갖고 있는 하나의 의사소통으로 간주되었다. 그리고 거기에서도 전이가 여전히 [사례의] 재구성이라는 목표로 사용되고 있었지만, 재구성도 이제는 더 이상, 외상적 경험 또는 억압된 사건으로 소급되는 정신적 사건의 단순한 연쇄에 대한 묘사가 아니었다. 그것은 초기에 발생했지만, 한 사람의 삶과 발달 전체, 즉 인성과 관심사와 관계를 재구성하는 시도 – 레오나르도와 늑대인간 사례에서 볼 수 있듯이 – 가 된 것이다.

1915년에 프로이트는 늑대인간 사례를 완성했지만, 그럼에도 나는 그것이 프로이트의 이후의 발달에서 중요한 사례로 남아 있다고 생각한다. 그는 그 사례를 집필하느라 바빴고 그것에 대해 사고했다. 그리고 이 당시 그는 여전히 리비도 이론에 얽매어 있었다. 이는 「충동과 그것의 운명」(1915)이라는 논문에서 아주 명확하게 표현된다. 운명(변천vicissitudes)이라는 표현으로써 프로이트가 의미한 것은 한 사람의 발달 전체, 즉 성격, 증상, 건강, 질병 등의 맥락과 상당히 연결되어 있는 것으로 보인다. '충동의 운명'은 발달 단계와 특별한 관계를 갖고 있는 어떤 것인 듯하다. 아브라함과 함께 그는 일련의 조직화라는 관점에서 인성의 발달에 대해 사고하고 있었다. 이 시기에 이러한 조직화들은 전생식기적 조직화로, 그리고 생식기적 조직화로 사고되었다. 전생식기적 조직화는 여러 단계, 즉 구순적 그리고 항문-성애적 단계는 물론 구순적 그리고 (아브라함이 이미 생각하고 있었듯이) 항문-사디즘적 단계를 갖고 있다고 이미 간주되었다. 그러나 중요한 구분은 전생식기적 단계와 생식기적 단계 간의 구분이다. 전생식기는 나르시시즘 자체의 영역으로 또한 간주되었다. 나르시시즘은 주로 리비도적 용어로 설명되었다. 즉, 그것은 자가성애에서 대상관계로 리비도가 전개되는 과정 중의 한 발달 단계로 간주되었다. 자신의 몸을 리비도적 충동자극의 대상으로 삼았지만, 그러고 난 후 타인의 몸을 리비도적(즉, 주로 성적) 대상으로 선택하는 대상관계로의 발달 과정 중 한 단계라는 것이다. 이제 '운명'이라는 용어는, 예를 들면 '발달이 생식기적 조직화로 나아갈 때 전생식기적 조직화에는 어떤 일이 발생하는가' 같은 질문 속에 자신의 의미의 뿌리를 갖고 있는 것처럼 보인다. 그것은 어디로 가는가? 명백히 성감대들은 여전히 존재하며 자극도 여전히 존재한다. 그리고 그것과 연결되어 있는 환상과 욕망도 여전히 정신 속 어디엔가에 존재함이 틀림없다. 그렇다면 그것에 어떤 일이 발생했는가? 프로이트는 리비도가 조절되는manipulated 방식이라는 관점에서 이러한 질문에 대답하는 듯하다. 그리고 이 지점에서 프로이트는 이러한 조절을 '방어 메커니즘'—나중에 정신분석의 역사에서 이 개념이 사용되었던 의미에서의 방어 메커니즘—과 아주 동일한 것으로 간주했다. 그는 「충동과 그것의 운명」에서 네 가지 방식의 [리비도] 조절에 대해 이야기한다. 반대물로의 전환, 자기self로 향하기, 억압, 그리고 승화가 그것이다. 그는 이전에 억압과 승화에 대해 많이 이야기했기 때문에 이 논문에서는 그것들에 대해서는 언급하지 않고 주로 앞의 두 가지에 대해 논의했다. 그리고 그는 여기에서 '자기self'를, 오늘날 우리가 사용하는 기술적技術的 용어—'자기'라는 의미를 갖고 있는 인성의 부분, 그리고 어떤 기능적 방식으로 통합된 자아와 이드의 구성요소를 모두 포함하는 인성의 부분을 의미하는 용어—로 사용하지는 않았다.

네 종류의 운명을 갖고 있는 충동이라는 개념을 이해하기 위해서는, 프로이트가 충동이 쌍을 이루는 경향의 성질을 갖고 있다고 생각한다는 점을 이해해야 한다. 중요한 쌍은 [i] 사랑과 증오, [ii] 사디즘과 마조히즘, [iii] 능동성 및 수동성 등이다. 사랑과 증오의 쌍의 경우, 충동은 사랑과 증오와 관련 있는 정동을 갖고 있다는 것을 의미한다. 또한 남성성과 여성성의 쌍도 존재한다. 그러나 그는 이 쌍을 생식기적 조직화에 국한시킨다. 즉, 그는 전생식기적 남성성 또는 전생식기적 여성성에 대해 이야기하지 않고, 이와 관련해서는 능동성과 수동성에 대해서만 이야기한다. 따라서 프로이트는 충동이 반대 방향으로 향하는 '도치시킴inverting'이라는 용어를 사용한다. 이는, 예를 들면 사랑의 정동을 포함하는 충동이 증오의 정동을 포함하는 충동으로 전환될 수 있다는 것을 의미한다. 이와 유사하게 사디즘적 충동자극 또는 충동은 마조히즘적 충동자극 또는 충동으로 도치될 수 있다. 그는 어떻게 이것이 발생할 수 있는지 설명하지 않았고, 어떤 방식으로든 그런 일이 발생할 수 있다고 말했을 뿐이다. 따라서 자기self로 향하기는 나르시시즘으로의 복귀와 대등한 의미이다. 리비도를 자기로 향하게 만들어서 그것을 나르시시즘적 리비도로 만든다는 것이다. 그것이 이 지점에서 프로이트가 '충동의 운명'이라는 말로써 의미하는 것이다. 그는 여전히 리비도 이론을 따르고 있으며, 충동의 전개를 통해 인간의 행동과 느낌을 설명할 수 있다고 생각한다. 충동의 전개는 이러한 메커니즘 또는 운명에 의해 지배된다.

2년 후에 그는 「충동의 변형에 관하여」라는 글을 썼다. 나는 제목만 보아서는, '운명'과 '변형'이 기술적記述的 용어로 서로 호환될 수 없는 용어라고 생각하지 않는다. 그러나 중요한 점은, 전적으로 다른 사고방식이 프로이트의 정신 속에 아주 미묘한 방식으로 작용하게 되었다는 것이다. 그가 이 논문에서 주로 기술하는 것은 항문적 충동과 관련되어 있다. 항문적 성감대와 결합되어 있는 [충동], 따라서 본질적으로 항문 그리고 배변과 그것[배변]의 의미 및 환상적 함의와 관계있는 충동 말이다. 프로이트의 이 논문은 이 항문적 충동자극이 배변과 관계를 맺는 다양한 방식에 관심을 갖는다. 서로 명확하게 구분되거나 분화되지 않은 상이한 의미와 대상을 갖게 되는 방식 말이다. 그리고 이 의미와 대상은 본질적으로 '배변-남근-아기-돈 또는 선물'이라고 열거된다. 우리는 이를 '혼동 계열confusional series'이라고 부를 수 있을 것이다. 그러나 왜 이것이 충동의 변형인지 명확하지는 않다. 그것은 충동과는 아무런 상관이 없어 보이기 때문이다. 그것은 충동에 대해 사고하는conceive 방식, 그리고 충동의 행위에 귀속되는 행위와 관련 있어 보인다. 항문적 충동자극과 항문적 흥분 및 환상이 남근이나 아기 또는 배변의 의미를 갖는 배변 덩어리와 관계가 있는가 또는 없는가의 문제라는 것이다.

나는 바로 이것이 자아심리학의 출발점이며, 리비도 이론의 죽음을 서서히 도입하고 있다고 생각한다. 나는 많은 사람이 내게 동의하지 않으리라고 확신한다. 그러나 나는 리비도 이론이 대략 이 시기에 종언을 고하고 있으며, 자아심리학과 대상관계 심리학에 의해 대체되고 있다고 생각한다(자아심리학과 대상관계 심리학은 서로 엄청난 원수인 것처럼 사람들이 이야기하지만 이 둘은 동일한 것이다). 하나의 사고방식으로부터 멀어짐으로써 프로이트는 훨씬 더 커다란 조직력을 갖게 될 다른 사고방식으로 이동하고 있다. 현상들을 결합하고 그것을 이해 – 설명이 아니라 – 가능한 연관성 속으로 집어넣음으로써 말이다. 그는 충동을 단지 만족을 요구하는 육체의 긴장으로 간주하는 것 – 이는 행복이 기분 좋은 혼수상태 같은 것이며, 따라서 열반원칙으로 설명된다는 것을 함축한다 – 으로부터 벗어난다. 그리고 정신을, 일차적으로 의미를 다루는 것과 관련 있는 기능으로 간주하는 쪽으로 나아간다. 에너지 원리로부터 이렇듯 벗어나, 의미를 다루기 위한 도구로서 정신을 연구한다는 것은 내가 앞서 말했듯이 자아심리학과 대상관계 심리학이 시작되었다는 것을 의미하는 듯하다. 그리고 그것들은 우리가 오늘날 실천하고 있는 심리학이다.

이와 관련해 다음 사실이 흥미롭다. (내 생각에는) 열역학 제1법칙에서 취한 '에너지'라는 단어가 열역학 제2법칙에서 취한 '엔트로피'라는 단어에 의해 대체되고 있는 유일한 곳이 늑대인간 사례의 끝부분에 등장한다는 것이다. 이 지점에서 프로이트는 엔트로피라는 용어를, 리비도의 점착성stickiness이라고 말할 수 있는 것에 적용하고 있다. 사람들은 자신의 리비도 점령·애착·이해관계를 변화시키는 것에, 즉 자신의 삶에서 가치 있고 중요한 것의 균형을 무너뜨리는 것에 어려움을 겪고 있다는 것이다. 이렇듯 그는 엔트로피를 본질적으로 관성inertia과 대등한 어떤 것인 것처럼 이야기하고 있다. 그러나 나는 이것이 그의 사고에서 매우 중요한 발걸음이라고 생각한다. 정보이론과 언어학의 도움으로 엔트로피라는 개념의 사용을 발전시킬 수 있었기 때문이다. 이제 그것[관성]은 물리학에서 특수한 것이 아니다. 그것은 열역학 제2법칙에서 말하는 것처럼 낮아지는 에너지 또는 이용 불가능한 에너지를 의미하지 않으며, 조직화 일반, 그리고 무질서에서 질서로의 진전을 포함하는 개념으로 확대된다. 그것은 그때부터 프로이트의 사고에 침투하고 그의 사고를 상당히 변화시킨 어떤 것이 되었다고 나는 생각한다. 리비도 이론의 덫이 남아 있지만—즉, 리비도 점령cathexis, 에너지의 변형, 과도한 리비도 점령hypercathexis 등의 용어가 여전히 사용되지만—, 그의 사고의 근거는 극적으로 변화했다고 나는 생각한다. 이제 에너지와 그것의 흐름 등과 같은 용어가 아니라, 사고의 혼란된 방식에서 조직화된 조화로운 사고로 의미가 조직화된다는 관념이 중요성을 획득한다. 그 이후로 정신분석은 이러한 방향에 주목하고 그 방향으로 발달되어 왔다.

앞서 언급한 「충동의 변형」(1917)이라는 작은 논문은, 전생식기적인 것의 조직화, 특히 항문적 조직화나 전개가 일어날 때 대상과 의미의 분화가 결여되어 있다(남근=아기=배변)는 사실에 대한 날카로운 관찰에 근거하고 있다. 하지만, 이 논문은 일차적으로 이론적 논문이다. 이러한 사고방식을 임상적으로 활용한 놀라운 작은 논문이 「한 아이가 맞다」이다. 우선 나는 '한 아이가 맞고 있다'고 내게 말한 환자는 하나도 없으며, 이러한 말을 자신의 환자가 했다고 말하는 사람도 본 적이 없다. 그러나 프로이트의 환자 중 많은 사람이 이러한 환상을 갖고 있다고 말했던 것 같다. 이는 19세기의 현상임이 틀림없다. 프로이트는 매우 흥미롭게도 다음 사실을 지적한다. 즉, 이러한 환상은 당시 독일이나 빈에서 [다른 아이들보다도] 더 많이 구타당하는, 중산층이나 유대인 가정의 아이들이라는 특수한 요인으로 소급되는 현상이 아닌 것처럼 보인다는 사실 말이다. 이러한 환상을 갖고 있는 사람은 일반적으로, 구타당하지 않고 호의적인 방식으로 양육받은 중산층에 속하는 사람들이었다.

그러나 오늘날 임상에서 그러한 현상에 자주 접하지는 않는다고 할지라도 우리는 구타와 관련된 환상들, 즉 매를 맞거나 채찍질하면서 성적 만족에 도달하는 도착증을 다수 접한다. '한 아이가 맞고 있다'는 환상, 즉 죽을 때까지 맞는다는 환상이 성적 도착증의 뿌리 어딘가에 놓여 있다는 증거는 매우 분명하다고 나는 생각한다. 프로이트 자신도 그러한 결론에 도달한다. 마조히즘이 존재하는 곳에서 우리는 '한 아이가 맞고 있다'는 환상을 발견하게 된다는 것이다. 마조히즘에 대한 이러한 접근은 1915년의 논문 「충동과 그것의 운명」에서 표현되었던 마조히즘과는 전적으로 다르다. 당시에 그는 사디즘적 충동자극이 자기를 향해 되돌아온 것으로서의 마조히즘에 대해 이야기하고 있었다.

그러나 「한 아이가 맞다」에서 그는 '한 아이가 맞고 있다'는 환상의 변형에 대해 탐구한다. '맞고 있는 아이'는 주체 자신인가 또는 다른 아이인가? 남자아이가 맞고 있는가, 여자아이가 맞고 있는가? 아버지가 때리는가 어머니가 때리는가? 맞는 아이는 사랑받는 아이인가, 미움받는 아이인가? 간단히 말하면 환상의 의미는 무엇인가? 그는 이러한 환상을 갖고 있던 남성 환자들과의 경험을, 여성 환자들과의 경험과 비교하며 이 환상을 세 개의 상이한 단계로 소급시킨다. 어떤 의미에서 그는 무시무시한 매듭으로 자신을 묶고 있다고 말할 수 있다. 그것은 극히 흥미롭고 매우 혼란스럽다. 그러나 궁극적으로 밝혀지는 것은, 프로이트가 매우 명확하게 지적하듯이 환상과 마조히즘의 관계가 여기에서 매우 중요하다는 사실이다. 즉, '맞고 있는 아이'는 이러한 환상의 변형이 일어나는 어떤 단계에서 환자 자신(남자 또는 여자)이 된다는 것이다. 그리고 그는 이를, 늑대인간의 환상 속에 남근에 매를 맞고 있는 왕자가 등장한다는 사실[과 연결시킨다], 그리고 늑대인간이 결장의colonic 자극을 욕망한다는 것에서 표현되었던 마조히즘적인 항문적 성향과 연관시킨다. 그는 늑대인간이 실제로 어릴 때 그랬듯이 어느 정도 그것을 늑대 공포증과 연결시킨다. 그리고 그의 늑대 공포증은 아버지에 의해 성행위당하고 싶은 욕망, 거세당해 여자로 변하고 싶은 욕망과 관련 있다고 생각한다.

'한 아이가 맞고 있다'는 환상을 염두에 두면서, 그리고 충동의 '운명(변천)'에서 '변형'으로 용어가 변화했다는 점을 염두에 두면서 「늑대인간 사례」로 되돌아가면, 우리는 두 개의 매우 중요한 언급이 그 논문 속에 있다는 것을 발견할 수 있다. 이것들은 내가 생각하기에 성욕과 성도착증에 관한 프로이트의 재사고re-thinking의 전조이다. 에너지학과 리비도의 분배에서 자아 기능, 사고, 그리고 꿈꾸기로의 위대한 이행 말이다. 어떤 의미에서 절대적으로 현대적인 이 두 가지 언급은 첫째, 늑대인간의 성적 특이성과 관련해 환상을 재정의하는 것이다. 이는 성행위 시에 사람은 아버지에 의해 성행위당하는 어머니 속에 있는 사람과 자신을 동일화할 수 있다는 것을 함축한다. 성행위는 성행위하는 어떤 사람이 성행위당하고 있는, 내부에 있는 아이라는 것을 의미할 수 있다는 것이다. 둘째로는, 사람은 어머니의 몸속으로 들어가는 아기로서 자신의 남근과 동일화할 수 있다는 것이다. 물론 우리는 지난 20년 동안, 유아의 환상이 어머니의 몸 내부와 어떤 방식으로 관련을 맺고 있는지 면밀하게 연구해왔고, 오늘날에도 그러하다. 언급했듯이 이 두 가지 언급은 내가 생각하기에 프로이트가 어둠 속으로 강력한 도약을 수행했다는 점에서 매우 의미심장하다. 즉, [i] 도착증을 매우 복잡한 구조로 다루기, [ii] 성생활을, 충동적 긴장의 만족을 획득하기 위한 기계적 과정이라기보다는 의미로 채워진 과정으로 간주하기, [iii] 일반적인 성행위라고 기술되는 것 근거에 놓여 있는 환상의 복잡성에 대해 사고하기 말이다. 더 나아가 우리는 이 두 가지 언급을 묶을 수 있다. 즉, 그것은 아버지에 의해 성행위당하는 여자 속에 있는 아기와 동일화하고 있는 사람과, 어머니의 몸속으로 다시 되돌아가는, 또는 자궁으로 되돌아가는 아기로서의 자신의 남근과 동일화하는 사람에 관한 언급이라는 것이다. 이 두 언급을 종합해 다시 말하면, 그것들은 질 속으로 들어가는 남근이 어머니의 내부로 들어가는 아이이며, 그러고 난 후에는 거기에서 아버지의 남근에 의해 성행위를 당한다는 환상을 의미한다. 프로이트는 이러한 방식으로 성행위에 대해 사고했던 것이다.

프로이트는 「한 아이가 맞다」에서 그 점에 대해 특별히 언급하지는 않는다. 이를 위해 우리는 몇 년 더 기다려야 한다. 그가 1924년 「마조히즘의 경제적 문제」라는 논문에서 마조히즘의 문제로 되돌아갈 때까지 말이다. 그러나 우리는 다음 사실들을 염두에 두어야 할 것이다. 프로이트는 이미 「늑대인간 사례」에서 이러한 환상들에 대해 기술했다는 것, 그리고 그가 충동의 운동과 그것의 전개의 에너지학energetics에 대해 이야기하는 것에서, 충동의 변형, 그리고 행위 또는 행동 또는 관계의 의미의 변형에 대해 이야기하는 것으로 이행했다는 것 말이다. 우리는 그가 성(욕)에 대한 접근 방식에서 매우 커다란 도약을 이루어냈음을 볼 수 있다. 앞에서 내가 말했듯이 우리는 그가 성(욕)에 대해 기술할 때 그것을 본질적으로 무의미한 행위로, 즉 몸을 만족시키는 다른 어떤 행위 – 몸을 할퀴기, 자두나 그 밖의 것을 먹기 – 와도 결코 차별되지 않는 행위로 – 성행위를 자위행위보다는 훨씬 좋은, 가장 편리한 행위로 – 간주했다는 사실에 대해 항상 불평해왔다. 달리 말하면 성에 관한 그의 이론에는, 성적 관계를 맺는 두 사람 간의 관계에 의미를 부여할 수 있는 것이 아무것도 존재하지 않았다. 이제 그는 의미를 탐구할 수 있는 풍부한 가능성을 성의 영역 전체에 도입했다.

물론 이는 프로이트가 오래전부터 항상 해오던 일이라고 반론을 제기할 수 있을 것이다. 그가 실제적으로 그런 방식으로 작업해왔다는 것도 사실이다. 「도라 사례」나 『히스테리 연구』를 읽어보면, 우리는 프로이트가 말했듯이 그 사례들이 단편소설 같다는 것을 알 수 있다. 그는 항상 의미를 탐구해왔던 것이다. 그러나 어떤 것을 탐구하고 그것의 현상(학)을 기술한다는 것과, (이 현상들을 조직화해서 그것들이 지식의 체계라는 의미를 획득하고, 치료실에서의 사용을 위해 누군가 다른 사람들에게 전수될 수 있는) 개념적 도구를 갖고 있다는 것은 다른 이야기이다. 얼마나 흥미롭고 중요한 시기인가! 이는 그가 자신을 괴롭히는 문제에 대해 생각할 수 있는 시간을 많이 가질 수 있었기 때문에 가능한 일이었다. 그리고 이 시기에 그를 가장 괴롭혔던 문제는 마조히즘의 역설적인 문제였던 것으로 보인다. 프로이트에게 마조히즘이 역설적이었던 이유는, 그것이 고통에 관한 그의 중심적인 경제적 개념에 어떤 방식으로도 상응하지 않았기 때문이다. 리비도 이론 전체가, 과도한 내적·외적 자극이 불쾌 또는 고통으로 경험되며, 긴장의 경감이 쾌락 또는 덜불쾌함으로 경험된다는 관념에 근거해 있었기 때문이다. 이러한 관념의 틀 속에는 마조히즘을 설명할 수 있는 방법이 전혀 존재하지 않는다. 다른 사람들의 사디즘적 행위와 고통을 불러일으키는 행위의 대상이 되는 것에서 쾌락을 느끼는 현상을 전혀 설명할 수 없다는 것이다. 심지어 「한 아이가 맞다」에서도 프로이트는 마조히즘의 문제 그 자체에 관해 많은 진전을 보이지 않는다. 그가 '한 아이가 맞고 있다'에서 '내가 미워하는 아이가 맞고 있다', '나는 아버지에 의해 맞고 있다'로 환상이 변형되는 과정을 기술하면서 마조히즘에 대해 명확히 지적하고 있다는 것은 사실이다. 그리고 이러한 변형이 일어나는 과정 중 어디에선가, '아버지가 다른 아이를 때리고 있기 때문에, 나는 아버지에 의해 사랑받는다'는 환상이 '아버지가 나를 때리고 있기 때문에 나는 아버지에 의해 사랑받는다'는 환상으로 변화한다. 그러나 프로이트는 이 논문에서 동일화 과정과 관계있는 어떤 것을 [거의] 인식하고 있다고 우리는 말할 수 있을 것이다.

레오나르도가 어머니와 동일화했다는 사실에 근거해 프로이트가 그의 동성애에 관하여 [이야기하기 시작한 이후로], 그리고 레오나르도의 어머니가 그를 사랑했던 것처럼 그가 소년들을 사랑했다는 것에 대해 이야기하기 시작한 이후로, 실제로 프로이트는 언제라도 이것[동일화 과정과 관계있는 어떤 것]을 발견하게 될 것이다. 그리고 슈레버가 자신의 아내와 동일화했다는 것, 그리고 성행위를 당하는 여자가 된다는 것이 너무 좋은 일이라고 슈레버가 생각했다는 것[에 대해 프로이트가 이야기하기 시작한 이후로], 그리고 여자로서의 슈레버와 신의 관계에 대해 프로이트가 이야기하기 시작한 이후로 말이다. 늑대인간이 어머니의 월경 과다와 동일화한 것에 대해 이야기하면서, 그리고 푸시킨의 무덤에서 늑대인간이 울었던 사건과 관련해 그가 누나와 동일화했다는 것에 대해 이야기하면서 프로이트는 늑대인간을 통해 이 모든 것을 발견해 나가고 있는 중이었다. 물론 「애도와 멜랑콜리」에서, 진정으로 고통받고 있는 사람이 누구인가라는 질문을 던지면서 그는 그것을 항상 인식하고 있다. 자아 이상을 꾸짖는 것은 자아인가? 아니면 자아 이상이 자아를 꾸짖는가? 그리고 그는 정신적 고통에 관한 이러한 역설을 탐구하기 위해 애쓰면서 이 모든 것을 이 논문 속에서 종합한다. 그로 하여금 설명 이론으로서의 리비도 이론에 만족하기를 방해했던 중요한 장애 중 하나가 마조히즘이었다. 그것이 리비도 이론으로 설명될 수 없다는 것이 아주 명백해졌기 때문이다.

「충동과 그것의 운명」이라는 논문에서 사용된, 자신으로 향하는 충동이라는 이전의 정식화는 기발한 정식화에 지나지 않으며, 프로이트가 필요로 했던 것을 만족시키지 못한다. 그것은 과정을 기술하는 것이 아니라 그러한 과정에 단어를 부여하는 것에 지나지 않기 때문이다. 마조히즘을 '자기를 향하는 사디즘'으로 정의하기는 아주 쉬운 일이다. 그러나 그것은 마조히즘에 대해 아무것도 실제로 말하는 바가 없다. '아버지가 나를 사랑하고 다른 아이를 때리기 때문에 나는 아버지에게 매를 맞는 아이와 동일화한다'는 중심적인 마조히즘적 환상에 프로이트는 가까이 다가가고 있다. 우리가 이것을, 늑대인간 사례에서의 두 언급 – 어머니의 몸속에 있는 아이와 성행위한다는 내용과 관련된 – 과 연결시키면, 우리는 프로이트가 거의 파악했던 다음 과정을 볼 수 있게 된다. '나의 아버지는 저 아이와 성행위한다', '나의 아버지는 저 아이를 때린다'가 아니라, '나는 저 아이이며, 나는 아버지에 의해 고통스럽게 맞는 방식으로(그가 나를 사랑하기 때문에) 성행위를 당하고 있다'는 것을 우리가 이해해야 한다는 것이다. 바로 여기에 마조히즘이 존재한다.

| 12장 |

쾌락원칙을 넘어서, 그리고 집단심리학(자아 이상)

이 장은 「자아와 이드」 및 **구조적 이론**의 가장자리로 우리를 데려간다. 「자아와 이드」 및 구조적 이론은, 정신분석으로 하여금 임상 현상을 이해하고 조직화할 수 있도록 해주는 개념적 도구에서 엄청난 변화가 일어났음을 보여준다. 이러한 변화를 이해하기 위해서는 어떤 방식으로 프로이트가 임상적·개념적 어려움에 처해 있었으며, 어떻게 탈출구를 찾기 위해 애쓰는지를 살펴볼 필요가 있다. 「쾌락원칙을 넘어서」와 「집단심리학」은 각각 나름의 방식으로 문제를 해결하고자 한다. 프로이트 스스로가 말하듯이 그는 항상 폭풍으로써 요새를 정복한다. 이 논문은 모두 한 번에 모든 것을 행하기 위해 노력한다. 첫 번째 논문은 리비도 이론을 취하고, 말하자면 그것을 뒤집어 세우는 방식으로 문제를 해결하고자 노력한다. 마치 충동의 이원성의 성격을 변화시킴으로(충동에 상이한 이름과 다른 유형의 의미를 부여함으로써) 간단히 모든 것을 해결할 수 있다는 듯이 말이다. 두 번째 논문은 자아 이상 개념을 확립함으로써 해결을 시도한다. 이 개념은 물론 후에 「자아와 이드」에서 초자아 개념으로 변화한다. 그리고 내가 이제 설명하고자 하듯이, 이 두 논문은 모두 그의 개념적 작업 도구를 상당히 풍부하게 해주었다.

우선 우리는 그의 이론적 도구가 이해하거나 조직화하는 데 도움을 줄 수 없었던 유형의 임상적 현상이 무엇이었는지, 그리고 그의 어려움의 본질이 무엇이었는지 알 필요가 있다. 중요한 문제는 정신적 고통의 문제였다. 그는 이것을 개념적으로 다룰 수 있는 만족스러운 방법을 갖고 있었던 적이 없다. 왜냐하면 일차적으로 그는 고통을 질적 문제라기보다는 양적 문제, 즉 의미meaning가 아니라 유사물질적 의의를 갖고 있는 것으로 파악하고 그것을 신경생리학적 개념에 정박시켰기 때문이다. 『심리학 초안』에서부터 그는 항상 정신적 고통을 불쾌로 간주했고, 그것을 페히너의 '항상상 원칙'(후에 프로이트는 이를 열반원칙이라고 불렀다), 그리고 다른 유사신경생리학적 개념들에 정박시켰다. 이는 정신적 삶의 목표를 반半코마 상태, 즉 일종의 정신적 긴장을 최소한으로 줄여 혼미한stuporous 위안을 얻을 수 있는 상태와 동일한 것으로 환원시킨다. 물론 프로이트는 이것이 오류라는 것을 알고 있었다. 그러나 그는 과학적 심리학을 확립함에 있어 젊은 시절의 영감의 원천이었던 개념들 전체를 버리지 않고서는 이로부터 빠져나올 수 없었다. 독일적 틀에서 '과학적'이라는 말은 사물을 설명한다는 것을 의미하며[14], 사물을 설명한다는 것은 인과적 관계를 증명한다는 것을 의미한다. 양적인 설명 외의 모든 진술(시적, 예술적 진술)은 환상적이며, 따라서 과학적이지 않다. 「쾌락원칙을 넘어서」 같은 저작은 정신의 현상 및 그것의 의미와 투쟁하는 임상가와, 모든 것을 설명하는 과학 이론을 제시하고자 노력하는 과학적 이론가 사이의 분열을 보여주는 하나의 멋진 예이다.

그렇다면 정신적 고통의 문제, 그리고 정동·느낌·감정의 문제가 그의 어려움 중 첫 번째 것이다. 그는 그것들을 본질적으로 무의미한 것으로, 그리고 정신적 과정의 부산물 또는 발현으로 다루었기 때문에 그것들은 그의 이론에서 아무런 자리를 갖지 못했다. 이와 연관된 것으로서, 그의 위대한 경제적 원칙이 쾌락원칙 ─ 이에 따르면 쾌락은 긴장의 감소이고, 불쾌는 긴장의 증가, 또는 그가 종종 그렇게 생각했듯이 증가의 비율이다 ─ 이었기 때문에 그는 또한 어려움을 겪었다. 그러나 많은 현상을 통해 그는 쾌락의 획득과 고통의 회피는 만족스러운 경제적 원칙이 아니라는 것을 분명히 깨닫게 되었다. 그것은 (꿈 이론에서의) 소망 충족이라는 범주에 포섭될 수 있는 일련의 현상만을 다룰 수 있었기 때문이다. 그러나 정신 속에서 진행되는 많은 것은 결코 그런 방식으로 포섭될 수 없다. 「쾌락원칙을 넘어서」에서 그는 이러한 수수께끼 같은 현상들을 종합하기 위해 노력한다.

우리는 이미 마조히즘에 대해 들었다. 마조히즘의 수수께끼는 (멜

---

14) 그러나 실제로는, 독일어 또는 독일어권 문화에서 '과학적wissenschaftlich' 또는 '과학Wissenschaft'이라는 말은 '설명'만을 의미하지 않는다. '문화(과)학Kulturwissenschaft', '인문(과)학Humanwissenschaft', '문헌학Literaturwissenscahft'이라는 표현에서 볼 수 있듯이 그것은 인과적 설명에 국한되지 않고 의미 해석 등 다른 학문적 방법론을 포괄하는 개념이다. 오히려 영미권에서 '과학적'이라는 말이 인과적 관계를 해명하는 것을 목표로 삼는다고 말하는 것이 옳다. ─역주

랑콜리의 수수께끼와 마찬가지로) '그것은 누구의 고통인가'라는 질문을 포함하고 있다는 것, 그리고 동일화 과정이 어떤 방식으로 [마조히즘과 멜랑콜리에] 포함되어 있다는 것을 깨달음으로써 프로이트는 이미 상당히 마조히즘에 대해 파악할 수 있었다. 그러나 그러한 문제를 제기하는 것이 어떤 다른 현상들을 파악할 수 있도록 해주지는 못했다. '폭탄 충격', 외상성 신경증 등 많은 사례가 전쟁 시기에 전면에 등장했던 그러한 현상들인데, 이것들은 외상적 꿈으로 나타났다. 이는 절대적으로 쾌락원칙을 능가하는 궁극적 예인 것처럼 보였다. 쾌락원칙이 소위 현실원칙에 의해 수정된다고 할지라도 말이다.

외상성 신경증은 다음 현상들을 보였다. 전쟁 때 또는 전쟁이 일어날 것 같은 때, 그리고 자신들 근처에서의 폭발의 결과로, 또는 실제로는 폭발이 없었을 때도 사람들은 자신의 붕괴를 촉진시켰던 공포 상황을 반복해서 꿈꾼다. 이러한 꿈들이 명백히 끊임없이 반복되고 환자들이 공포를 느끼며 잠에서 깬다는 사실은, 소망 충족에 관한 꿈 이론으로도, 불안 꿈에 관한 이론으로도 설명될 수 없다. 불안이 급습하는 이러한 꿈들은 환각적 소망 충족을 위한 메커니즘으로 적절하게 설명할 수 없다. 따라서 그것들은 그의 꿈 이론이 직면하고자 했던 현상들과는 전적으로 다른 현상을 표현하는 것처럼 보인다.

프로이트는 또한 이 시기에 이러한 특수한 꿈의 반복과 더불어 아이들의 놀이에서도 또 다른 현상, 즉 반복성이 진행된다는 것을 파악했다. 동일한 이야기와 동일한 게임의 반복, 즉 수정 없이 아주 정확하게 동일한 경험의 반복을 아이들이 끊임없이 욕망한다는 것이다. 그리하여 그는 이 논문에서 더 원초적인 경제적 원칙이 존재한다고 제안한다. 여기에서 더 원초적임이라는 말은 쾌락원칙을 '넘어섬', 쾌락원칙의 확립 너머에 있는 원초적인 정신적 과정으로 소급함을 의미한다. 이것을 넘어서는 원칙을 그는 반복 강박이라고 불렀다. 반복하고자 하는 이 강박은 그가 전이와 관련해 이전에 이미 '반복하려는 강박compulsion to repeat'이라고 불렀던 다른 현상들과 연결되었다. 분석 상황에서의 현상인 전이는 아동기의 사건들, 특히 고착이 발생했거나 외상적 경험이었던 사건들을 반복하려는 내적 강박을 표출하는 것처럼 보였다. '반복하려는 강박'에서 '반복 강박repetition compulsion'으로 가려면 단어의 위치를 바꾸기만 하면 된다. 이 논문의 서두에서 프로이트는 충동의 가장 원초적인 층위들에서 충동은 본질적으로 경제적 원칙 – 즉, 반복하려는 무정신 상태의 강박mindless compulsion to repeat – 을 표출한다는 관념을 정식화하기 위해 그러한 세 현상에 대해 논의했다. 쾌락원칙의 '너머'에 있다는 의미에서의 반복하기, 즉 쾌락이나 고통의 문제와는 아무 관련이 없고, 아동의 정신의 원초적 조직화와 관계에서 충동이 표출되도록 만들었던 경험을 끊임없이 반복하는 경향성이라는 관념 말이다.

이 지점까지 「쾌락원칙을 넘어서」는 프로이트가 세 가지 임상적 현상, 즉 전이, 외상성 신경증 환자의 꿈, 아동의 놀이 등을 종합적으로 설명하는 매우 임상적인 논문이다. 그리고 논문의 이 부분에는 실패reel를 갖고 노는 아이에 관한 유명한 구절이 등장한다. 지금까지 그것은, 임상적 현상을 다루면서 정신의 어떤 현상들 – 쾌락원칙, 그리고 현실을 중시하면서 그것을 수정하는 현실원칙을 통해서는 접근 불가능한 – 을 이해하는 데 유용할 수 있는 경제적 원칙을 천명하는 논문이었다. 우리는 이 논문의 정신분석적 부분이 여기에서 끝난다고 말할 수 있다. 그리고 그것은 1897년의 『심리학 초안』으로 되돌아간다. 이 논문의 나머지 부분은 생명과 성(욕)의 기원에 관한, 그리고 반복 강박이 정말로 비유기체적 상태를 반복하려는 강박인지, 즉 그것은 죽음충동인지에 관한 극히 정교한 사변speculation이다(프로이트는 그것이 매우 사변적이라는 것을 인정하며, 심지어 이에 대해 당황해하는 것 같다). 달리 말하면 그가 전에 생명보존충동이라고 불렀던 충동은, 타자들에 의해 살해당함으로써 생명의 방해를 받는다기보다는, 실제로는 죽음으로 향하는 스스로의 길을 발견하고자 하는 충동이다(그는 아주 꼬인 동어반복적 논변을 활용했다). 사실상 그의 논변은 다음과 같다. 소위 (보수성이라는 요소를 갖고 있는) 생명보존충동은 이제 '죽음충동'이라고 불린다. 어떤 의미에서 그것의 의의는 변하지 않는다. 그것의 목표가 유기체의 세포들을 통합시키는 모든 결합을 파괴하고 그것들을 비유기체 상태로 되돌리고자 하는(이것이 일종의 죽음의 정의이다) 원초적인 파괴적 충동으로 이제 간주된다는 점을 제외한다면 말이다. 이와 반대로 성충동은 이제 에로스 또는 '삶충동'이라고 불린다. 그리고 그것은 살아 있는 단위들을 결합하고, 그것들을 점점 더 크고 복잡한 구조로 만들고, 더 복잡한 기능을 취할 수 있게 하는 건설적 요소로 간주된다. 이것들 중 어떤 것에서도 사랑과 미움이라는 감정, 즉 에로스에 동반되는 감정과 타나토스(그는 후에 죽음충동을 이렇게 불렀다)에 동반되는 감정은 언급되지 않는다. 의미meaning와 의의significance를 구분할 수 있다면, 프로이트의 이러한 이론에는 감정이 다시 한번 배제되어 있으며, 의미도 마찬가지로 배제되어 있다고 말할 수 있을 것이다. 프로이트는 점점 더 큰 단위들을 형성해나가는 보수적인 삶충동, 그리고 그것들을 파괴적으로 찢어버리고 생명을 비유기체의 상태로 되돌리는 죽음충동의 의의를 천명한다. 그러나 물론 이것은 이러한 과정이 정신적 삶에서 표출될 때 그것이 갖는 의미에 대해 아무것도 이야기하지 않는다. 따라서 그것은 생물학, 그리고 원생동물의 행동과 연결될 수 있다(그리고 연결된다).[15) 흥분의 분배 및 긴장의 최소화에 대해 이야기하는 『심리학 초안』과 연결된다는 것이다. 또한 항상성 원칙 및 열반원칙과도 연결된다. 이 논문은 이 모든 것과 자신을 암묵적으로 연결시키는 이론으로 끝난다. 그리고 「쾌락원칙을 넘어서」의 끝부분에서 그가 반복 강박 또는 삶충동 및 죽음충동에 관한 정식화를 제시하지만, 그가 그러한 개념들을 어떻게 사용하고 그것들이 생명보존충동 및 성충동과 다른 점이 무엇인지 전혀 알 수 없다. 그것들에 더욱 생물학적인 근거를 제시하고 있다는 점을 제외한다면 말이다.

그러나 어떤 의미에서 「쾌락원칙을 넘어서」는 위대한 승리이다. 프로이트는 사디즘 ─ 좌절, 박탈, 유혹 등에 대한 반응에서가 아니라면 인간의 삶에서 어떤 필연적 역할도 하지 않는 사디즘 ─ 이라고 불리는 부분충동으로서의 성욕에 숨어 있던 위치에서 벗어나, 폭력·파괴성·잔인성을 구제하는 방향으로 이동했다는 점에서 말이다. 그것은 개념적 도구, 즉 원초적

15) 물론 역자는 멜처의 이러한 비판에 동의하지 않는다. 이러한 논평은 그가 프로이트의 텍스트를 종합적으로 사유하지 않고, 단편으로, 즉 '분열적으로' 나누어 읽고 있으며, 프로이트의 사변적 또는 생물학적 설명이 갖는 의미를 간과하는 데서 연유한 것처럼 보인다. 클라인 학파가 매우 중시하는 유명한 실패 놀이(포르트-다 게임)을 이야기하는 프로이트와, 사변적인 생물학적 설명을 제시하는 프로이트는 (완전히 통합되지는 않았으나) '동일한 또는 상호보완적인 프로이트'라는 점을 멜처는 간과하는 듯하다. ─역주

파괴성의 의미meaning에 하나의 장소를 부여하는 개념적 도구를 체화하는incorporating 커다란 진전이다. 이와 더불어 잔인성, 폭력, 사도마조히즘, 도착성을 충동이라는 범주에 포섭할 수 있는 가능성이 주어진다. 그 개념적 도구는 (마치 상원처럼) 그것[죽음충동]이 나라를 운영하지는 않으나 중요한 사안 속에 잠시 머무를 수 있는 지위를 그것[죽음충동]에게 부여한다. 그리고 성적 충동인 에로스는 그것과 대립되는 위치를 부여받는다. 이는 에로스가 노년이 찾아오기 전까지는 지배적 위치를 차지한다는 것을 함축한다. 이 두 충동에 대한 프로이트의 태도로부터 우리가 얻는 이미지는 다음과 같다. 죽음충동은 존재하며, 그것의 목표는 유기체로 하여금 생명의 역사를 통과하게 한 후, 그것을 자연사로 이끄는 것이다. 그러나 이 논문에는 삶과 죽음, 사랑과 증오, 창조성과 파괴성 사이의 계속적인 갈등에 대한 묘사가 존재하지 않는다. 프로이트의 모든 관심이, 묶인 점령bound cathexes과 떠다니는 점령이라는 맥락에, 그리고 파괴적 충동이 외부로 향하고 자신의 원초적 마조히즘, 원초적 자기파괴로부터 벗어나는, 그리고 투사되는 방식이라는 맥락에 집중되어 있기 때문이다. 따라서 그것[삶과 죽음, 사랑과 증오, 창조성과 파괴성 사이의 계속적인 갈등에 대한 묘사]은 사라져버렸으며, 프로이트가 나중의 논문들에서 기능적으로 사용하게 될 개념적 틀을 창조했다는 것을 제외한다면 이 논문이 변화시킨 것은 많지 않다. 어떤 의미에서 본다면, 그는 그것을 결코 높이 평가한 적이 없으며 그것을 정신적 작용에 관한 자신의 견해의 중요한 수정으로 아주 진지하게 간주한 적이 없다고 나는 생각한다. 삶충동과 죽음충동에 대한 프로이트의 견해는 더 광범위한 범위를 포괄하며, 이 때문에 성충동과 생명보존충동에 관해 더 깔끔하고 포괄적으로 이야기하는 방법을 제시했다는 의미를 갖는 것처럼 보인다. 따라서 반복 현상에 관한 이 새로운 경제적 원칙은 마조히즘, 전이, 외상성 신경증 모두를 포괄할 수 있는 틀을 제공했다고 우리는 말할 수 있다. 그러나 1920년에 우리가 분석가였다고 상상해본다면, 토론을 위한 약간 더 깔끔한 틀을 소유하고 있다는 것을 제외하고는 우리가 이 원칙을 갖고 무엇을 해야 할지 알지 못했을 것이다. 그리고 실제로 모든 사람이 생명보존충동, 성충동에 대해 [혼란을 겪었다], 그리고 어떻게 생명보존충동이 또한 나르시시즘일 수 있는지, 어떻게 성충동이 나르시시즘으로서의 자기self로 되돌아올 수 있는지, 그리고 두 충동이 어떻게 함께 흐를 수 있는지에 대해 혼란을 겪었다. 정말로 그 누구도 폭력, 양가성, 파괴성이라는 상이한 현상들이 어디에서 합류하게 되는지 말할 수 없었다. 그러나 그것은 내가 관심을 가져왔던 분열에 대한 매혹적인 설명이다. 나는 이 단계에서 그것이 아주 많이 감소했다고 생각하지만 말이다. 그리고 프로이트의 열정은 플리스에게 보낸 편지에서 볼 수 있었던 젊은 시절의 열정을 생각나게 하지만, 그는 또한 그것과 관련해 당황해했고 어려움을 겪었다. 마치 그가 '이는 사변speculation일 뿐이야… 아마도 다음주에 어떤 생물학자가 나타나 모든 것을 무의미한 이야기로 만들지도 몰라. 그러나 어쨌든 우리는 사색해야speculate 하고 멈춰서는 안 돼…'라고 말하는 듯하다. 이 점에서 그것은 『심리학 초안』과 매우 다르다. 그것을 읽는 것은 흥미롭고 멋진 일이다. 그것은 정신분석에 아무런 해를 끼치지 않았던 것처럼 보인다. 난쟁이 나라에서 벌어진 많은 토론이 삶충동과 죽음충동의 문제에 대해 분노했다는 것을 제외한다면 말이다. 많은 정신분석적 정치政治가 이 작은 한 조각의 영역 속에서 행해졌다.

그다음 논문인 「집단심리학」은 다른 문제이다. 그것은 프로이트가 동일화의 문제를 파악하기 위해 정말로 노력했던 최초의 논문이기 때문이다. 내가 말했듯이 프로이트는 그의 저작 전체에 걸쳐 이 문제를 거듭해서 다루어왔다. 그러나 여러분이 프로이트의 책 전체를 살펴본다고 해도 「애도와 멜랑콜리」와 관련해서가 아니라면, 동일화라는 단어는 색인에서 결코 언급된 적이 없다. 심지어 어머니와의 동일화가 절대적으로 본질적인 레오나르도 논문에서도 그 단어는 색인에 없다. 「늑대인간 사례」에서도 마찬가지다. 그는 그 용어를 개념적으로가 아니라 기술적記述的으로 사용하고 있었으므로 이러한 누락은 상당히 옳은 것이다. 이 지점까지 동일화는 진정으로 개념은 아니었다. 그 용어가 어떤 공간을 부여받고 어느 정도 길게 서술된 「집단심리학」에 이르러서야 그것은 개념이 되었다. 이 매우 흥미로운 논문에서 프로이트는 교회, 군대, 사랑에 빠지기, 최면, 엔트로피, 집단 형성과 리더십의 문제, 그리고 동일화 과정에 이르기까지 모든 종류의 것들을 다룬다. 그가 진정으로 향하고 있었던 것은 자아 이상이라는 개념에 어떤 형태를 부여하는 것이다. 그는 「나르시시즘에 관하여」와 「애도와 멜랑콜리」라는 논문으로 되돌아가 이 개념을 정식화하기 시작한다. 그는 그 개념을 생겨나게 한 것이 무엇인지 말할 수 없었기 때문에 그것을 정식화할 수 있는 확정적 방법을 갖고 있지 못했음을 깨달았다. 이미 그는 내사 과정의 결과로서의 자아와 자아의 한 부분의 분리에 대해 이미 이야기하고 있었다. 이는 아버지를 먹는 것(즉, 식인적으로)과 유사한 과정에 의한 동일화로 이끌었다. 아버지가 죽은 후에 그가 먹힘을 당했는지, 아니면 그 이전인지는 분명하지 않지만 말이다. 프로이트는 실제로 어떤 일이 발생했는지에 대해 정식화할 수 없었다. 한 인물은 자아 속으로 내사되고, 그후에 어떤 방식으로 자아의 이 부분이 분리되어 자아의 나머지 부분에 대해 이상 또는 사랑대상으로 기능한다.

어떤 종류의 공간적 개념이 그 배후에 놓여 있었다. 그의 어떤 다른 저작들에서 그랬듯이, 집단심리학에 관한 논문에서 그는 내적 세계를 기술하는 것에 근접한다. 자아 속으로 대상이 내사된다고 말하면서, 그는 이를 외부 세계의 대상과의 관계를 포기하는 것과 연결시킨다. 그리하여 대상관계의 작용 전체가 이 새로운 단계 – 이 새로운 단계에서 드라마 전체가 다시 상연된다 – 로 전이된다. 자아는 자신을 자아 이상에 대한 사랑 대상으로 제시하며, 자아 이상처럼 되기를 열망한다. 이러한 배경에는 항상 「애도와 멜랑콜리」가 있다. 과정 전체는 좋지 않게 변하고, 참여자들은 서로를 비난하고 증오할 수 있다. 그리고 자아는 비난받는 것에 반항하고, 자아 이상을 몰아내고, 새로운 자유 속에서 그것에 대해 승리하고, 매우 조적으로 변할 수 있다. 이 시기에 아브라함은 이미 조증이 일종의 항문적 축출과 연결되어 있다고 생각하기 시작했다. 내사된 대상 또는 자아 이상을 제거하고 그것에 대해 승리하며, 그것을 배변처럼 다룬다는 것이다. 프로이트는 이러한 생각에 크게 매료되었고, 그것이 어떤 장소에서 진행되는 매우 활동적인 무엇이라는 것을 깨닫기 시작했다. 그러나 그는 그것이 정말로 '장소'라고 명확히 정식화할 수 없었다. 그대신 그는 '이마고'

에 관해 이야기한다. 이는 '원형prototype'과 동일한 어떤 것을 의미하는 듯하다. 그리고 그는 다시 한번 구체성에 관한 질문을 갖게 된다. 그러나 이곳에서 그는 후에 구체적 의미에서 '내적 세계'라고 불릴 수 있는 것을 기술하는 데 가장 근접하게 된다. 외적 대상이 인성 또는 자기self와 관계를 맺고 있듯이 내적 대상과 내사된 대상이 자아와 관련해 생명(삶)을 갖고 있다는 의미에서 말이다.

「집단심리학」의 내용은 집단심리의 이해와 관련 있다. 여기에서 프로이트는 원시 부족과, 아버지를 살해하고 먹기에 대해, 그리고 여자들에 대한 성적 소유를 위해 남자들 간에 싸움이 벌어진다는 것에 대해 이야기한다. 그리고 그는 『토템과 터부』의 부록을 통해, 종교의 기원에 관한 이론을 제시한다. 이것이 이 논문의 주요 목표이다. 그러나 정신분석의 역사에서 가장 흥미로운 것은 자아 이상에 대한 최초의 조직화된 기술과, 동일화에 대한 논의이다. 그러나 동일화라는 개념과 관련해 그는 많이 진전하지는 않은 것처럼 보인다. 그는 이미 나르시시즘적 동일화, 그리고 내사에 의한 동일화에 대해 이야기했다. 그리고 '원초적' 동일화를 중시하기 때문에 여기에서는 퇴행적 동일화(프로이트도 이 명칭을 사용했다)와 전진적 동일화 간의 구별이 어떻게든 사라진다. 동일화와 대상관계가 서로 구분되지 않는 삶의 초기에 자연스럽게 생겨나는, 매우 원초적인 과정으로 간주되는 원초적 동일화 말이다.

그리고 외부 세계에 존재하는 대상을 포기하는 것과 특히 관련 있는, 동일화의 나중 형태, 그리고 이러한 대상을 자아 속으로 내사하기, 그리고 이 대상을 담고 있는 자아의 부분의 분열이 있다(이 분열된 자아의 부분이 자아 이상의 기능을 담당한다). 이 지점에서 프로이트는 거의 배타적으로 아버지에 대해서만, 그리고 아버지에 대한 남자아이의 관계, 그의 내사와 동일화에 대해서만 정말로 이야기하고 있다. 그는 자아 이상이라고 불리는 자아의 분열된 부분을 형성시키는, 내사에 의한 동일화가 원초적 형태의 동일화 – 원초적 동일화에서는 대상이 분리된 것으로 인식되지 않으며, 그 대상에 대한 동일화, 그리고 그 대상의 정체성에 대한 경험은 직접적 경험이다 – 와는 질적으로 아주 다른 동일화라고 매우 명확하게 말한다. 다른 한편으로 그는 내사적 동일화는 열망하는 대상과의 대면의 경험이며, 이러한 경험은 열망과 경쟁심, 그리고 발달을 불러일으킨다는 것을 아주 분명히 한다. 이는 매우 중요하다. 이 논문에서 프로이트가 이러한 유형들의 동일화에 대해 깊이 파고들지는 않지만(그는 원초적 동일화에는 실제로 크게 관심을 갖지 않았다), 그는 그것들을 구분한다.

이 논문의 다른 측면들도 주목할 가치가 있다. 그는 최면에 대해, 그리고 『성욕에 관한 세 논문』 이후로 그 어떤 때보다 더 명확하게 사랑에 빠지는 것에 대해 이야기한다. 성적 만족에 대한 그의 개념화는, 성적 만족은 대상관계를 느슨하게 만들고, 성적 목표의 포기 또는 억제된 성욕은 지속적이고 풍부한 관계에 기여한다는 것인데, 이 점은 중요하다. 이는 상당히 냉소적인 고리이다. 그러나 나는 프로이트가 이를 냉소적인 것으로 의도하지 않았다고 생각한다. 그는 이러한 강한 용어로 성욕에 대해 사고하고 있었다. 그리고 당시에 그는 여전히 에너지 이론에 묶여 있었으므로, (관찰의 문제로서가 아니라, 리비도 이론의 함의들에 대한 논리적 연속으로서) 다음 사실, 즉 리비도가 방출되면 사람들은 기분이 좋아지며, 긴장이 다시 생겨나기 전까지 타인과 더 깊은 관계를 맺을 필요가 없다는 사실이 도출된다. 성적 만족이 자아로부터 그것의 생동성 또는 긴장을 제거하고, 따라서 대상에 대한 필요성을 감소시키는 것처럼, 사랑에 빠진다는 것은 자아로부터 나르시시즘적 점령을 제거하는 것으로 기술된다. 그리고 점령할 수 있는 모든 능력, 즉 관계와 관심(프로이트는 종종 관심이라는 용어를 사용했다)의 모든 능력이 외부로 향하게 되는 것으로 기술된다. 프로이트는 이것이 절대적으로 사랑 대상에 대한 과대평가와 이상화를 야기하며, 매혹에 빠진 상태 또는 어떤 매우 병적인 정신 상태와 동일한 것이라고 주장한다(그는 이를 최면 상태와 [동일한 것으로], 그리고 지도자에 대한 집단 구성원의 관계와 동일한 것으로 간주한다). 그리고 이것이 냉소적이고 혐오스럽게 들릴지라도 우리는 이러한 이론적 맥락에서 프로이트가 생명에 대해서가 아니라 [리비도] 점령과 리비도 – 이는 전적으로 다른 문제이다 – 에 대해 이야기하고 있다는 것을 기억해야 한다. 이것이 1920년 또는 1921년에 프로이트가 취한 입장이다. 이 지점까지 충동이론에서의 변화는 그 어떤 것에도 새로운 의미를 사실상 부여하지 않는다. 그것은 충동이라는 개념을 담는 새로운 그릇들을 제공하고 있을 뿐이며, 그것들의 임상적 유용성에 많은 것을 덧붙이지 못한다. 「집단심리학」에서 프로이트는 자아로부터 특수한 구성요소를 분리시킴으로써 동일화와 자아 이상 개념에 대해 어느 정도 해명했다. 그러나 그는 대상이 자아 속으로 동화됨 – 이는 어떤 방식으로든 실패하는 것처럼 보인다 – 이라는 중심적 문제에 대해 근본적으로 불명확했기 때문에 정의에 날카로움을 부여할 수 없었다. 그는 그것을 정확히 위치시킬 수 없었다. 그는 '무대stage'라는 개념을 참조할 수 있었지만, 진심으로 그것을 진정한 무대 – 배우들이 있는 무대 – 로 받아들일 수 없었고, 따라서 그는 그것에 구체성 – 내적 세계를 외부 세계 속의 대상과의 관계들로부터 독립적인 것으로 (외부 세계의 대상과의 관계들과 유사함에도 불구하고) 진정으로 따로 떼어내 설정해주는 구체성 – 을 부여하는 데 여전히 어려움을 겪었다.

| 13장 |

자아와 이드(구조적 이론의 도래)

우리가 이 시기의 프로이트의 사고의 입장에 대해 검토하고, 그것을 그가 분투하고 있었던 임상 자료들과 나란히 놓아보면, 두 가지 근본적인 요인이 드러난다. 하나는 『심리학 초안』의 잔재이다. 이는 새로운 임상적 현상의 용어로써 [과거의 관점을] 재진술하고자 한다. 다른 극단에는 늑대인간과 슈레버의 엄청난 자서전을 통해 경험한 두 개의 임상 자료군에 대해 그가 [새롭게] 작업을 했다는 증거들이 존재한다. 한편으로 우리는 '폭풍으로 요새를 점령하기'라는 그의 경향성을 볼 수 있다. 그는 자연의 신비를 학문적 질서와 학문에의 복종으로 환원시키는 수단을 통해 이를 행한다. 다른 한편으로 이는 그러한 독재를 거부하는 정신분석 방법(론)이 던지는 임상적 현상의 명백한 은하계를 존중함으로써 이루어진다.

이러한 현상들은 무엇인가? 슈레버의 건강염려증과 박해적 망상은, 자신의 몸을 성적 대상으로 취하는 자아의 관점[16)]에서 프

16) 따라서 프로이트는 자아를 일차적으로는 육체 표면의 투사로 간주한다. -역주

로이트가 일차적으로 고찰했던 나르시시즘의 세계를 보여주었다. 외부 대상에서 자아로 점령을 철회함으로써, 대상관계들보다 시기적으로 앞서는 동일화 과정의 초기 유형들이 소환된다. 이것들은 고착 지점(아기의 발달에서, 자가성애를 뒤따르는 나르시시즘의 단계)으로서, 후에 억압될 수 있다. 그리고 슈레버의 '세계 파괴' 환상은 '주관적 세계'가 발달 과정에서 자아의 '승화와 동일화'로부터 정신 속에 건설된다는 사실을 보여준다. 프로이트는 세계의 붕괴가 상대적으로 느린 비폭력적인 방식으로 이루어진다고 보았다. 세계의 붕괴는 외부 세계로부터 리비도가 철회되기 때문에 생겨난다. 왜 이것이 멜랑콜리에서 생겨나는 것이 아니라 정신 이상dementia이나 정신분열증에서 생겨나는지 그는 말할 수 없었다. 그는 리비도의 철회가 두 상황 모두에서 발생한다고 생각했지만 말이다. 어쨌든 그는 정신 세계의 붕괴를, 정신 이상의 무질서한 혼란의 근저에 놓여 있는 사건으로 간주했다. 그리고 단편들로부터 망상적 세계를, 즉 '더 화려하지는 않으나 적어도 슈레버가 그 속에서 살 수 있는, 망상적 세계를 건설함으로써 일종의 회복이 시도된다고 그는 생각했다.

늑대인간에 관한 재료를 다루면서 프로이트는 이러한 불확실성, 즉 성격의 기초로서의 '승화와 동일화' 사이에서 떠다니기에 대해 더 자세히 예시한다. 이러한 불확실성이, 정신과 정신적 사건에 대한 더 구조적인 개념을 위해 리비도 이론을 포기할 때 존재했던 불확실성을 체화하고 있는 것 같다. 그의 사고 속에 '자아 속에 있는 특수한 측면', 즉 정신의 특수한 부분이라는 생각이 떠올랐고, 처음에 그는 이것을 '이상적 자아', 그리고 후에는 '자아 이상'이라고 불렀다. 그리고 그의 사고는 자아 기능의 구조화를 향해 기울었다. 처음에 그는 검열, 열망, 현실 검사, 자기 관찰 등 다양한 기능을 정신의 그 부분에 귀속시켰고, 그것이 멜랑콜리에서의 동일화 과정과 어떤 방식으로 연결되어 있다고 생각했다. 그러나 그는 포기된 대상 점령이 내사로서 귀속되는 자아 자체 속에서 변화(멜랑콜리에서의 '대상의 그림자', 그리고 조증에서의 '대상의 광채')가 일어나는지, 그렇지 않은지 결정할 수 없었다. 또는 그것이 자아와 상당히 분리된 어떤 것을 형성하는지, 그렇지 않은지 결정할 수 없었다. 자아 이상이, 양가적으로 [자아에 의해] 받아들여진 대상과 동일화한 자아에게 호통을 쳤는가? 아니면 자아가, 자신[자아]이 정신의 내부에 대상을 설치함으로써 외적으로는 버린 그것[대상]에게 비방했는가?

삶과 죽음에 관한 프로이트의 새로운 이론이 그로 하여금 새로운 질서[새로운 충동]의 갈등, 즉 쾌락원칙과 현실의 요구 사이의 갈등이 아니라 두 종류의 충동과, 그것들의 파생물 사이의 갈등을 지각할 수 있도록 이끌어갔기 때문에, 그는 의식의 층위들에 대해 몰두하는 것이 아주 신비롭지도, 그리고 아주 중요하지도 않다는 것을 이제 깨닫게 되었다. 더 나아가 이 지형학적 이론은 의미론적 성격을 지닌 커다란 어려움 – 그는 「자아와 이드」에서 이를 분류하는 데 약간 어려움을 겪었다 – 에 부딪쳤다. 적어도 '무의식'이라는 용어에 대한 세 가지 다른 용법이 존재한다는 것을 알 수 있었다. 첫째, 순수하게 기술적인 용법이 있으며 이는 정신적 현상(학)[17]과 관련 있었다. 둘째, 억압과 관련

17) 멜처는 현상(학)phenomenology이라는 용어를 현상에 대한 기술description 또는 기술적 방식과 동의어로 사용한다는 점을 상기하기 바란다. –역주

있는 역동적 용법(이는 방어 메커니즘에 관한 이론 속으로 이미 확대되었다. 방어 메커니즘 중 하나인 억압은 그가 처음에 생각했던 것보다 이제 덜 중요한 것이 되었다), 그리고 셋째, 체계적 용법이 있다. 이 마지막 것은 정신 모델을 구조화는 방향으로의 움직임이다. 그것은 프로이트와 아브라함이 작업해왔던 리비도 조직화의 단계라는 개념과도 관련이 있었다. 그러나 지형학적 체계와 발달적 조직화의 혼합이 하나의 통일된 이론으로 융합되지는 않았다. 프로이트가 이제, '무의식'과 '억압'을 같은 것으로 볼 수 없다는 것을 날카롭게 파악했을 때 말이다. 그러나 늑대인간 사례에서의 문제를 회피하는 이러한 일탈한 전략은, 네 살 때의 늑대 꿈이 단어표상으로써 한 살 반 때의 원초적 장면의 사물표상을 재점령했고recathected, 이를 통해 그것이 사고에 접근하고 불안이 생겨났다고 제안하는 것으로는, 문제를 진정으로 해결할 수 없었다. 억압되지 않았지만 그럼에도 상기될 수 없는 유년기의 광범위한 시기가 존재했음이 분명했다. 그리고 '심리적 질qualities의 지각을 위한 기관'인 의식이 쉽게 주목하지 못하는 시기에 진행되는 광대한 정신적 활동이 존재했음이 분명했다.

무의식은 너무나 광대하고 다면적인 정신적 활동의 영역이며, 따라서 '억압된 것'이라는 연약한 개념에 담기지 않는다는 사실을 고려할 필요가 있다. 또한 무의식에서의 과정들은 열등한 질서에 속한다는 초기의 주장(『꿈의 해석』 7장), 그리고 「정신적 작용의 두 기능」의 정식화도 또한 의문에 붙여진다. 이 모든 것은 꿈과 잠이 사유로 가득 차 있고 문제를 해결해주는 기능을 갖고 있다는 인식에 의해 의심에 붙여진다.[18] 프로이트는 잠자는 동안에 수학 문제를 푸는 사례를 인용한다. 문제는 꿈 자체에 대한 그의 태도에 놓여 있었다. 그는 삶에서의 꿈의 기능을 잠의 수호자로서의 기능, 즉 좁고 방어적인 기능으로 간주했다. 외상적 꿈 – 마조히즘 현상과 더불어 – 의 문제는 이미 정신적 삶의 경제적 또는 양적 측면에 대한 그의 기본적 생각을 수정해야 할 필요성을 도입했다. 그리고 「쾌락원칙을 넘어서」에서 쾌락원칙보다 더 원초적인 경제적 원칙으로서 반복 강박을 정식화하도록 그를 이끌었다. 그러나 그는 어떤 지점에서 그것이 충격을 주는지에 대해 확신할 수 없었다. 「자아와 이드」에서는 그러한 문제가 우회되는 것처럼 보인다. 충동 삶instinct life의 역설적 측면을 설명하기 위해 두 충동의 융합과 분리라는 새로운 관념을 도입함으로써 말이다. 이는 전체적으로 성공하지 못한 행보였다. 일반적으로, 반복 강박이 너무나 강력해서 쾌락원칙을 능가하고, 자아가 고통스러운 위치를 견뎌야 하는 현상을 만들어낸다는 생각은, 사랑과 증오의 융합 – 이를 통해 증오가 중립화된다 – 이 도래해 '죽음충동의 순수 문화'를 해방시킨다는 생각보다 더 강력한 듯이 보인다.

아마도 정식화의 어려움의 많은 부분은 프로이트에게 여전히 정

18) 무의식에는 시간성이 존재하지 않고 그것이 모순과 부정을 알지 못한다는 프로이트의 주장이 무의식을 열등한 것으로 간주하는 것이라고 멜처는 생각하지만, 이는 과도한 주장인 것처럼 보인다. 멜처의 주장과 달리, 무의식이 사고하고 문제를 해결하는 기능을 갖는다는 것이, 무의식이 다른 한편으로는 시간성이 없고 모순과 부정을 알지 못한다는 프로이트의 설명과 양립할 수 없는 내용은 아니라는 점을 고려할 필요가 있다. 역자의 관점으로 말하면, 프로이트는 말하자면 시간적 질서를 갖는 무의식의 부분과 그렇지 않은 무의식의 부분을 구분하는 것에 도달했다는 것이다. 그렇다면 이 두 부분을 어떻게 '명명'하고 이론화하느냐의 문제가 사실 현대정신분석 및 현대철학의 중요한 과제가 될 것이다. 꿈의 기능에 관한 진전된 이론(멜처가 곧 이야기하는 문제해결 기능)은 물론 비온에 의해 제시되었다. –역주

동 이론이 없었다는 사실에 놓여 있었을 것이다. 그의 임상 재료들이 치료실에서 환자와의 감정적 관계를 깊고 민감하게 다룰 수 있는, 간과할 수 없는 증거를 제공해주었음에도 말이다. 이는 결코 가장 명백하다고 할 수는 없어도 가장 중요한 것으로, 프로이트가 신경생리학적·유체정역학적 견해에 집착한 것이, 전이 과정의 매우 복잡한 현상들을 기술하고 부분적으로 설명해주는 만족스러운 이론을 정식화하는 데 방해가 되었을 것이다. 쾌락과 불쾌의 근거로서 '자극의 양'이라는 개념은 정신적 고통의 전체 영역을 정식화하지 못했고, 본질적으로 의미가 박탈된, 또는 의미가 부재한 생명 개념으로 강하게 이끌어간다. 따라서 우리는 중심적 고통으로서의 거세 불안이라는 관념으로 프로이트가 되돌아가고 있음을 발견한다. 이는 외적 위협이 존재한다는 것을 증명할 수 없는 경우에 그를 동요시켰고, 모호한 계통발생적 설명으로 그를 되돌아가게 했다. 물론 이는 또한 여성의 성욕에 대한 그의 접근을 설득력 없는 것으로 남아 있도록 했고, 모든 그의 정식화에 남성적 오만함이라는 낙인을 찍었다. 여성을, 더 좋은 것을 결여한 제2의 성으로 만듦으로써 말이다.

이러한 약점은, 「자아와 이드」에서 그가 정신 장치를 위한 구조적 가설을 확정적으로 설명하면서 그 기능을 이드·자아·초자아(또는/그리고 자아 이상)로 구분했을 때, 특수한 표현을 찾아낸다. 그는 '완전한' 형태 – 각 개인에 대한 남성적 그리고 여성적 갈등으로 구성된 완전한 형태 – 로 오이디푸스 콤플렉스를 기술함에 있어 확정적인 발걸음을 내딛을 수 있었지만, 여전히 모호한 가치 판단이 들어가 있는 '긍정적' 그리고 '부정적', '직접적' 그리고 '도치된'과 같은 용어를 사용했다. 따라서

「늑대인간 사례」, 「여자 동성애 사례」, 슈레버 또는 레오나르도에 관한 사례에서처럼, 남자의 여성성과 여자의 남성성은 '동성애적'이라는 용어와의 연결을 유지한다. 여러 곳에서 그가 그것이 복잡하고 다면적인 용어라고 말하지만 말이다. 그것은 해명하기보다는 혼란을 야기하는 경향이 있다. 더욱이 초자아를 '자아 속의 침전물 형성'으로부터 도출된 것으로, 어머니와 아버지 둘 다와의 동일화로 구성되어 있는 것으로, 그리고 완전한 형태로 기술하려는 시도가 존재한다. 그럼에도 불구하고 자아에 대한 초자아의 기능에 관한 그의 고찰은 중심적 형상으로서의 아버지 형상 – '너는 …해야 한다'는 '정언명령'과 '너는 …해서는 안된다'는 금지적 영향 둘 다의 원천 – 으로 계속해서 되돌아간다. 이드·초자아·외적 현실에 대한 '자아의 의존적 관계'에 대한 매혹적인 설명 부분에서 프로이트는 자신의 이론에 대한 개략적이고 전체적인 의미를 정리한다. 그리고 여기에서 그는 자신이 비관적인 정신적 삶의 모습을 극단적으로 제시했음을 아주 정직하게 인정하지 않을 수 없었다. 이는 후에 『착각의 미래』, 『문화 속의 불만』, 「종결될 수 있는 분석과 종결될 수 없는 분석」에서 확고하게 표현된다. 그러나 이미 1923년에 그러한 함의가 오해의 여지 없이 드러났으며, 이는 프로이트가 30년 전에 격투장에 들어갔을 때 갖고 있던 빅토리아적 낙관주의와는 아주 다른 것이다. 여기에서 자아는 이드와의 관계에서 말에 대한 기수의 관계로 비유됨에도 불구하고, 세 주인에게 봉사하는 참으로 가련한 존재로 간주된다. 사실 말은 때때로 이로 무언가를 물어뜯을 수 있도록, 그리고 더 선호하는 방향으로 갈 수 있도록 허용되어야 한다. 우리는 말의 우월한 힘을 존중하고 말의 위험성을 인정해야 한다. 그러나 말이 주인이라고 말할 수는 없다. 마찬가지로 프로이트도 자아가 시도적 행위로서의 자신[자아]의 사고thought as trial action를 사용함으로써, 그리고 운동 장치에 자아만이 접근할 수 있다는 것을 통해 외적 현실을 자신에게 맞게 변형할 수 있다는 것을 분명히 했다. 물론 어떤 한계 내에서 말이다. 그리고 끝으로 그는, 자아가 자신의 특수한 지각 능력의 행사를 통해 이드로부터 출현했듯이 초자아가 자아의 특수화된 기능으로부터 발달했다고 기술한다. 따라서 초자아가 진화적 의미에서 '더 고차적'이라는 [프이트의 제안에 의해], 그리고 초자아가 우월한 지식과 힘으로써 아이의 무력함을 돕는 부모 형상으로부터 도출되었다는 프로이트의 제안에 의해 다음과 같은 역설이 생겨난다. 그것은 기원의 측면에서 볼 때 더 고차적이고 양육적이지만, 어떻게 실제로는 독재적인 주인일 수 있는가? 여기에서 우리는 프로이트의 작업의 이론적 영역에서의 전개념화preconception가 '경험에서 배우기'에 개입했다고 느낀다. 그는 양심이 '(생식기적) 오이디푸스 콤플렉스'의 해소로부터 도출되었으며, 잠재기의 시작과 일치한다는 정식화에 매달리고 있다는 것이다. 더 나아가 자신의 외적 대상에 묶인 채 남아 있다고 간주되는 [여자아이의 경우], 남자아이와 달리 거세 불안보다는 (기관 열등감 때문에) 사랑 상실에 대한 두려움에 의해 더 영향을 받을 수 있는 여자아이의 경우 오이디푸스 콤플렉스의 해소는 사실상 존재하지 않는다.[19)]

19) 그러나 프로이트에 따르면 남자아이는 거세 불안을 완전히 벗어날 수 없으며, 따라서 남자아이의 오이디푸스 콤플렉스의 '완전한' 해소도 마찬가지로 불가능하다. –역주

그렇다면 우리는 이러한 비관주의를 어떻게 이해해야 하는가? 우리가 여기에서 관심을 갖는 것은, 프로이트의 인성, 투쟁, 관계 등의 맥락에서 이 회의주의를 어떻게 볼 수 있는가라는 문제가 아니다. 1923년에 그가 도달했던 입장을 이해하기 위해 우리는 그의 사고의 발달을 어떻게 이해해야 하는가라는 문제에 더 관심을 갖고 있다. 왜 그는 자아가 그렇게 약하다고 보았으며, 자아가 정치가처럼 모든 종류의 기만을 사용할 수밖에 없다고 생각했는가? 어떤 이유로, 이 30년에 걸친 정신분석적 탐구에서 다음 질문이 사실상 처음으로 등장하게 되었는가? 즉, '신경증의 선택'의 문제에 대해 프로이트는 계속적으로 몰두해왔는데, 이러한 문제를 대체해, '어떻게 사람이 건강하게 남아 있을 수remain well 있는가?'라는 질문이 어떻게 사실상 처음으로 등장하게 되었는가?

그가 이 질문을 던지고 나서 14년 후에 놀라운 명민함으로, 분석가들의 미래 세대를 이끌게 된 대답을 발견했다는 사실은 놀라운 일이다. 그가 대답을 단지 명확하게 정식화할 수 있었을 뿐이지만 말이다(그리고 그 대답은 23년 후에야 멜라니 클라인에 의해 응용되었다). 「자아와 이드」가 출판된 지 겨우 몇 개월 후에 그는 「신경증과 정신병」에서, 병드는 것을 피하기 위해 자아가 벗어나야 하는 갈등 상황들에 대해 이야기하면서 다음과 같이 쓸 수 있었다.

> 첫째, 그러한 모든 상황의 결과는 의심의 여지 없이 경제적 고려[에 의존할 것이다], 즉 서로 투쟁하는 경향들의 상대적 크기에 의존할 것이다. 둘째, 자아는 자신을 왜곡시킴deforming으로써,

자신의 통일성에 대한 침범에 종속함으로써, 그리고 아마도 자신의 분열 또는 분할을 만들어냄으로써 어떤 방향으로든 파열되는 것을 피할 것이다. 이런 방식으로 사람들의 비일관성, 비정상성, 광기 등이 그들의 성적 도착 — 사람들은 이러한 성적 도착을 받아들임으로써 억압을 회피한다 — 과 유사한 빛 속에서 등장할 것이다.(p. 152)

이 시기에 프로이트의 이론적 구성에 내재해 있던 비관주의의 원천에 관한 질문에 대한 대답의 다른 측면은, 그가 언급했지만 아직 사용하지 않았던 두 개념화 속에서 아마도 발견될 수 있을 것이다. 이들 중 첫 번째는 그가 쥐인간, 늑대인간, 슈레버의 임상적 현상 등에서 명확하게 인식했던 전능성이라는 속성이다. 두 번째는 '내적 세계' 또는 '환상의 세계', '세계 파괴 환상'에 대한 정식화이다. 이는 슈레버의 '세계 파괴 환상'을 이해함에 있어 커다란 역할을 했다. 거기에서 프로이트는 대상으로부터 리비도를 철회함으로써 파괴된 '세계'가, 성격의 근거를 형성하는 '승화와 동일화의 총합'으로 구성되었음을 이해할 수 있다는 것을 깨달았다. 그러나 그는 정신에 관한 자신의 구조적 이론에서 그것이 차지하는 실체적 위치를 발견할 수 없었다. 그것에 구성적 의의를 부여할 수 없었기 때문이다. 1924년 논문 「신경증과 정신병에서의 현실 상실」에서 그는 이렇게 쓴다.

그러나 신경증과 정신병 간의 뚜렷한 구분은, 동의하기 힘든 현실을 주체의 소망과 더 잘 융화되는 현실로 대체하려는 시도가 신경증에도 존재한다는 상황에 의해 약화된다. 이는 환상의 세계[의 존재], 현실원칙이 도입되었을 때 실제적인 외적 작업으로부터 분리된 영역의 존재에 의해 가능해진다. 그 이후로 이 영역은 일종의 '특별 구역reservation'처럼 삶의 절박성의 요구들로부터 자유롭게 되었다.(p. 187)

이 시기에 그는 현실 검사의 기능(이전에 그것은 자아 이상에 귀속되었다)을 자아의 과제와 능력의 목록으로 되돌려 놓는다.

「자아와 이드」에 대해 면밀하게 고찰하고, 프로이트가 치료실의 현상학을 기술할 수 있는 개념적 장비를 정식화할 때 도달했던 입장을 정리하면서 나는, 향후의 고찰을 위해 그의 접근 방식의 결함을 염두에 둘 것을 제안한다. 첫째, 그는 정동에 대한 적절한 이론을 갖고 있지 않았으며, 여전히 자극의 양에 대해 사고하고 있었다. 둘째 갈등의 장소를 아직 정확히 짚어내지 못했다. 부분적으로, 그는 이 영역에서 단일한 가설에 경도되어 있었기 때문이다. 셋째, 그는 자신이 풍부한 증거를 발견한 전능성이라는 속성을 사용하지 못했다. 넷째, 여전히 그는 꿈에 잠의 수호자라는 평범한 기능을 귀속시켰다. 그리고 끝으로, 그는 '환상의 세계'에서, 현실과 경쟁하는 자신의 현실을 갖고 있는 정신의 '세계' – 정신은 이러한 자신의 현실을 통해 외적 세계를 이해한다 – 의 한 측면을 보려고 하지 않았다.

| 14장 |

말년의 프로이트(불안과 정신의 경제학)

이제 우리는 프로이트의 삶에서 다소간 슬픈 마지막 해들, 즉 「억제, 증상, 그리고 불안」을 쓴 이후 사망하기까지의 마지막 12년에 도달했다. 병들었음에도 불구하고 그는 많이 일했던 것 같다. 10여 차례 수술을 받는 동안 그는 논문집 세 권을 썼다. 그의 관심사는 정신분석적 발견이 다른 영역, 즉 인류학·사회학·정치에 대해 갖는 함의에 관한 숙고로 강하게 향했다. 그는 『착각의 미래』, 『문화 속의 불만』, 『모세와 단일신』을 집필했는데, 나는 개인적으로 이 저작들이 아주 흥미롭다고 생각하지 않는다. 그의 저술 스타일에 변화가 일어났고, 그것은 여러 부분에서 장황하고 산만하다. 나는 저술이 그의 삶에서 필수적인 부분이 되었을 것이라고 생각한다. 물론 그를 따르는 사람들은 그가 쓴 모든 것에 흥미를 느꼈다.

그러나 나는 이 저작들에 대해 논의하고 싶지 않다. 그 대신 나는 그의 임상적 사고와 정신분석의 도구와 장비, 즉 그의 테크닉보다는 그의 태도에서의 발전을 종합적으로 고찰하고자 한다. 여자의 성욕 문제, 도착증에 대한 더 확정적인 견해, 그리고 자아의 분열이라는 개념의 더 명확한 형태, 그리고 정신병리학의 메커니즘 같은 문제 말이다. 1920년부터 1926년까지의 놀라운 6년 동안 프로이트의 이론 전체는 구조적 이론으로 수정되었고, 이와 더불어 정신 모델은 치료실에서 사용할 수 있는 것이 되었다. 이 모든 것은 아마도 프로이트의 핵심적 기여는 아닐지라도 중대한 기여이다. 「억제, 증상, 그리고 불안」(또는 때때로 '불안의 문제'로 불리기도 하는)은 불안에 관한 프로이트의 이전 입장을 진정으로 수정했다. 이전에 그는 불안을, 성적 충동자극이 발산되지 못한 결과로 생겨난, 일종의 정신 속의 소음으로 간주하고자 했다. 이러한 성적 충동자극이 불안으로 변형된다는 것이다. 그러나 여기에서 그는 불안이 진정으로 문제의 핵심에 놓여 있다고 생각하며, 이를 이전처럼 단지 기술적 용어가 아니라, 정신 속에 임박한 어떤 혼란으로 기능하는 일종의 정신적 고통을 지칭하는 보편적 용어로 사용한다. 이러한 불안에 관한 신호 이론은 우리가 실제로 임상 작업을 할 때 사용하는 이론이다. 물론 불안 이론이 멜라니 클라인의 손에서 상당한 변화를 겪었지만 말이다. 그녀는 (프로이트의 신호로서의 불안[이론]에 따라) 불안을 망상적 불안과 우울적 불안으로 구분했는데, 이것들은 정신적 고통 개념에 더 잘 상응한다.

이러한 방식으로 프로이트는 정신분석이 관심을 갖는 문제를 정동 개념과 더 밀접하게 연관된 용어로써 점차적으로 고찰하게 되었다. 그는 정동, 그리고 특히 고통스러운 정동이 문제의 심장부에 놓여 있다는 견해[에 다가간 것처럼 보인다], 그리고 쾌락원칙은 단지 불쾌를 회피하는 문제가 아니라 진정으로 다양한 종류의 정신적 고통을 다루는 문제라는 견해에 다가간 것처럼 보인다. 이는 임상 작업에 활용될 수 있는 정신 모델을 위해 필요한 마지막 조각이다. 나는 그것이 우리가 정신분석에서 여전히 사용하고 있는 모델로 남아 있다고 생각한다. 정신의 구조 – 자아, 초자아, 이드 – 는 오늘날 조금만 수정되었을 뿐이다. 자아 및 이드와 관련해 오늘날 우리는 자아나 이드보다는 '자기self'에 대해 더 많이 사고하는 경향이 있다. 즉, 자기가 자아와 이드로 구성되어 있고, 다양한 방식으로 분열되어 있다고 우리는 사고한다. 본질적으로 우리는 여전히 자기의 기원이 자아와 이드라고 생각하지만, 기능적 측면에서operationally 그것을 '자기'로 간주한다. 원초적 인성과 원초적 정신은 원래 모두 이드였고, 경험의 충격 때문에 그것[이드]으로부터 정신의 분리된 기관 – 자아 – 이 진화되었다는 프로이트의 생각, 그리고 내사 과정 및 다른 과정들의 결과로 자아로부터 초자아가 진화되었다는 프로이트의 생각은 매우 아름답다. 정신의 발달이 어떻게 종species의 정신의 진화를 요약해주는지에 대한 프로이트의 진화적 설명 방식은, 유용하다기보다는 영감을 준다고 대부분의 분석가들이 생각하는 훌륭한 정신 모델로 남아 있다.

정신의 이러한 모델의 확립 이후 몇 년간 프로이트는 많이 병들었지만, 정신분석적 사고의 적용에 매우 몰두했다. 그리고 그는 정신분석 운동이 세계에서 의미하는 것이 무엇인지 이해하기 위해 노력했다. 그러나 여전히 그는 임상 작업을 계속해서 행했고, 그의 동료들에 대한 슈퍼비전 작업을 엄청나게 했음이 분명하다. 이 당시에 그는 분석가의 작업의 한계가 주로 자기 자신의 무의식적 '콤플렉스'(그는 여전히 이 용어를 사용하고 있었다) 및 무의식적 갈등과 어느 정도로 접촉할 수 있는가에 의해 주어진다고 상당히 확신했다. 그러나 또한 그는, 분석가의 작업은 임상 작업을 해나가고 일상적 삶을 살아갈 때 자기분석 과정을 계속 진행하는 것에 달려 있다는 점을 매우 명민하게 인식했다. 또한 그는 여러 비극적 사건을 통해, 대부분의 직업 또는 대부분의 일처럼 분석도 직업적 위험을 내포하고 있다는 것, 분석 작업은 분석가의 정신 건강에 위험을 끼친다는 것을 깨달았다. 그리고 이 시기에 그는 분석가들에게 5년마다 다시 분석을 받으라고 충고했다. 사실 당시의 훈련분석은 피상적인 일이었다. (1935년경에) 프로이트는 훈련분석을 고작 몇 개월 정도의 일로 생각했다. 훈련분석은 분석가가 정신분석적 방법(론)에 대한 직접적 경험을 얻고, 꿈 분석과 성찰에 관한 기본 내용을 배우는 것에 초점이 맞춰져 있었다. 그것은 그가 페렌치와 함께 공원을 걷는 것보다는 더 좋다. 그러나 그것은 훈련분석에 대한 치료적 견해는 아니었다. 이러한 치료적 견해는, 그가 사망한 지 몇 년 후에, 즉 3세대 분석가들을 훈련시켜야 했을 때 비로소 무르익었다. 프로이트 자신은 분석에 대해 명확한 견해를 갖고 있었다. 특히 「종결될 수 있는 분석과 종결될 수 없는 분석」이라는 논문에서 그는 완전한 분석이란 존재하지 않는다고 말한다. 모든 분석은 기껏해야 자기 검토와 발달을 계속 진행하기 위한 준비에 지나지 않는다. 그것은 삶에서의 갈등으로부터 사람들을 보호해주는 것을 목표로 삼지 않는다. 그것은 이러한 갈등에 직면할 수 있도록 그들을 훈련시키는 것이다.

내가 보기에, 정신병리학에 대한 그의 관심은 이 시기에 상당히 감소한 것 같다. 건강한 발달에 대한 그의 관심은 두 방향으로 증가했다. 첫 번째는 여성의 성욕에 대한 그의 변화하는 견해 속에서 드러난다. 여성 분석가들은 여성의 성욕에 대해 다른 견해를 취할 수 있다는 인식이 자라났는데, 이는 단지 그들이 여성이고 직접적으로 [여성에 대해] 알고 있었다는 사실 때문만이 아니라, 부모로부터 더 풍부한 모성적 전이를 이끌어냈기 때문이다. 당시에 이는 사실이었다. 남성 분석가들은 어머니와의 전이의 현상을 어떻게 잘 집어낼지 알지 못했고, 주로 부모 전이를 인식하면서 소위 '아버지 콤플렉스' 속에서 상당히 많이 작업하는 경향이 있었다. 프로이트는 그 시대의 여성 분석가들에게 자신이 빚지고 있음을 인정했는데, 여성의 성욕에 대한 그의 견해의 변화는 매우 유익한 것이었다고 나는 생각한다. 그는 능동적인 것과 수동적인 것의 구분이 마치 남성성과 여성성의 구분과 동일하다는 생각을 버렸고, 여성성 속에도 남성성의 경우와 마찬가지로 강한 능동적 성향이 존재함을 인식했다. 좀 더 나아가 그는 수동성을 의존성과 수용성과는 구분되는, 더 병리적인 현상으로 파악할 수 있게 되었다. 그는 여자아이는 자신의 생식기에 대해 아는 것이 없으며 질에 대한 감각을 갖고 있지 않다는 견해를 상당히 고수했다. 여성들이 이에 대해 더 많이 알고 있으며, 자신이 틀릴 수 있다는 것을 인정했지만 말이다. 또한 그는 여성의 원초적 어려움이 남근 시기심에서 온다는 자신의 견해가 과장된 견해일 수 있다는 것, 그리고 남근 시기심이 여성성의 원초적 표출이 아니라 아주 이차적인 것일 수 있다(헬렌 도이치 및 다른 분석가들이 주장하듯이)는 것을 인정한다. 가장 중요한 것으로, 그는 여자아이가 오이디푸스 콤플렉스, 즉 여성적 오이디푸스 콤플렉스를 형성하기 위해서는 해야 할 일이 많다는 것을 알게 되었다. 여자아이의 일차적인 전생식기적(그는 이를 여전히 '전오이디푸스 콤플렉스적'이라고 부르기를 주장한다) 애착이 너무 크기 때문에, 아버지에 대한 강한 오이디푸스적 애착의 형성은, 남자아이가 자신의 남성적 오이디푸스 콤플렉스 속에서 엄마에 대한 일차적 관계를 성화시키는 것sexualization보다 훨씬 더 어려운 어려운 과제이다. 그는 어떻게 여자아이가 이러한 일을 할 수 있게 되는지 많이 사고한다. 그가 여자아이를 이러한 방향으로 이끌어갈 수 있는 동기의 목록을 작성했는데, 그 동기들은 일차적으로는 어머니에 대한 다음과 같은 불만이다. 어머니는 자신[여자아이]에게 남근을 주지 않았다. 어머니는 기저귀를 갈아주면서 자신에게 성적 만족을 주었지만, 완전한 만족을 주지는 않았다. 어머니에 대한 시기심, 거세불안, 그리고 (여자아이가 어머니에 의해 거세당했다는) 믿음, 어머니에 의해 삼킴을 당할지 모른다는 불안도 여자아이의 불만에 속하는데, 이는 모두 임상적 관찰에 근거하고 있다. 그러나 이 모든 것은 부정적 동기, 즉 한편으로는 불만에 의해, 다른 한편으로는 불안에 의해 추동되며, 일반적으로 여성성을 건강하지 못한 것으로 묘사하는 데 기여하는 부정적 동기이다. 그의 후기 이론의 관점에서 동일화 개념의 사용은 결여되어 있고 전체적으로 부재하다. 즉, 그는 여자아이로 하여금 어머니와 동일화하도록 이끄는 긍정적인 동기를 충분히 허용하지 않는다. 여자아이로 하여금 아버지에 대한 어머니의 사랑을 경유해 아버지를 사랑하게 하고 아버지에게 향하도록 만드는 [어머니와의] 동일화 말이다. 따라서 그는 아버지로부터 아기를 얻으려는 여자아이의 소망이 강하다는 것을 인정할 수 없었다. 일차적으로 그는 한편으로는 여자아기가 성적 만족을 추구하며, 다른 한편으로는 어머니가 자신을 실망시켰기 때문에 그녀에게 복수하고 싶은 여러 동기를 갖고 있다고 생각한다. 여성의 성욕에 대한 그의 견해는 활동의 복잡성과 역할을 인정하는 커다란 발걸음을 내디뎠고, 여자아이가 갖고 있는 과제의 어려움에 찬사를 바치지만, 그녀의 긍정적이고 따뜻한 동기를 잘 파악하지 못한다. 이와 반대로 프로이트는 그녀가 일차적으로 원한에 찬, 그리고 부정적인 동기 때문에 성적 욕망의 대상으로서의 아버지에게로, 남근으로 이끌려간다고 암시한다. 그는 여자아이가 인형에 애착을 갖고 있다는 것에 대해 이야기하지만, 이를 일종의 어머니와의 경쟁으로 간주할 뿐이며 어머니에 대한 경탄[을 고려하지 않는다], 그리고 여자아이의 오이디푸스 콤플렉스의 형성에서 동일화의 긍정적 측면이 행하는 역할을 고려하지 않는다.

아마도 프로이트는 초자아의 자아 이상적 측면을 줄곧 망각했던 것 같다. 초자아가 자아에 대해 갖는 격려와 양육, 그리고 돌봄의 측면 말이다. 나는 의심의 여지 없이, 초자아의 엄격성에 대한 그의 견해들이 이 시기에 공고화되었고 분석에서의 치료 과제에 관한 그의 관념에 영향을 주었다고 생각한다. 그리하여 치료 과제는 초자아의 지배로부터 자아를 자유롭게 하는 것이라고 그는 아주 명확하게 말했다. 나중의 정신분석가들의 저술에서 이는, '오이디푸스 콤플렉스의 해소'라는 프로이트의 문구가 '초자아의 해소'가 될 정도로 수정되었다. 이는 초자아는 '알코올에 녹는' 인성의 부분이라는 농담 – 이는 참으로 뒤틀린 농담이다 – 을 생각나게 한다.

이는 정신분석을 문화적 적응에 전적으로 봉사하는 가치 체계를 선포하는 위치에 놓이게 할 것이며, 개인의 발달·개성·가치의 개별성 등을 위한 여지, 문화의 독립성과 건강한 반항을 위한 여지를 남겨 놓지 않을 것이다. 정신분석 방법(론)과 그것의 효과에 대한 프로이트의 말기의 관점이 비관주의적이었던 것은, 특히 그가 말기에 이러한 관점을 취했기 때문이다. 그리고 이러한 비관주의는 「종결될 수 있는 분석과 종결될 수 없는 분석」이라는 유명한 논문에서 가장 명확하게 드러난다. 이러한 태도는 자아에게, 초자아에 대한 자아 이상적 관계의 여지를 남겨놓지 않는다. 그것은 이상과 가치를 증진할 수 있는 어떤 기능도 초자아에게 허용하지 않는다. 그리고 이상과 가치는 내적 원천이 존재하지 않기 때문에 외적 문화에 의해 흡수될 것이다. 이는, 문화에 적응하는 것은 불가피하며 내적 자유를 희생함으로써 달성된다는, 『문화 속의 불만』의 전체 논조와 관련 있다. 그는 자유의 가능성, 그리고 나쁜 문화에 대한 건강한 부적응의 가능성을 사고하지 않는다.

나는 『문화 속의 불만』에 침투해 있는, 분석에 대한 비관주의가 특별한 종류의 것이라고 생각한다. 내가 보기에 그것은 분석적 방법(론)과 분석 이론이 마치 완전하다 – 프로이트는 이를 부인한다고 할지라도 – 는 듯이 프로이트가 생각한 것의 결과인 것 같다. 즉, 이는 방법(론)이 이제 완성에 도달하고 그것의 효력을 어느 정도 궁극적으로 평가할 수 있다는 듯이 그가 생각한 결과인 것이다. '양적' 또는 '경제적' 요인을 강조했기 때문에 정신분석이 할 수 없는 것이라는 측면에

무게가 주어진다. 프로이트는 이러한 경제적 요인이 죽음충동 및 파괴성(원초적 사디즘, 원초적 마조히즘, 이차적 사디즘과 마조히즘)과 연결되어 있다고 느꼈다. 그리고 이러한 충동자극들의 힘이 분석에서 부정적 치료 반응을 생산한다고 느꼈다. 전이에서 그것은 그가 '관성' 또는 '점착성stickiness'이라고 부르는 것으로 표출되며, 치료에 대한 거부, 그리고 죄책감에 대한 몰두를 낳는다. 다음 세 가지는 서로 연결되어 있다. [i] 전이에서 드러나는 점착성 또는 관성. [ii] 통찰력의 모든 진전에 대해 부정적인 치료적 반응을 보이는 경향. [iii] 그리고 상당히 마조히즘적으로, 죄책감의 경험을 반복하는 것에 집착하기.

우리는 프로이트 자신이 진정으로 만족스러운 치료 결과가 달성되기 오래전에 분석 경험이 중단되는 경험을 반복적으로 했으며, 자신의 동료들도 그러한 경험을 했다는 인상을 갖고 있다. 그는 이러한 요인들을 주로 체질적인 것으로 간주했다. 물론 그것은 최초 5년간의 삶의 경험 —그는 이것이 절대적으로 중요하다고 생각했다— 을 통해 수정되지만 말이다. 그러나 이 5년 후에는 인성의 구조에 대한 영향을 거의 기대할 수 없다. 잠재기가 확립되는 시기에 인성의 구조와 성격의 기반도 확립되기 때문이다. 이 논문이 갖고 있는 함의들은 정신분석의 발달에 오히려 나쁜 영향을 미쳤다. 첫째, 그것들은 성격 분석을 좌절시키는 경향이 있었다. 둘째, 그것들은 분석가로 하여금 증상 치료에만 자신을 제한하도록 촉진했다. 그리고 셋째, 이 논문의 논조는 테크닉의 혁신 또는 실험에 방해가 되는 경향이 있었다. 프로이트는 페렌치가 말년에 더 능동적인 테크닉을 위한 실험을 한 것에 대해 크게 비판했다. 과정을 단축하려는 다른 시도들, 그리고 해석 외의 방법으로 저항을 다루기 위한 테크닉에 대해서도 마찬가지였다. 아동분석에 대한 그의 태도는, 그것[아동분석]이 이 정신분석의 미래에 중대한 역할을 하는 것을 막았다(비록 한 각주에서 그가 아동 정신분석을 발달시킨 사람들의 공적을 인정함에도 불구하고). 나는 이것이 그가 어린 한스로부터 이끌어낸 상대적으로 작은 성과와 소급적으로 관련 있다고 생각한다. 그 사례는 매우 풍부한 사례지만, 궁극적으로 성인분석으로부터 이미 이끌어낸 (유아 신경증의 존재와 오이디푸스 콤플렉스의 현실에 대한) 증거들을 확증하는 목적으로만 주로 사용되었다.

여러 면에서 프로이트는 옳았다. 그러나 그 이유가 옳은 것은 아니었다. 아동 분석은 매우 어렵다는 것, 그리고 그것을 잘할 수 있는 사람은 많지 않다는 것이 판명되었기 때문에, 그리고 부모가 광범위한 아동 분석을 위해 필요한 희생을 하지 않으려고 한다는 점이 판명되었기 때문에 그는 옳았다. 아동 분석은 아동에게 지침을 제시하는 방향으로 기울고 있으며, 과학적 위치가 낮은, 즉 성과를 탐구하기에는 과학적 위치가 낮은 젊은 사람들의 손에 맡겨지는 경향이 있음이 분명하다. 프로이트는 아동 정신분석이 성인환자 분석의 기술적技術的 측면에 혁신을 가져다주리라고 생각하지 못했을 것이다. 아주 초기의 그의 낙관주의와 열정이 그로 하여금 자신의 주위에 모였던 사람들을 이상화하도록 했다면, 아마도 이제 그는 정신분석 작업에 매료된 사람들의 자질에 실망했을 것이다. 그리고 정신분석으로 이끌렸던 사람들은 전체적으로 볼 때 정신분석 치료가 필요한 사람들이라는 것을 그가 발견했을 때 그는 실망했다. 정신분석은 여전히 초기 단계에 있고 그것의 치료 효과는 제한적이었기 때문에, 정신분석을 공부하는 학생들이 일류의 정신분석 작업을 할 수 있도록, 또는 직업적 위험에 저항할 수 있도록 만들 만큼 정신분석은 성공을 거두지 못했다. 이러한 비관주의는, 방법(론)과 테크닉이 과학으로서 아직 초보적이고 시작 단계에 있는 것이 아니라 아주 진전했다고 프로이트가 생각했기 때문에 생겨난 것이다. 예를 들면 그는 정신병의 측면과 인성의 정신병적 측면은 정신분석의 영향을 받을 가능성 너머에 있다고 항상 생각했다. 그러한 환자들은 전이신경증을 형성할 수 없을 것이다. 늑대인간의 1926년의 전이정신병은 그의 견해를 변경시키지 못한 것처럼 보인다.

정신병은 개인의 발달에서, 회상이 불가능한 아주 초기의 전언어적 시기에 근원이 있기 때문에, 프로이트는 유아적 망각으로부터의 회복에 비견할만한 치료 과정을 정식화할 수 없었다. 이는 「종결될 수 있는 분석과 종결될 수 없는 분석」에 아주 밀접하게 연결되어 있는 또 하나의 논문, 「분석에서의 구성」으로 우리를 데려간다. '분석에서의 구성'이라는 말로 그가 의미했던 것은 우리가 '분석에서의 재구성'이라고 부르는 것이다. 여기에서 분석적 방법(론)에 관한 그의 견해는 그것을 조각그림 퍼즐 같은 것으로 다루고 있다는 것이 아주 분명하다. 명백히, 해석은 재료 조각들이 등장할 때 분석가가 그것들을 다루는 순간적 행위로 간주되고 있다. 그러나 분석가의 중요한 그리고 종합적인 작업은 유아 신경증의 역사를 재구성하는 작업으로 간주된다. 그리고 재구성 이후 분석가는 그것에 대해 '철저히 작업'하고, 환자로 하여금 그것을 받아들여 영향을 받게 만드는 작업이라고 프로이트는 생각했다. 그는 치료는 분석가의 지적 활동과, 환자의 지적 수용에 크게 달려 있다고 느꼈다. 그리고 그는, 이러한 재구성이 유아적 망각을 완화시키고, 유아 신경증 시기의 기억을 충분히 회복시켜 환자가 그 기억에 대해 확신을 가질 수 있도록 도와준다고 가정했다.

언어화 능력이 발달하기 전의 아주 초기 시기 또는 초기 18개월은 사물표상이 (의식이 접근할 수 있는) 단어표상이 되는 것을 허락하지 않는다. 이런 방식으로 프로이트는 정신의 작업 방식에 관한 자신의 이론에 의해 무력화되었다. 부분적으로 이는 그의 진리관이 외적 현실에 대한 지식을 계속적으로 참조했기 때문이다. 이러한 그의 진리관은 ('이마고'에 의해서라기보다는) 연속적인 존재성을 가진 형상에 의해 점령된 공간을 그가 결코 완전하게 개념화하지 못한 것에서 연유한다 –'내적 세계'라는 용어를 사용함에도 불구하고– 고 말할 수 있다. 그리고 내적 세계에 관한 그의 관념이 이를 넘어서지 못했기 때문에, 그의 진리 개념은 심리적 현실에 대한 지식이라는 개념이 되었다. 그가 의식을 '심리적 질qualities의 지각을 위한 기관'이라고 불렀음에도 불구하고 말이다. 그에게 있어 현실 감각의 달성과 정신 건강의 성취는 유아적인 전이 왜곡의 경향성, 즉 지각과 외부 세계를 왜곡하는 과거의 경향성을 제거한다는 것을 의미한다. 내가 보기에, 이것이 정신 건강의 본질에 관한 그의 사고에 매우 커다란 제약을 낳은 것 같다.

다른 한편으로 그는 이 시기에 정신 건강에 관한 사고에서 커다란 진전을 이루었다. 그는 정신 건강을 단지 정신병리의 부재 또는 정신 건강의 부정으로서가 아니라 정신분석이 (사)물자체로 탐구해야 할 문제로서 사고했다는 것이다. 두 논문, 「절편음란증(물신주의)」과

「방어에 봉사하는 자아의 분열」에서 그는 어떻게 사람들이 건강을 유지할 수 있는가라는 질문을 던지고 즉시 매우 탁월한 대답을 제시한다. 프로이트는 사람들이 자신의 자아를 분열시키고 자아의 덜 건강한 부분들을 억압시켜, 방어를 통해 그것들을 감춤으로써capsulate 건강을 달성하며, 자아의 건강한 부분들을 외부 세계로 향하게 한다고 말한다. 절편음란물(물신)과 관련해 자아의 분열이라는 개념에 도달하고 난 후, 어떻게 사람들이 건강을 유지하는가라는 질문에 그것을 적용함으로써 프로이트는 가장 유용한 대답을 제시했다. 그러나 이것이 멜라니 클라인이 1946년 논문[「몇몇 분열적 메커니즘에 관한 노트」]에서 사용한 '분열 과정'이라는 용어와 동일한 용법을 갖는다고 가정하는 것은 옳지 않을 것이다. 이 논문에서 그녀는 분열 과정을 '분열적 메커니즘'으로 기술한다. 그녀가 의미하는 것은 프로이트와는 전적으로 다르다. 프로이트는 주의attention의 분열을 일차적으로 지칭한다. 그것은 주의의 분열을 통해 자아에 일종의 분할을 발생시킨다. 외부 세계에 대한 주목은 건강한 부분에 의해 수행될 수 있으며, 증상과 초자아에 대한 주목은 정신병리적 형성물에 영향받은 인성의 부분에 의해 수행될 수 있다. 이전에 그는 자아는 정신의 유일한 종합 기관이라고 가정했다. 그리고 이에 반대되는 증거들(예를 들면 슈레버)이 존재함에도 불구하고 그는 절편음란증을 재정식화하기 전까지는 이에 대해 체계적으로 질문을 던지지 않았다.[20]

이제 나는 임상정신분석의 관점에서 이 마지막 몇 년 동안의 전개를 요약하고자 한다. 이 몇 년 동안[의 작업]에 영향을 미친 비관주의를 이해하는 것이 중요하다. 그것은 여러 면에서 정신분석적 사고의 발달에 커다란 영향을 주었기 때문이다. 이러한 영향은 정통주의를 조장하는 데 근본적으로 기여했다. 기술적技術的 혁신을 좌절시키고, 리비도 이론의 에너지론적 개념을 구조적 이론에 조금 주입시켜 일정 정도 보존하게 함으로써 말이다. 프로이트 자신은 이러한 방식으로 사물들에 대한 양적 측면에 대해 계속해서 몰두했다. 나는 메타심리학의 이러한 범주(경제적 범주, 즉 양적 관계에 몰두하기)는 의심의 여지없이 이론적으로 옳은 것이고 생각한다. 그러나 그것은 임상적으로는 아주 무용하며, 분석가들이 임상적 실패를 던져버리는 도피처 또는 쓰레기통이다.[21] 그것은 분석의 실패에 대해 더 비판적인 태도를

20) 멜처의 많은 설명 또는 '논평'이 그러하듯이 그의 이 설명도 혼란을 야기할 수 있다. 프로이트에 따르면 자아는 종합하는 기관이지만, 그럼에도 그는 자아가 완전한 종합능력을 갖고 있는 분열되지 않은 통합적 기관이라고 말한 적이 없으며, 오히려 그 반대의 사실을 강조했다. 그에 따르면 자아는 초자아, 이드, 외부 세계 등의 상이한 요구들 앞에서 분열된 존재다. 멜처는 프로이트가 「절편음란증」을 쓰기 전까지는 이러한 점에 대해 체계적으로 탐구하지 않았다고 말하지만, 이러한 멜처의 논평은 이미 프로이트가 자아의 분열에 대해 충분히 감지하고 충분히 체계적으로 탐구하는 과정을 거쳐왔다는 점을 간과하는 논평으로 보인다. —역주

21) 프로이트의 방법론이 이론적 측면에서는 옳지만 임상적으로는 아주 무용하다는 멜처의 평가는 지극히 모호하고 과장된 평가라고 할 수 있다. 우선 (멜처 자신도 알고 있듯이) 프로이트 이론에는 양적 이론뿐만 아니라 '질적 이론', 즉 감정과 정동 및 의미에 관한 이론도 존재하기 때문이다(멜처가 언급하지 않았지만, 사실 프로이트가 『심리학 초안』을 출간하지 않은 것도 인간의 정신과 심리를 에너지론만으로는 설명할 수 없다는 것을 알고 있었기 때문이다). 그럼에도 불구하고 멜처는 프로이트 이론이 '사실상' 오직 양적 범주, 즉 경제적 범주에만 근거하고 있다는 비판과 논지를 일관되게 유지한다. 멜처의 그다음 설명은 더욱 '뒤틀린 것'처럼 느껴진다. 분석이 실패했을 때 환자를 비난하거나, 분석의 실패에 대해 더 비판적인 태도를 취하지 못하게 만드는 분석가의 잘못된 행위의 원인을 프로이트의 이론 탓으로 돌리기 때문이다. 그러나 이는 프로이트 이론과 다른 이론을 제시하는 모든 학파에서도, 심지어 클라인 학파에서도 발생할 수 있는 문제이다. 덧붙여, 역자의 관점에서는 이렇게 말할 수 있다고 본다. 프로이트의 양적·경제적 충동이론을 전적으로 오류로 간주하거나 단지 부차적인 것으로 간주하면, 오히려 정신분석은 '감정(지상)주의'로 축소 또는 편협화될 것이다. —역주

취하지 못하도록 만들며, 환자를 비난하는 경향성을 촉진하고, 분석의 실패가 분석가가 아닌 환자의 실패라고 가정한다. 불미스러운 것 중 하나는 '분석 불가능한'이라는 용어의 출현이다. 이는 일종의 정치적 확신, 즉 정신분석적 시베리아로의 추방을 의미한다. 내가 보기에 이러한 일은 「종결될 수 있는 분석과 종결될 수 없는 분석」이라는 논문과 관련해 생겨났으며, 우리가 프로이트로부터 물려받은 유산 중 가장 불운한, 그리고 (다른 방식으로 보면) 영광스러운 부분인 것 같다.

| 역자 후기 |

1978년 도날드 멜처는 클라인(및 클라인 학파) 정신분석의 형성과 전개 과정, 그리고 그것의 임상적 의미를 종합적으로 논의하는 『클라인학파 정신분석의 전개』 3부작을 출간했다. 1권은 프로이트, 2권은 클라인, 3권은 비온에 관한 저작인데, 본 역서는 그중 첫 번째 저작인 『프로이트의 임상적 발달 – 방법, 자료, 이론』을 완역한 것이다. 2권, 3권의 번역본이 눈출판그룹에서 이미 출간되었고, 본서의 출간으로 멜처의 클라인 학파 정신분석의 전개 3부작 번역은 비로소 완결을 이루었다.

멜처가 『클라인학파 정신분석의 전개』를 저술하면서 프로이트에 대한 포괄적 연구를 진행한 것은 상당히 이례적인 일이라고 할 수 있다. 클라인은 물론 클라인 학파 분석가들의 저술에서 프로이트에 대한 언급이 자주 등장하지만, 프로이트의 이론과 임상의 전반적 내용을 클라인과 연결시켜 저술한 저작은 사실상 존재하지 않기 때문이다. 멜처의 본서 출간 이후에도 프로이트에 대한 클라인 학파의 언급이나 연구는 여전히 취사선택적이거나 산발적인 방식으로 진행되는 경향을 보인다. 이러한 점에서 무엇보다도 본서는 클라인과 프로이트의 임상적 관계에 대한 연구서로서 귀중한 학문적 가치를 갖고 있다고 말할 수 있다. 사실, 프로이트의 작업에 대한 가장 탁월한 임상적 해석 및 그것의 극복은 클라인 자신으로부터 유래했다. 클라인은 초기에서 후기에 이르기까지 프로이트 저작을 끊임없이 참조했고, 많은 영감을 얻었으며, 이를 바탕으로 프로이트 임상과 이론을 재해석하고 비판적으로 넘어설 수 있었다. 이러한 클라인의 작업을 이어받아 멜처는 프로이트 임상과 이론의 발달 과정을 자신의 관점에서 재구성하면서, 특히 후기 프로이트를 클라인과 연결시키는 해석론을 제시한다. 실제로 이는 클라인이 자신의 저작들에서 보여준 프로이트 수용 및 재해석 방식과 전반적으로 일치한다. 멜처는 본서를 저술함에 있어 이러한 '클라인의 노선'을 상당히 충실하게 따르고 있다. 그러므로 독자들은 본서를 통해 클라인이 어떤 관점에서 프로이트의 임상과 방법(론)을 이어받고, 그를 넘어서는 창의적인 새로운 개념과 이론을 발전시키며, 이를 바탕으로 임상 작업을 수행했는지 '멜처의 눈'을 통해 명료하게 파악할 수 있게 될 것이다.[1] 이것이 본서가 가진 최고의 장점이다.

이 책을 읽으면서 또한 흥미로웠던 점 중 하나는, 「'클라인학파 정신분석의 전개 1, 2, 3'에 대한 전체 서론」에서 볼 수 있듯이 멜처가 프로이트(그리고 클라인, 비온)에 대한 자신의 이 강좌가 개인적이라는 점을 강조한다는 것이다. "연속적으로 행해지는 세 강좌는 이 세 인물의 작업을 매우 개인적으로 통합시킨 것이다. 나의 프로이트, 나의

1) 물론 『현대적 관점의 클라인 정신분석』 등과 같은 저작에서 우리는 클라인과 프로이트의 관계에 관한, 멜처가 언급하지 않았던 다양한 연구 성과를 읽을 수 있다.

클라인, 나의 비온은 다른 사람들의 프로이트, 클라인, 비온과 정확히 일치하지 않을 수 있다. (…) 나의 강의들은 개인적이며, 따라서 나 자신의 특이한 강의들일 뿐만 아니라, 또한 비판적[이다]. 그것들은 존경심을 표명하지 않는 비평이다." 이러한 방식으로 강연을 구성한 이유에 대해 그는 이렇게 설명한다. "(…) 나의 각 강연은 개별적으로는 완결되지 않는다는 것, 그리고 진지한 연구를 위한 부속물로서의 가치만을 갖는다는 것을 의미한다. 이 강의들이 그 의도에서 성공을 거둔다면, 그것들은 프로이트, 클라인, 비온의 작업에 대해 알고 있다고 생각하는 사람들을 프로이트, 클라인, 비온의 텍스트로 되돌아가도록 추동하는 놀라움으로 다가올 것이다."

왜 멜처는 자신의 강의가 '개인적'임을 강조하는 것일까? 멜처는 이론보다는 임상을 강조하지만, 동시에 그는 현대 정신분석 연구의 중요한 경향으로 자리 잡은 '정신분석의 가장 중요한 고전적 텍스트로의 복귀'라는 어떤 흐름에 암묵적으로 자신의 방식으로 대결하고 있다. 물론 멜처는 프로이트뿐만 아니라 클라인과 비온의 텍스트를 꼼꼼히 읽을 필요가 있음을 강조한다. 우선, 멜처가 명시적으로 언급하지 않았지만 우리는 그가 프로이트에 관한 자신의 이 저서를 암묵적으로 폴 리쾨르의 '유명한' 프로이트 연구서인 『해석에 대하여』와 대비시키고 있다고 생각해볼 수 있을 것이다. 폴 리쾨르는 이 저작의 서문에서 자신은 "프로이트를 다루고 있을 뿐 정신분석을 다루고 있지는 않다"고 말한다(사실, 이는 철학적 관점에서 볼 때도 매우 아이러니한 말이다. 프로이트의 임상을 적어도 간략하게나마 다루지 않은 채 어떻게 그의 이론 또는 철학에 대해 말할 수 있을까?). 실제로 리쾨르는 자신의 저작에서 정신분석(임상)이 아니라 '프로이트적 담론의 일관성' 및 '인식론적 문제', '반성철학의 문제'를 다루겠다고 말한다. 뿐만 아니라 그는 후기(포스트) 프로이트주의자들(예를 들면 에리히 프롬, 카렌 호나이, 해리 스택 설리번 등)이나 클라인, 그리고 라캉의 논의에 대해서도 언급하지 않겠다면서 자신의 연구 범위를 한정한다(물론 리쾨르는 자신이 '분석 경험', 즉 임상에 대해 잘 알지 못하기 때문이라고 겸손하게 말한다).

이와 반대로 멜처는 프로이트의 이론 그 자체에 관심을 갖기보다는 클라인과 관련지어 프로이트의 임상에 관한 저작을 저술하고자 했다. 본서가 프로이트와 클라인의 임상에 관한 저작이며, 결코 이론적, 학문적 저서가 아니라고 멜처가 말하는 것은 이러한 배경에서 이해할 수 있다.

멜처의 이러한 '개인적' 연구 방향은 본서의 여러 곳에서 이론가로서의 프로이트와 임상가로서의 프로이트의 간극 또는 분열에 대해 이야기할 때도 잘 드러난다. 이 역시 멜처의 서술을 이끌어가는 중요한 흥미로운 관점이다. 이것이 멜처가 프로이트의 이론을 비판하면서도 동시에 그의 공헌을 읽어내는 방식이다. 그에 따르면, 프로이트가 이론가로서 실제로 말했던 것과 이론화하지 못하고 실제로 행한 것(임상) 사이에 분열이 존재한다. 이는 프로이트가 명시적으로 서술한 이론에는 많은 문제점이 있지만, 그럼에도 그가 실제로 행했던 임상 작업은 클라인의 임상으로 계승, 발전된다는 것을 의미한다. 멜처는 이러한 방식으로 특히 후기 프로이트와 클라인을 연결시키고자 했는데, 앞서 말했듯이 클라인 자신이 그러한 관점에서 프로이트를 수용했다는 것은 의심의 여지가 없다. 멜처는 심지어 프로이트 자신도 '실패한 분석'이라고 말하는 초기의 저작인 「도라 사례」에서조차도 프로이트가 이론적으로는 설명하지 못했지만 '클라인적' 방식의 임상을 선취하고 있다고 말한다. 그리고 그는 프로이트가 「자아와 이드」에서 정신(심리) 장치에 관한 구조적 이론(자아, 이드, 초자아)을 제시할 수 있었음을 매우 높이 평가한다. 「자아와 이드」에서 정신의 구조적 모델을 새롭게 제시하는 프로이트에서 마침내 이론가로서의 프로이트와 임상가로서의 프로이트의 간극이 상당히 좁혀졌음을 말하고 있는 것이다. 본서를 통해 독자들은 멜처가 프로이트의 '클라인적 임상'의 형성과 전개 과정을 어떻게 섬세하게 재구성하는지 읽을 수 있다. 그리고 멜처는 이러한 프로이트 독해 방식에 따라 임상 텍스트를 중심으로 임상가로서의 프로이트의 공적을 재구성하고, 그것과 이론가로서의 프로이트와의 간극을 재구성 또는 비판적으로 논평하며, 더 나아가 어떻게 클라인에 의해 정신분석 이론과 임상의 간극이 더욱 좁혀질 수 있었는지 설명하고자 한다.[2)]

분석가 멜처의 재기발랄하면서도 날카로운 기질은 이 저작을 긴장감 넘치는 흥미로운 저작으로 만들었으며, 이를 통해 임상뿐만 아

2) 멜처가 명시적으로 언급한 적은 없지만, 이론가로서의 프로이트와 임상가로서의 프로이트의 분열이라는 멜처의 설명은 사실, 철학자 알튀세르가 말하는 증상발견적 독해(lecture symptômatique)라는 개념을 차용한 것이다. 물론 알튀세르는 임상가가 아니었으므로 이론적 관점에서 논의를 진행했다는 차이가 있을 뿐이다. 알튀세르에 따르면, 실제로 프로이트가 명시적으로 말한 이론과, 자신이 처해 있던 사상적 상황과 한계 때문에 실제로 말하지는 못했으나 말하려 했던 이론 사이에 분열 또는 간극이 존재한다. 알튀세르의 이러한 관점에 따른다면, 프로이트의 이론은 멜처가 생각했던 것보다는 훨씬 더 풍부하며 혁신적이다. 알튀세르의 설명과 무관하게 정신분석적 관점에서 프로이트 이론과 임상의 관계에 대한 더 심층적인 논의가 필요하겠지만, 이에 대한 논의는 역자 후기의 한계를 넘어선다.

니라 이론적 측면에서도 많은 정보와 생각할 거리를 던져준다. 비온에 관한 저작에서 비온에 대해서도 그렇게 했듯이 본서는 프로이트에 대한 '냉소적이고 뒤틀린' 이미지를 전달하면서도, 이론과 임상이라는 두 축을 중심으로 프로이트와 클라인 이론의 연결 지점과 이탈 지점을 재구성함으로써 프로이트와 클라인 정신분석에 대한 이해에 크게 공헌했으며, 정신분석 연구와 임상 실천을 위한 중요한 필독서로 자리 잡았다. 본서를 통해 독자들은 클라인과 프로이트의 관계에 대한 전체적이고 명확한 이해를 얻을 수 있을 것이며, 임상 실천을 위해 필요한 중요한 이론 및 개념의 전개와 방법(론)의 역사에 대한 통찰력을 얻을 수 있게 될 것이다. 이를 위해 멜처는 프로이트의 임상 텍스트에 집중하는 서술 방법을 채택했던 것이다. 프로이트와 클라인에 관심 있는 독자들의 일독을 권한다.

2022년 6월

홍준기

| 색인 |

ㄱ

ㄴ

ㅅ

ㅇ

ㅈ

ㅊ